André Tiedje

Elliott-Wellen leicht verständlich

TITEL DER SIMPLIFIED-BUCHREIHE

Wieland Arlt
Risiko- und Money-Management

Herbert Autengruber
Aktienfonds für jedes Anlageziel

Holger Bengs | Mike Bayer
Investieren in Biotechnologie

Norbert Betz | Ulrich Kirstein
Börsenpsychologie

Andreas Braun
Social Trading

Ed Downs
Die besten Chartmuster

Georg Eckert
Die Privatanlegerbibel

Judith Engst
Erben und vererben

Horst Fugger
Börsen-Lexikon

Lars Gottwik
Rainbow-Trading

Peter Hasler
Unternehmensanleihen

Markus Jordan
Zertifikate

Jay Kaeppel
Die 4 größten Fehler beim Handel mit Optionen

Dennis Metz
Devisenhandel

Markus Miller
Abgeltungssteuer – Nein danke!

David Morgan
Insiderwissen: Silber

Dr. Klaus Mühlbauer
Die 133 wichtigsten Fragen und Antworten zur Vermögensanlage

Mikael Henrik von Nauckhoff
Sicher mit Anlagemetallen

Melvin Pasternak
Die 21 wichtigsten Candlestick-Formationen

Michael J. Plos
Alles, was Sie über Day-Trading wissen müssen

Michael Proffe
Die besten Trendfolgestrategien

Stefan Riße
CFDs

Karin Roller
Kursziele bestimmen mit Fibonacci

Christopher A. Runge | Martin Užík | Konstantin von Reden-Lütcken
Alternative Wege der Unternehmensfinanzierung

Arne Sand | Max Schott
Die besten Dividenden-Aktien

Raimund Schriek
Besser mit Behavioral Finance

Daniel Schütz
Trading für Einsteiger

Daniel Schütz
CFD-Trading

Engst | Morrien
Depotabsicherung leicht gemacht

Norman Schwarze
Investieren in Gold

André Tiedje
Elliott-Wellen leicht verständlich

Michael Vaupel
Mehr Geld verdienen mit Rohstoffen

Martin Voigtmann
Geschlossene Fonds

Harald Weygand
Short Selling

Daniel Wilhelmi
BRIC ist die Zukunft

www.simplified.de

André Tiedje

ELLIOTT-WELLEN

LEICHT VERSTÄNDLICH

simplified

Layout & Satz: BUCH CONCEPT Berlin
Lektorat: Dirk Peter
Korrektorat: Christel Dobenecker
Druck: CPI books GmbH, Leck
Printed in the EU

11. Auflage 2026

Türkenstraße 89
80799 München
Tel. 089 651285-0
info@m-vg.de

Den Autor erreichen Sie unter:
info@finanzbuchverlag.de

Bibliografische Information der Deutschen Nationalbibliothek: Die Deutsche Nationalbibliothek verzeichnet diese Publikation in der Deutschen Nationalbibliografie; detaillierte bibliografische Daten sind im Internet über **https://dnb.de abrufbar.**

ISBN Print: 978-3-89879-503-6
ISBN E-Book (EPub,Mobi): 978-3-86248-246-7

simplified

Inhalt

simplified

DIE SIMPLIFIED-BUCHREIHE
WWW.SIMPLIFIED.DE

simplified

Vorwort

Die Analyse der Märkte mit Hilfe der Elliott-Wellen ist den meisten Marktteilnehmern auch gut 60 Jahre nach dem Tod des verkannten Genies Nelson Elliott immer noch ein magisches Buch mit ungezählten Siegeln. Es haftet etwas ›Esoterisches‹ an Elliotts Methode, obwohl sie im Prinzip strengen Regeln folgt.

Elliott entdeckte, dass die Bewegung der Märkte allein durch das psychische Verhalten der Marktteilnehmer wiedergegeben wird. Auf dieser Erkenntnis basiert der Handel und es entstehen auf jeder Zeitebene immer wiederkehrende Kursfraktale. Ist der Ansatz nicht eher etwas für Exoten? Oder ist das vielleicht sogar der große Vorteil: Die meisten technischen Analysten umkurven die Wellen ja gerne in ihrer eigenen Methode.

Die Elliott-Wellen-Technik ist eine Nische in der Charttechnik, das ist korrekt. Allerdings funktioniert diese Technik nachweislich seit über 100 Jahren. Sicherlich werden einige Analysten durch die komplexen Regeln abgeschreckt. Die Elliott-Wellen-Technik ist für mich deswegen so faszinierend, weil sie alle Systeme, alle Marktteilnehmer, alle Finanzinformationen und das daraus resultierende Kursverhalten beinhaltet. Die Elliott-Wellen-Analyse spiegelt also den kompletten Markt wider. Darin sehe ich den entscheidenden Vorteil. Die Elliott-Wellen-Technik ist für mich persönlich, nachdem ich mich in die klassische Charttechnik, DOW Theorie, Candlestick-Formationen usw. eingearbeitet hatte, das ›High End‹ aller mir bekannten Charttechniken. Seitdem ich mit den Wellen schwimme, hat sich mein Tradingerfolg wesentlich verbessert. Natürlich ist es von Vorteil, wenn man sich auch mit den anderen Techniken vertraut gemacht hat und dieses Wissen in seine Anlageentscheidungen einfließen lassen kann.

Man muss bedenken, dass 95 % der Marktteilnehmer Verlierer sind. Es werden nur 5 % der Marktteilnehmer finanziell erfolgreich agieren. Deswegen muss man alles daransetzen, den 5 % der profitablen Marktteilnehmer anzugehören.

Die Grundaussage lautet: Je mehr Handelsvolumen in einem Basiswert enthalten ist, desto aussagekräftiger sind die Elliott-Wellen. Sie funktionieren somit bei Commodities, volumenstarken Aktien und Indizes gleichermaßen gut. Sie funktionieren an allen Finanzmärkten, auch z.B. die Devisenmärkte lassen sich hervorragend damit analysieren. Die Zusammensetzung von Indizes ändert sich laufend, insbesondere in den letzten Jahren in einer erhöhten Frequenz. Kurz gesagt, der DAX von heute ist ein wesentlich anderer als der DAX aus dem Jahr 2003, dem Startjahr der großen Hausse. Die substanziellen Veränderungen im DAX Index sind nahezu unbedeutend. Der richtige Blick »Right Look« für die entstehenden Wellen ist maßgeblich für den Erfolg. Ich möchte mit diesem Buch das Verständnis dafür liefern.

Viele Fachausdrücke in diesem Simplified sind absichtlich in englischer Sprache gewählt, damit die seit Jahrzehnten benutzten Begriffe der Elliott-Wellen-Theorie nicht umbenannt werden müssen und somit die in aller Welt bekannten Begriffe weiterverwendet werden.

Bedanken möchte ich mich hiermit herzlich bei meiner Familie, besonders bei meinem Vater, die es mir zeitlich ermöglicht hat, dieses Buch zu erstellen.

Ihr
André Tiedje

simplified

1 Grundlagen

1.1 Einleitung

Ich möchte Ihnen zunächst einmal die Theorie der Elliott-Wellen etwas näher bringen. Die EW Analysenmethode wird seit langem dafür benutzt, um im Kursgeschehen immer wiederkehrende Muster und Gesetzmäßigkeiten anhand des optischen Eindrucks zu erkennen. Diese aus den Marktbewegungen resultierenden Eindrücke werden anschließend mit vordefinierten Mustern abgeglichen. Anhand des Wissens um diese Kursmuster ist es möglich, Aussagen über die zukünftige Marktentwicklung treffen zu können.

Die wichtigste Erkenntnis unter dem die EW Analysemethode zu betrachten ist, ist der Umgang mit den eigenen Emotionen beim Agieren an den Finanzmärkten. Schließlich geht die EW Theorie in den meisten Fällen davon aus, dass Gier und Angst die Hauptantriebe für Kauf- und Verkaufentscheidungen sind. Diese wechselseitigen Beeinflussungen drücken die Kursbewegungen in ein nachvollziehbares Entwicklungsschema. Letztendlich ist die Summe der Aktionen und Reaktionen der Marktteilnehmer verantwortlich für die entstehende Kursbewegung. Jeder Akteur muss sich dessen bewusst sein, dass er selber ein Teil der Emotionen ist und sich somit den Gesetzmäßigkeiten des Marktes unterwirft. Der Markt, der immer Recht hat, versucht mit unnachgiebigem Druck die Teilnehmer in dieses Verhaltensschema zu zwingen. Man muss die Kriterien für die Entstehung der Elliott-Wellen erkennen, um die eigenen Emotionen zu kontrollieren und abzubauen, damit der eigene Handelsprozess nicht gestört oder verfälscht wird.

Mit der EW Methode ist es möglich sich vom Spielball der Emotionen zu lösen, auch wenn dieses den meisten Marktteilnehmern gar nicht bewusst ist. Das Elliott-Wellen-Prinzip spiegelt das psychische Verhalten der Marktteilnehmer wieder. Mit der Elliott-Wellen-Theorie kann die Marktstimmung anhand von immer wiederkehrenden Kursmustern gemessen werden. Die durch Nachrichten eingeflossenen Eindrücke auf die Marktteilnehmer werden durch das Kursverhalten in eine tatsächliche Marktmeinung reflektiert. Die Bewegungen der Märkte spiegeln den Umgang privater und institutioneller Marktteilnehmer mit Finanzinformationen wider. In Entscheidungssituationen entstehen bei den Tradern und Anlegern oft Unsicherheiten, die dann systematische Fehler hervorrufen. Dieses menschliche Fehlverhalten der Marktteilnehmer verhindert den gewünschten Börsenerfolg. Es liegt in der menschlichen Natur, dass das Verlangen nach Sicherheit und Kontrolle vorhanden ist. Mit der EW-Technik besteht dadurch die Möglichkeit, dieses menschliche Fehlverhalten auszuwerten.

Faustregel: Markt-Psychologie ist der Antrieb des Marktes.

Je mehr Handelsvolumen in einem Basiswert enthalten ist, desto aussagekräftiger sind die Elliott-Wellen. Die Markt-Psychologie ist der Kurstreibende Faktor R. N. Elliotts Theorie ist also eine detaillierte Beschreibung über das Verhalten von Finanzmärkten. Sie beruht darauf, dass das zyklische Schwanken der Massenpsychologie der Marktteilnehmer zwischen Optimismus und Pessimismus nach natürlichen Gesetzmäßigkeiten und in bestimmten Mustern erfolgt. Jedes Muster lässt Aussagen über die vergangene, derzeitige und zukünftige Position eines Marktes in einem Zyklus zu.

Wer sich eine Weile mit dieser Prognosemethode auseinandersetzt und nach langer Übungszeit einigermaßen beherrscht, der merkt, wie ihn die früher als so wichtig erachteten Nachrichten und Gerüchte völlig kaltlassen. Diese sog. »Fundamentals« sind letztlich auch wiederum nur eine Folge der massenpsychologischen Gesamtstimmung. Denken Sie an die vordergründigen, unlogischen, ständig wechselnden, »fundamentalen« Erklärungen! Mal waren es die Zinsen, mal der Arbeitsmarkt, mal die steigende Inflation, mal die fallende Inflation, mal das Bruttosozialprodukt, mal das Handelsbilanzdefizit, mal dies und mal das, was die Aktien, die Anleihen, die Rohstoffpreise oder die Währungen bewegt haben soll. Das große Manko bei dieser Methode: Leider bekommt man erst nach einer Kursbewegung gesagt, was diesmal der Auslöser war. Und als potentielle Gründe stehen Tausende zur Auswahl.

All diese »Fundamentals«, diese »externen Marktfaktoren«, sind nicht die Auslöser von Verhaltensänderungen bei den Marktteilnehmern, sondern sie sind die Folge eines bereits veränderten Verhaltens. Die Inflationsrate, als Beispiel, wird letztlich durch das Massenverhalten bestimmt, konkret in Form des Konsumverhaltens und der Neuverschuldungsbereitschaft der Wirtschaftsteilnehmer.

Die Psychologie, und nichts anderes, bestimmt jeden Markt zu jeder Zeit!

Und die Marktpsychologie der Marktteilnehmer richtet sich, wie alle vom Menschen geprägten Entwicklungen, nach unumstößlichen Naturgesetzen. Und diese Naturgesetze bestimmen den Verlauf, die Muster, die Proportionen und die zeitlichen Komponenten der Marktbewegungen.
Ralph Nelson Elliott hatte (und hat bis heute) nur wenige ernsthafte Anhänger, die seine Theorie bis heute weitergetragen haben. Viele sagen zwar: »Elliott-Wellen – kenn ich, hab ich auch mal ausprobiert, funktioniert aber nicht.« Ein solches Urteil kann man sich bei dieser komplexen Methode erst erlauben, wenn man sich viele Jahre, und zwar intensiv, damit auseinandergesetzt hat. Nach kurzfristigen Erfolgserlebnissen kommen sehr schnell die Enttäuschungen. Diese Phase muss man – und kann man – überwinden, wenn man hartnäckig dabei bleibt.

Es ist keineswegs so, dass man als geübter »Elliotter« nur noch perfekte Prognosen abgibt. Man erreicht aber ein erstaunlich gutes Chance/Risiko-Verhältnis, vorausgesetzt, man ist absolut konsequent und setzt nie »alles auf eine Karte«. Je nach Marktlage reagieren Informationsempfänger auf die jeweilige Nachrichtenlage unterschiedlich. Das heißt, dass eine positive Nachricht in einem Abwärtstrend eine komplett andere Reaktion bei den Marktteilnehmern auslösen kann als eine positive Nachricht in einem Aufwärtstrend.

Die Reaktion der Marktteilnehmer auf eine positive Nachricht kann in einem Aufwärtstrend ein komplett gegensätzliches Kursverhalten als in einem Abwärtstrend bewirken. Anhand des Wellenprinzips lässt sich die nächste Bewegung mit der größten Wahrscheinlichkeit und dem geringsten Risiko erkennen. Preisbewegungen mit vermeintlichen Hoch- und Tiefpunkten resultieren aus Überreaktionen im Bezug auf Angebot und

Nachfrage. Die daraus entstehenden Kursverlaufsstrukturen lassen sich in allen Zeitebenen beobachten.

1.2 Impulsmuster – Beschreibung

Mit Hilfe der Elliott-Wellen-Theorie lässt sich das Marktverhalten in zwei Grundmuster einteilen, in Impuls- und Korrekturmuster.

Das Impulsmuster, auch Antriebsmuster genannt, kennzeichnet die bestimmende Kursbewegung. Diese Impulsbewegung ist der Ursprung eines jeden Trends. Eine Impulsbewegung komplettiert sich grundsätzlich aus fünf Wellen, die mit Ziffern (arabisch oder römisch) beschriftet werden. An das Ende von Impulswellen wird eine Zahl gesetzt. Drei dieser Wellen nämlich, die Wellen 1, 3 und 5 (siehe Abbildung 1.1 und 1.2) bringen die übergeordnete Grundrichtung der Trendbewegung hervor und werden mit dem Begriff Bullenmarkt bezeichnet. Die Wellen 1, 3 und 5 stehen in einem Fibonacci-Verhältnis zueinander, wobei sehr oft die Welle 3 in einem Ausmaß von 1,618 % extendiert. Die Welle 3 ist also in der Regel 1,618 Mal länger als die Welle 1. Die übergeordnete Trendrichtung wird jeweils durch zwei gegenläufige Korrekturbewegungen, nämlich die Wellen 2 und 4 (siehe Abb. 1.1 und 1.2) dargestellt, sie werden mit dem Begriff Bärenmarkt in Verbindung gebracht.

Diese beiden Korrekturwellen alternieren zueinander, sie weisen also unterschiedliche Korrekturvarianten auf, wobei die Welle 2 niemals ein Triangle sein darf. An das Ende einer Korrekturwelle wird ein Buchstabe gesetzt. Je nachdem, um welche Art von Korrekturmuster es sich handelt, finden unterschiedliche Buchstaben Verwendung. Alle Korrekturbewegungen (Welle 2 und Welle 4 in allen möglichen Graden) setzen sich aus den drei Grundtypen Flat, Zigzag und Triangle zusammen. Das heißt, auch der Finanzmarkt kann sich nicht dem physikalischen Gesetz entziehen. »Was hochgeht, muss auch wieder runterkommen. Jede Aktion erzeugt eine Reaktion.«

Kursbewegungen werden in Trendphasen und Korrekturphasen aufgeteilt. Trendphasen zeigen die Hauptrichtung der Kursentwicklung, während zwischengeschaltete Korrekturphasen sich gegen den vorliegenden Trend bewegen. Impulsmuster treten ebenso in den Unterwellen der Korrekturen auf. Im Zigzag treten Impulswellen in der Welle a und der Welle c auf. In einer Flat-Korrektur ist nur die Welle c ein Impuls, die Welle a des Flats ist dreiwellig (kein Impuls).

Das Impulsmuster im Aufwärtstrend **Das Impulsmuster im Abwärtstrend**

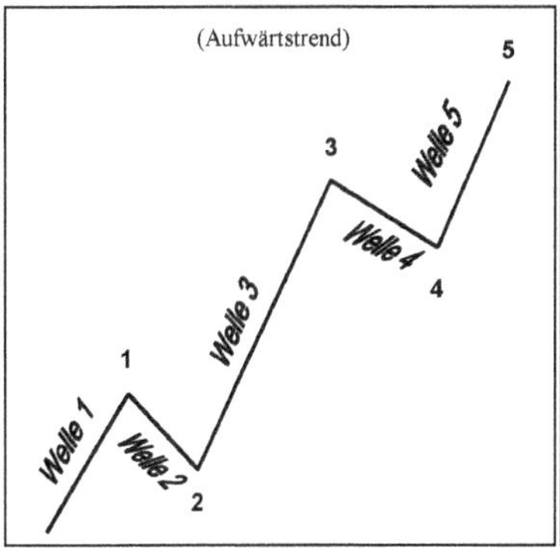

Abb. 1.1

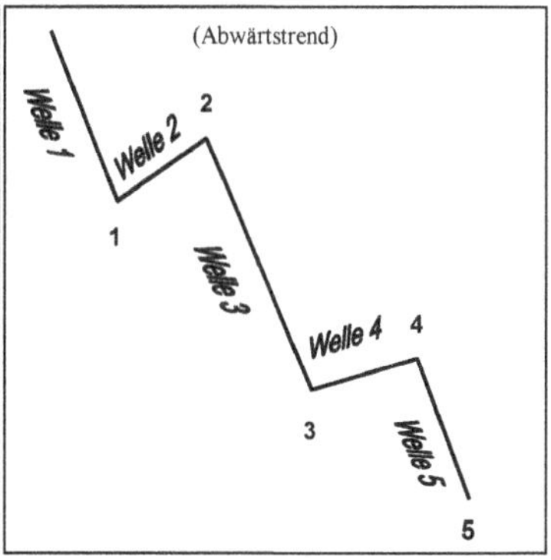

Abb. 1.2

1.3 Trendphasen

Trendphasen werden durch drei dominierende Wellen bestimmt. Die drei Wellen in Richtung des Trends sind Impulsbewegungen.

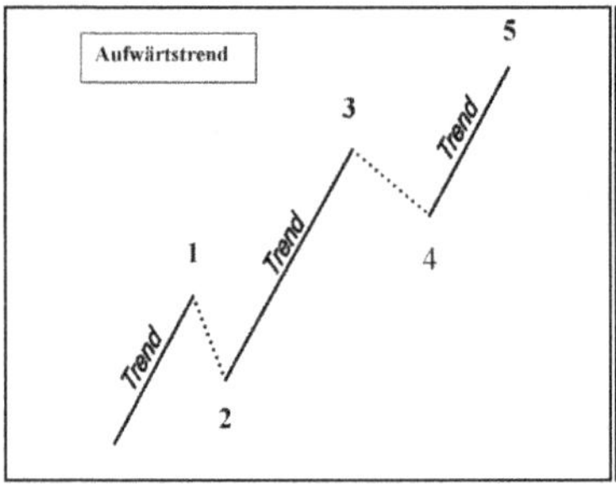

Abb. 1.3

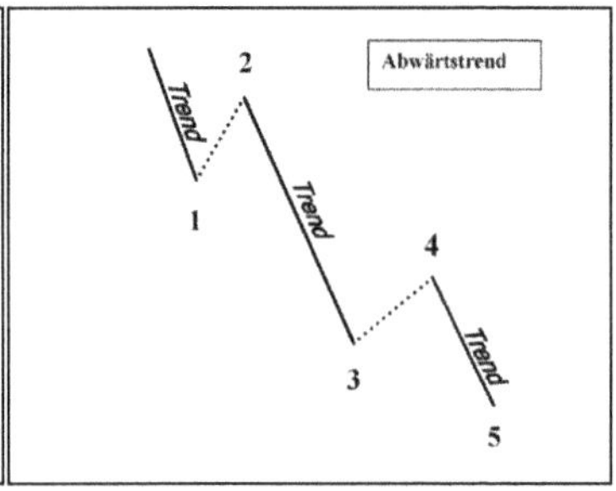

Abb. 1.4

Jede der drei Impulsbewegungen besteht in ihrer inneren Struktur aus fünf Unterwellen.

Hier handelt es sich um einen Aufwärtsimpuls.

Hier handelt es sich um einen Abwärtsimpuls.

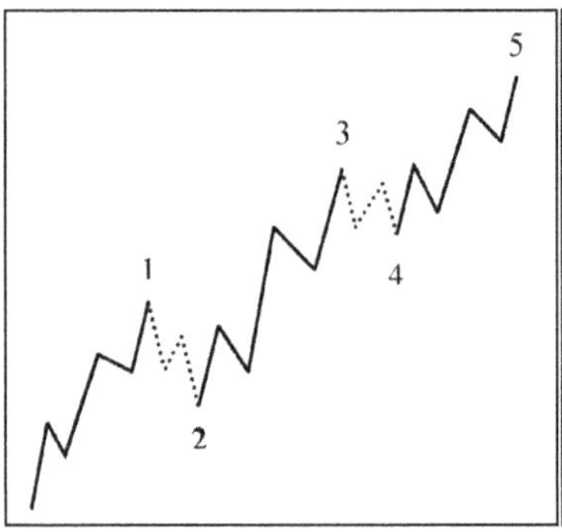

Abb. 1.5

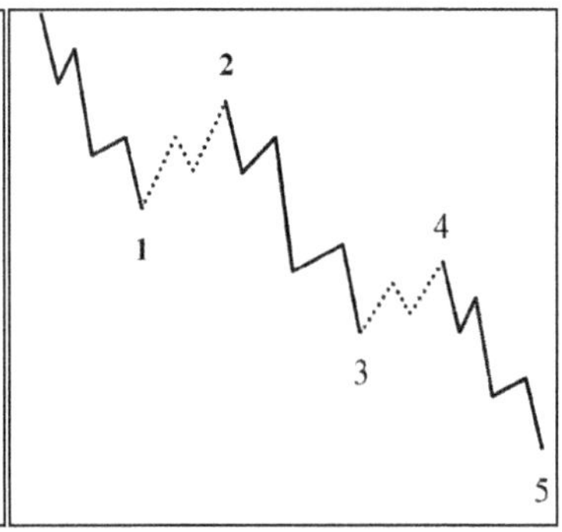

Abb. 1.6

1.4 Korrekturphasen

Korrekturphasen werden durch zwei dem Trend gegenläufige Wellen begleitet. Diese zwei Wellen sind Korrekturbewegungen, die den übergeordneten Trend kurzzeitig unterbrechen. Sie sind dem übergeordneten Trend untergeordnet.

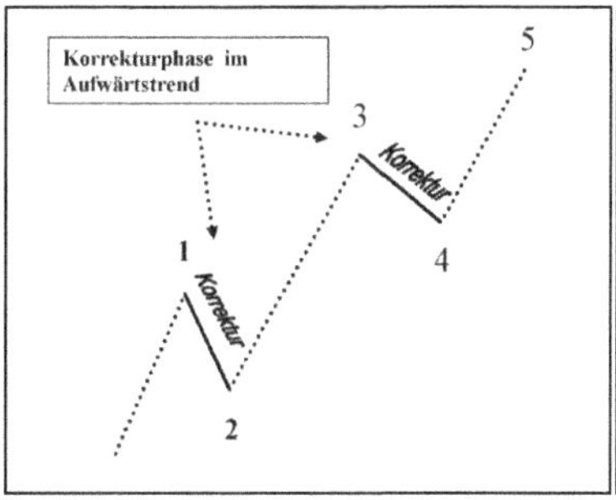

Abb. 1.7

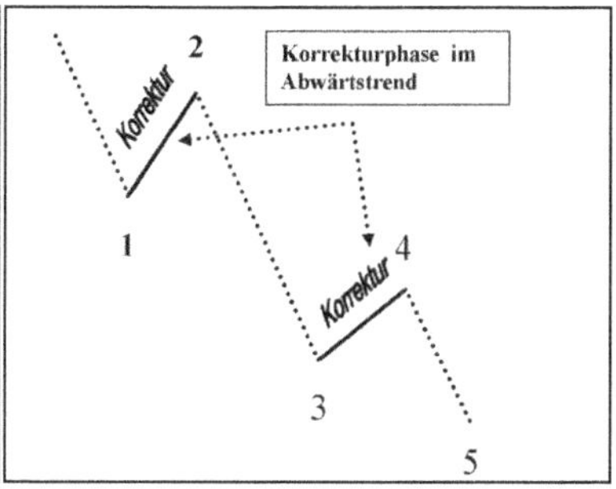

Abb. 1.8

Korrekturbewegungen bestehen in ihrer inneren Struktur aus drei Unterwellen.

Korrektur im Aufwärtsimpuls

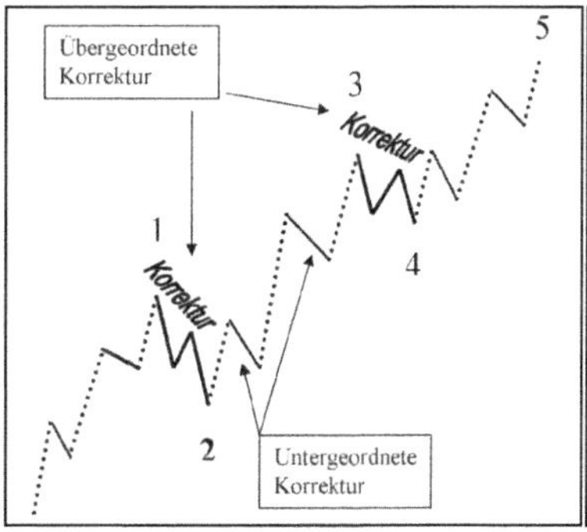

Abb. 1.9

Korrektur im Abwärtsimpuls

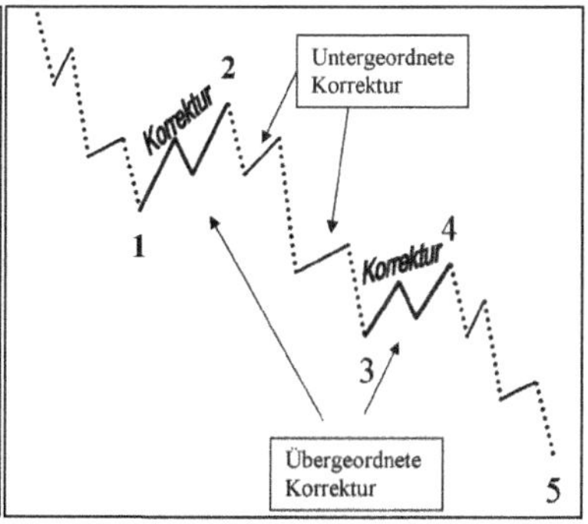

Abb. 1.10

Das Korrekturmuster ist die begleitende Kursbewegung eines Impulses. Diese Korrekturbewegung beendet das vorgeschaltete, fertige, 5-wellige Impulsmuster. Eine Korrekturbewegung setzt sich aus drei Wellen zusammen. Zwei dieser Wellen, nämlich die Wellen a und c (siehe Abb.) weisen auf die übergeordnete Grundrichtung der Korrekturbewegung hin. Die übergeordnete Korrekturrichtung wird durch eine gegenläufige Welle b unterbrochen. Zwischengeschaltete Korrekturbewegungen unterliegen dem vorherrschenden Trend. Das Korrekturmuster ist dem Impulsmuster gleichberechtigt und orientiert sich zeitlich und preislich an dem vorausgegangenem Impulsmuster.

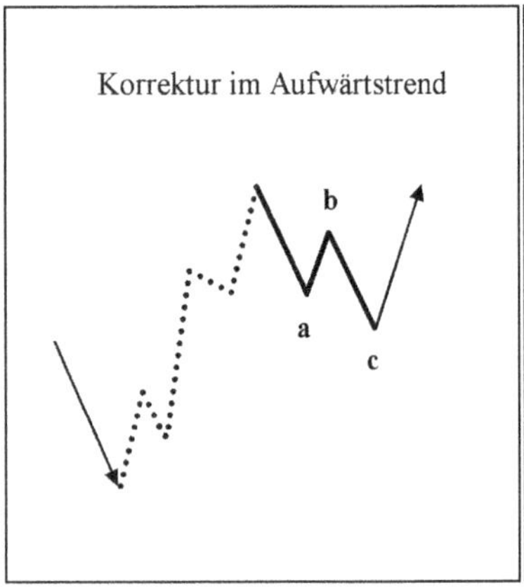

Abb. 1.11

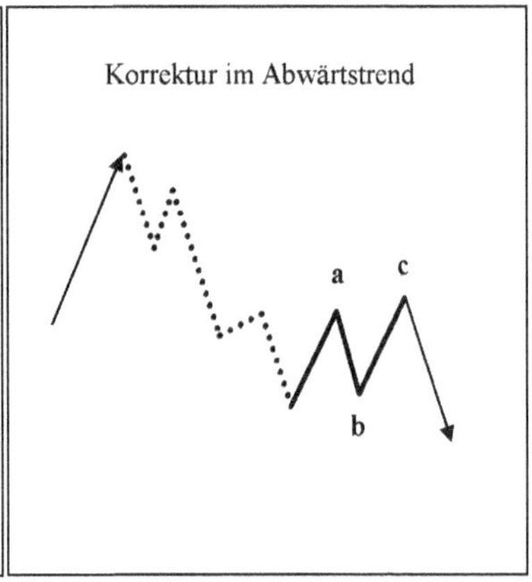

Abb. 1.12

Trendphasen innerhalb des Korrekturmusters

Trendphasen werden durch zwei dominierende Wellen bestimmt (Zigzag). Die zwei Wellen in Richtung des Korrekturtrends sind Impulsbewegungen. Der Korrekturtrend wird durch eine Welle b unterbrochen.

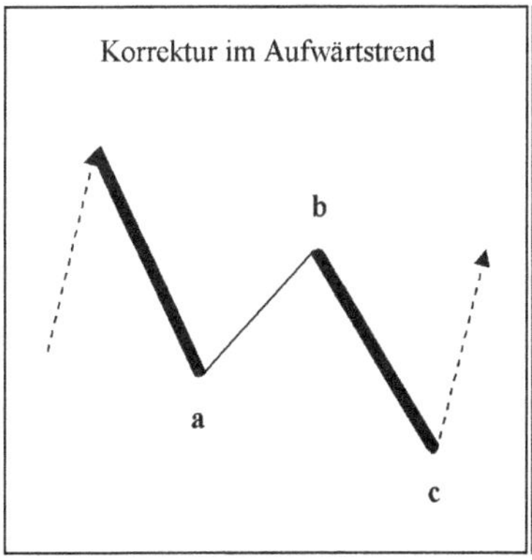

Abb. 1.13

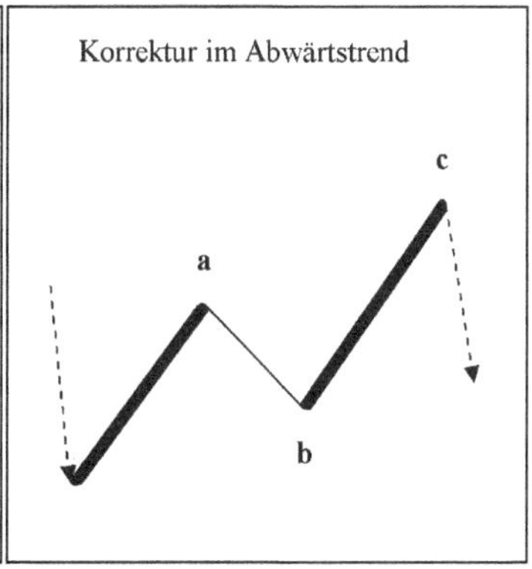

Abb. 1.14

Jede der zwei Impulsbewegungen (Welle a und c) bestehen in ihrer inneren Struktur aus fünf Unterwellen. Die Welle b weist eine dreiwellige Struktur auf (Zigzag).

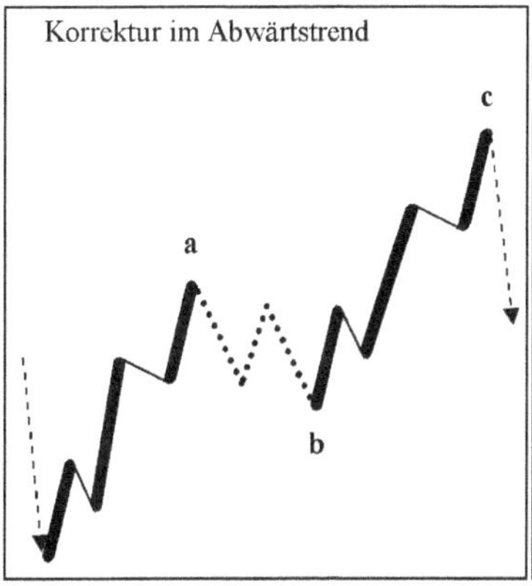

Abb. 1.15

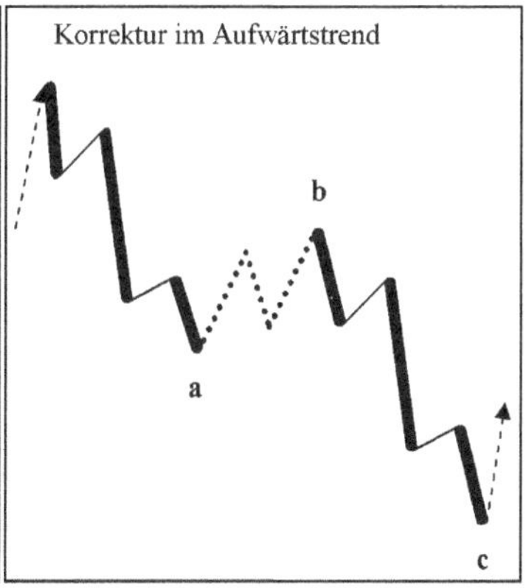

Abb. 1.16

Korrekturphase innerhalb des Korrekturmusters (Zigzag).

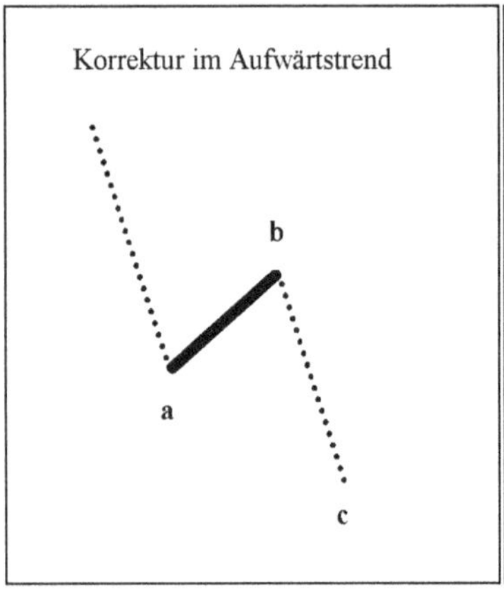

Abb. 1.17

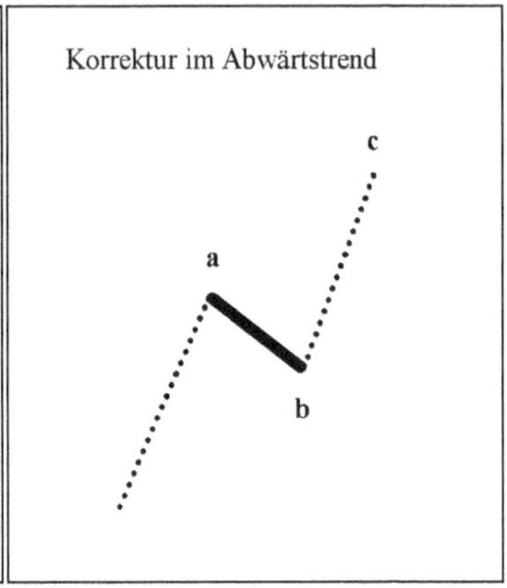

Abb. 1.18

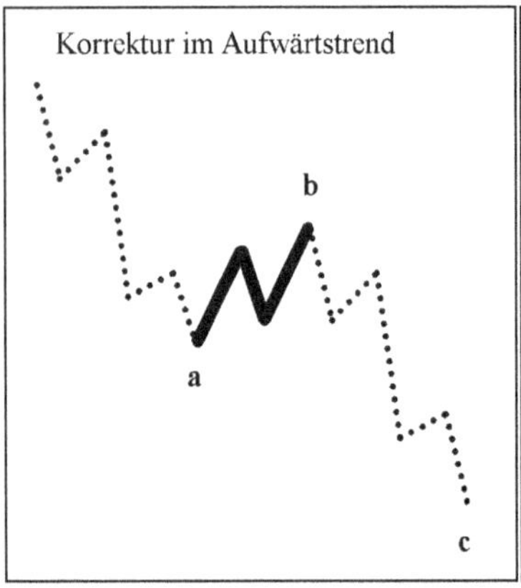

Abb. 1.19

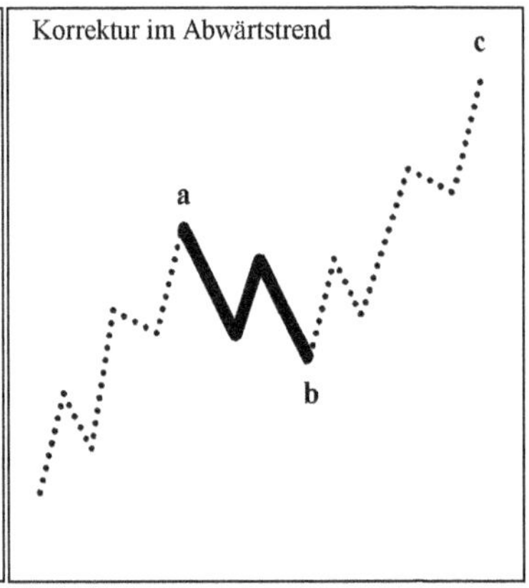

Abb. 1.20

1.5 Das Basismuster

Aus den beiden vorher beschriebenen Mustern (Impulsmuster und Korrekturmuster) entsteht das Basismuster. Eine fünfteilige Impulsbewegung, gefolgt von einer dreiteiligen Korrekturbewegung, schließt ein komplettes Basismuster (Marktzyklus) ab. Diese Basismuster treten auf Minutenebene, Stunden-, Tages-, Wochen-, Monats- bis hin zur Jahresebene ständig und immer wiederkehrend auf. Aus einer psychologisch angetriebenen Marktbewegung resultiert nach dem Grundprinzip der Elliott-Wellen-Technik ein Muster (Fraktal), welches aus acht Elementen besteht. Diese acht Elemente unterteilen sich in eine fünfteilige Impulsbewegung (1-2-3-4-5) und in eine dreiteilige Korrekturbewegung (a-b-c).

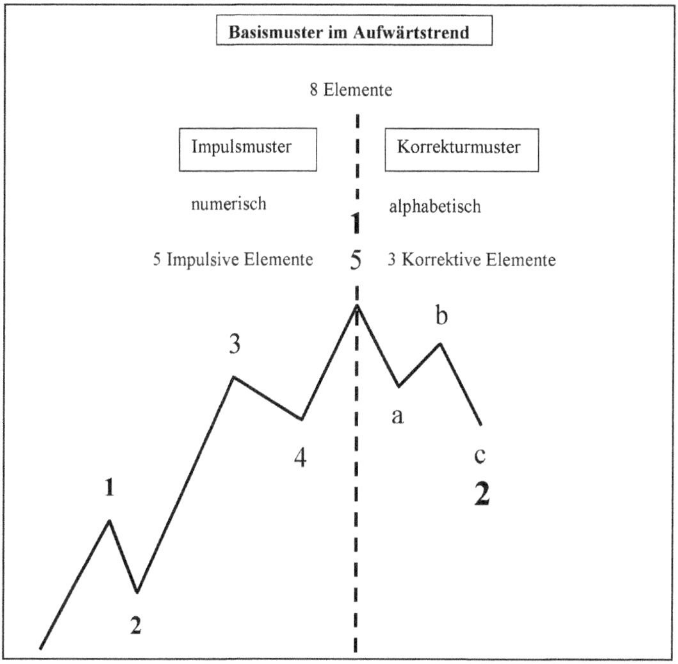

Abb. 1.21

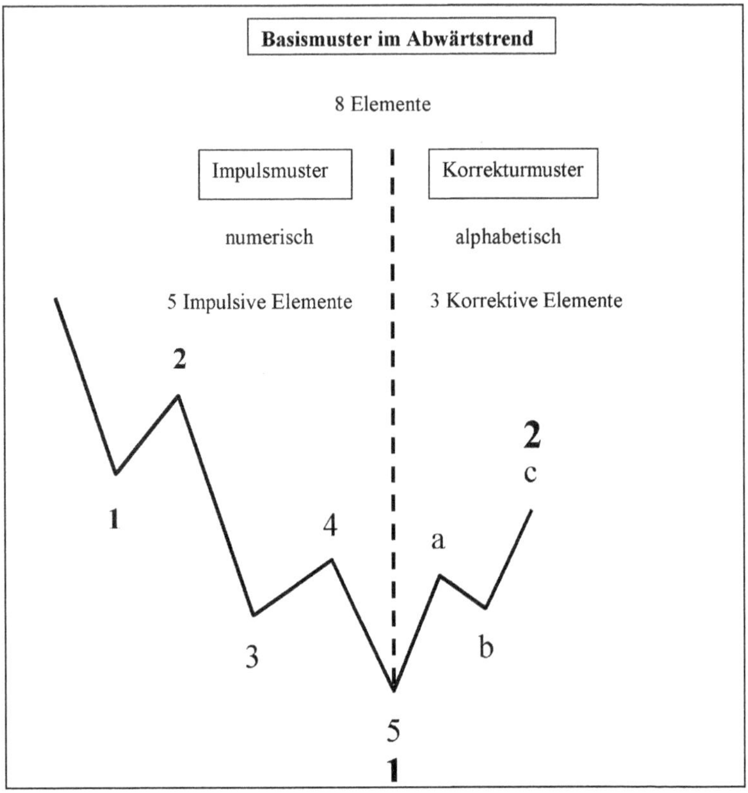

Abb. 1.22

Die numerischen Elemente (1-2-3-4-5) geben dabei die maßgeblich entscheidende Trendrichtung an. Sie werden als Antriebs- oder Impulswelle bezeichnet. Die alphabetischen Elemente (a-b-c) zeigen die gegensätzliche, sekundäre Korrekturwelle. Dieses Fraktal entsteht in kurz- und langfristigen Zeiträumen sowie in Aufwärts- und in Abwärtsbewegungen. Die vorherrschende Form der Marktentwicklung wird durch drei ständig wiederkehrende Aspekte innerhalb der numerischen Fünfwellen-Formation bestimmt.

Dieses grundsätzliche Kursverhalten, welches in fünf Trendbewegungen und drei Korrekturbewegungen unterteilt ist, kann in den verschiedensten Zeitebenen entstehen. Als Konsequenz daraus lässt sich festhalten, dass das beschriebene Basismuster ein Teilelement eines übergeordneten Basismusters ist.

Das Basismuster im Aufwärtstrend

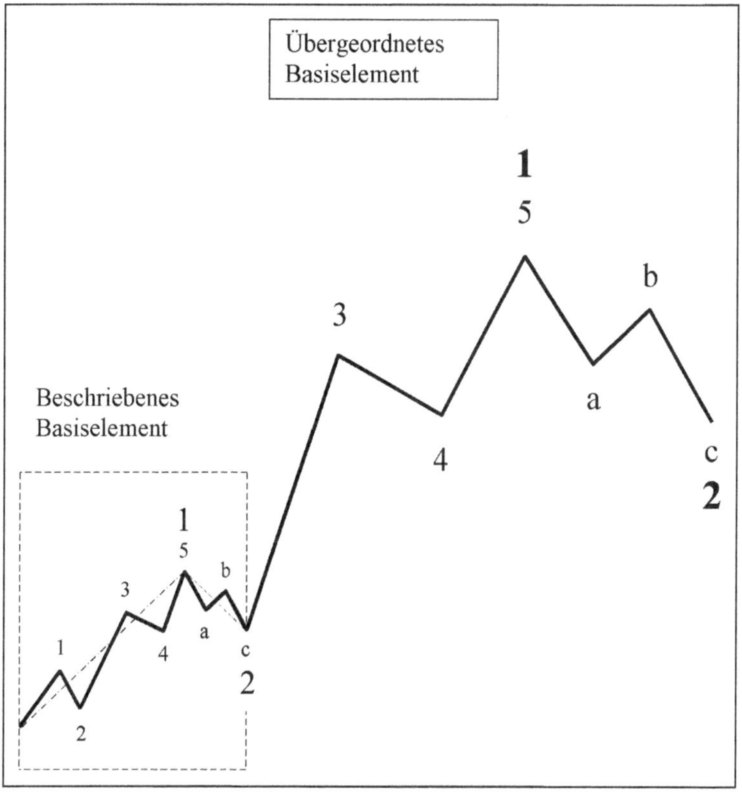

Abb. 1.23

Das Basismuster im Abwärtstrend

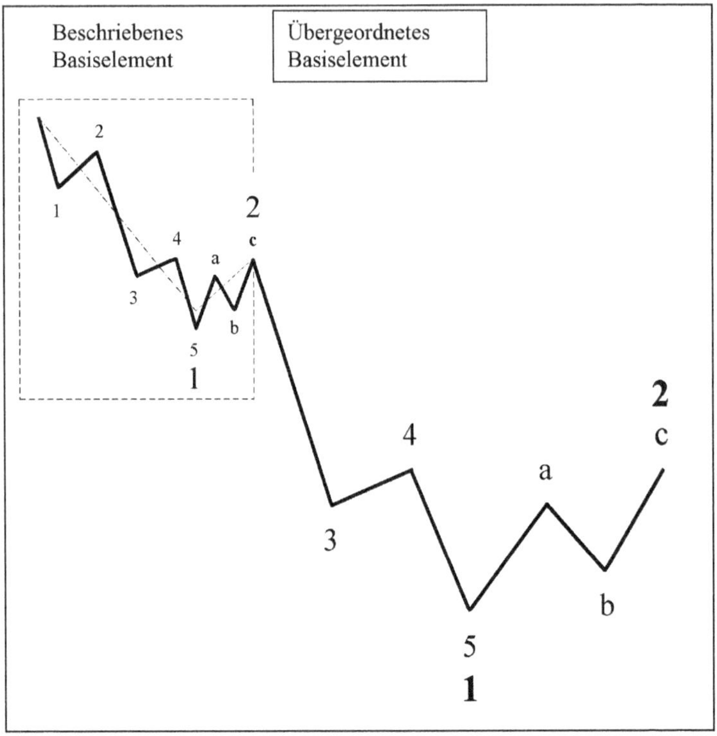

Abb. 1.24

1.6 Verschiedene Wellengrade

Jedes Basismuster ist ein Teilelement eines anderen Basismusters in verschiedenen Zeitebenen. Ein Basismuster lässt sich von mikroskopisch klein bzw. Minute, Stunde, Tag, Woche, Jahr und höher zusammenfassen. Die wichtigste Erkenntnis der Elliott-Wellen-Theorie ist das Verständnis für die verschiedenen Zeitebenen. Entscheidend ist, dass das übergeordnete Basiselement nicht nur eine Vergrößerung ist, sondern exakt die gleiche Formation, nur einen Wellengrad höher.

Diese Wellen und Unterwellen besitzen eine Selbstähnlichkeit wie die jeweils größere Welle, zu der sie gehören. Das Verstehen dieser Tatsache bietet die Hauptgrundlage zum Verständnis der Elliott-Wellen-Theorie. In der Summe sagt dieses aus, dass sowohl die Elliott-Wellen-Muster, als auch das Elliott-Wellen-Regelwerk in immer gleicher Form auftreten und in immer gleicher Weise auf jeder Zeitebene angewendet werden können.

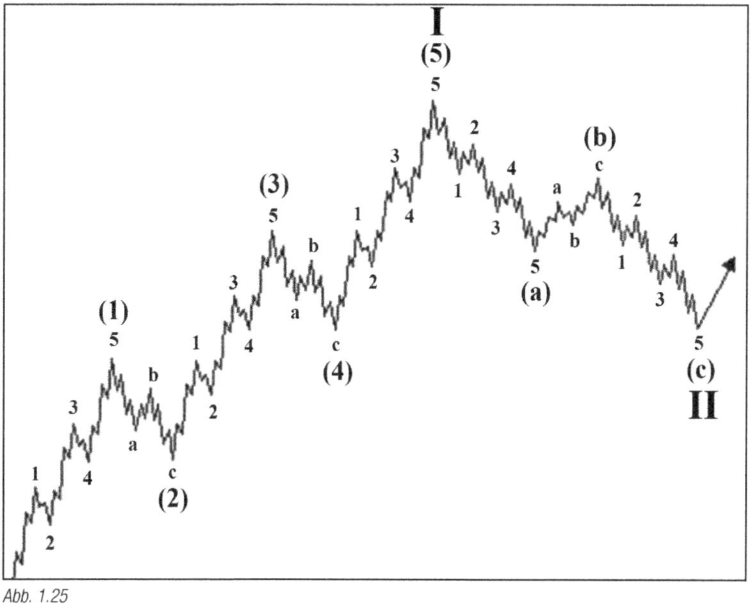

Abb. 1.25

In Abb. 1.25 wird noch einmal veranschaulicht, wie wichtig das Verständnis für die Unterwellen ist, welches im Folgenden detailliert beschrieben wird. Sie sehen hier übergeordnet ein Basismuster, welches sich aus den Wellen **I-II** zusammensetzt.

Der dazugehörige Ursprungsimpuls (**1-2-3-4-5**) liegt hingegen zwei Wellengrade tiefer. Ein Wellengrad höher wird dadurch ein weiterer Impuls (**1**) finalisiert. Diese Impulswelle (**1**) wird wiederum durch die Korrekturwelle (**2**) korrigiert. Die Korrekturwelle (**2**) setzt sich aus den Unterwellen **a-b-c** zusammen. Wenn ein Acht-Wellen-Zyklus (**1-2-3-4-5-a-b-c**) endet, folgt ihm ein identischer Wellenzyklus auf einem höheren Wellengrad (**1**)-(**2**)-(**3**)-(**4**)-(**5**)-(**a**)-(**b**)-(**c**).

Die Wellen (**1**)-(**2**)-(**3**)-(**4**)-(**5**) bilden das entsprechende Impulsmuster und schließen die Welle **I** ab. Die Wellen (**a**)-(**b**)-(**c**) bilden das entsprechende Korrekturmuster und schließen die Welle **II** ab. Das Basismuster I-II ist bereits wieder ein Teilelement eines noch größeren Basismusters. Ein Fünf–Wellen–Muster (Impulsmuster) wird auf derselben Wellenebene von einem Drei-Wellen-Muster korrigiert. Das daraus resultierende Acht-Wellen-Muster schließt den Zyklus vollständig ab. Es entsteht das Basismuster.

simplified

2 Trendbewegungen

2.1 Impulsmuster – Regeln zu dem Impulsmuster

An dieser Stelle finden Sie eine Aufzählung der Regeln zu dem Impulsmuster:

1. Eine Impulswelle besteht aus fünf Wellen.
2. Die Welle 1 muss ein Impuls oder ein Leading Diagonal Triangle (LDT) sein.
3. Die Welle 2 muss ein korrektives Muster aufweisen, außer einem Dreieck.
4. Die Welle 2 darf nicht mehr als 99,9 % der Welle 1 korrigieren (retracen). Das heißt, die Welle 2 darf nicht den Ursprung der Welle 1 berühren.
5. Die Welle 3 muss ein Impuls sein.
6. Die Welle 3 ist nie die kürzeste Welle.
7. Die Welle 3 muss aus preislicher Sicht länger als die Welle 2 sein.
8. Die Welle 4 muss ein korrektives Muster enthalten.
9. Die Welle 4 darf den Preiskorridor der Welle 1 nicht überlappen. Ausnahme in einem Diagonal Triangle (EDT und LDT).
10. Die Welle 5 muss ein Impuls oder ein Ending Diagonal Triangle sein.
11. Die versagende Welle 5 muss aus preislicher Sicht mindestens 70 % der Welle 4 betragen.

Richtlinien zu dem Impulsmuster:

1. Die ausgedehnte Impulswelle erreicht sehr oft das 1,618-fache der anderen Impulswellen.
2. Die Welle 1 ist nur sehr selten ein Leading Diagonal Triangle (LDT).

3. Die Welle 2 ist sehr oft steil und wird durch ein Zigzag, Double- oder Triple-Zigzag ausgebildet.
4. Die Korrekturwellen 2 und 4 sollten die entsprechenden Impulswellen zu mindestens 23,6 % korrigieren.
5. Häufig korrigiert die Welle 2 die Welle 1 etwa zu 38,2 %, 50,0 % oder 61,8 %.
6. Die Welle 3 dehnt sich häufig zu 161,8 % oder 261,8 % aus.
7. In Aktienmärkten dehnt sich sehr häufig die Welle 3 aus. Bei den Rohstoffen (Commodities) ist eine Ausdehnung in der Welle 5 wahrscheinlicher.
8. Die Welle 4 ist sehr selten ein Zigzag.
9. Die Welle 4 korrigiert die Welle 3 oft zu 38,2 %.
10. Ein Wellenschnitt der Wellen 1 und 4 kommt nur in Ausnahmefällen vor (LDT, EDT).
11. Die Korrekturen der Wellen 2 und 4 wechseln meist zwischen steil und flach.
12. Die Welle 2 korrigiert sehr oft bis in den Bereich der vorherigen Welle 4 (einen Wellengrad tiefer). Zu 80 % wird sogar das Ende der Welle 4 erreicht.
13. Eine ausgedehnte Welle 5 erreicht sehr häufig das 1,618 fache vom Anfang der Welle 1 bis zum Ende der Welle 3.
14. Entwickelt sich eine ausgedehnte Welle 3, sind die Wellen 1 und 5 normalerweise preislich und zeitlich etwa gleich lang.
15. Eine Welle 5 weist weniger Volumen auf als die Welle 3.
16. Die Welle 5 erreicht sehr häufig 61,8 %, 100 % oder 161,8 % der Welle 1.

Visuelle Darstellung: Regeln zu dem Impulsmuster

1. Eine Impulswelle besteht aus fünf Wellen.

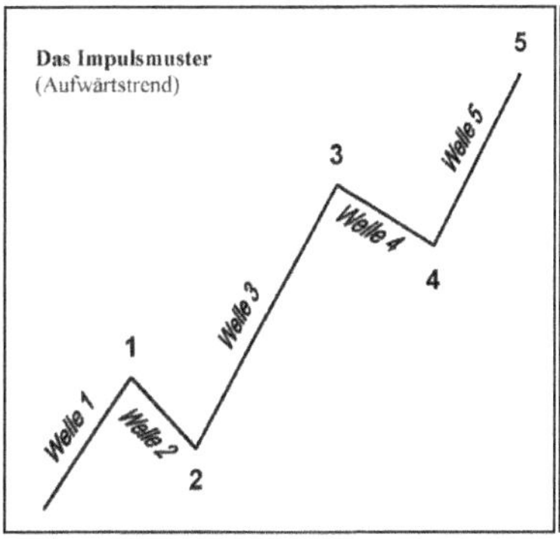

Abb. 2.1

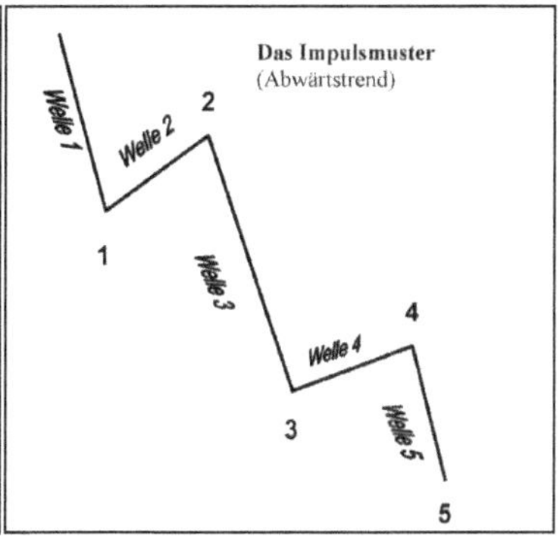

Abb. 2.2

2. Die Welle 1 muss ein Impuls oder ein Leading Diagonal Triangle (LDT) sein.

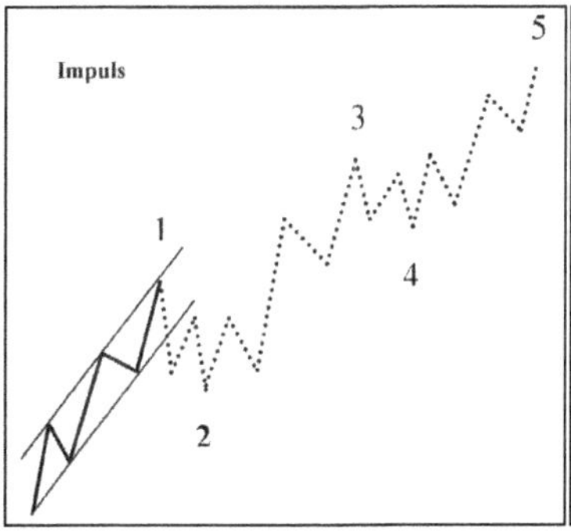

Abb. 2.3

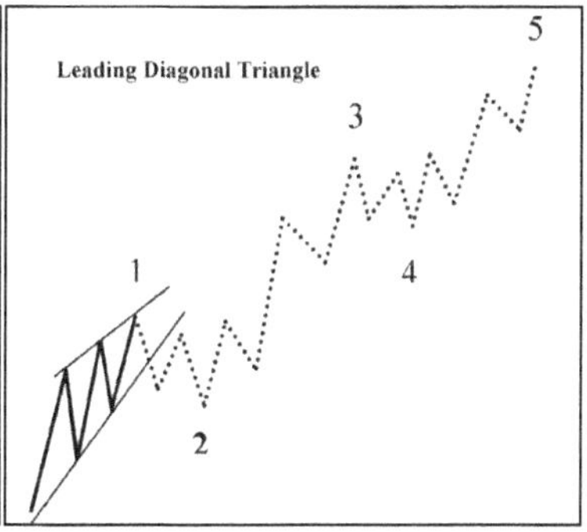

Abb. 2.4

3. Die Welle 2 muss ein korrektives Muster aufweisen, außer einem Dreieck.

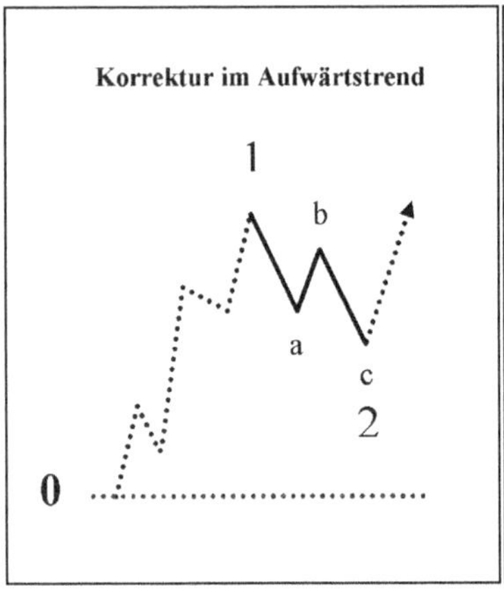

Abb. 2.5

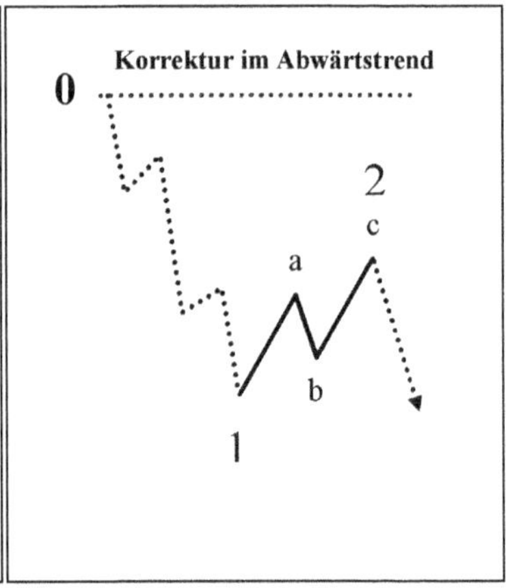

Abb. 2.6

4. Die Welle 2 darf nicht mehr als 99,9 % der Welle 1 korrigieren (retracen). Das heißt, die Welle 2 darf nicht den Ursprung der Welle 1 berühren.

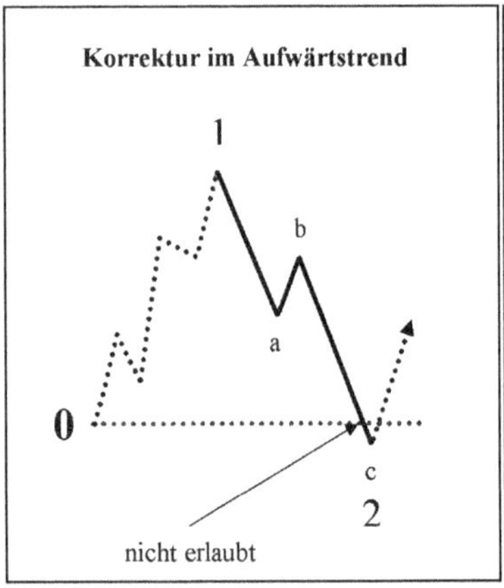

Abb. 2.7

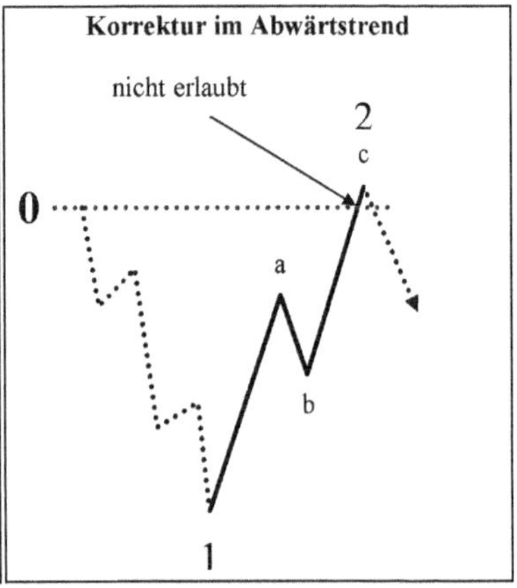

Abb. 2.8

5. Die Welle 3 muss ein Impuls sein.

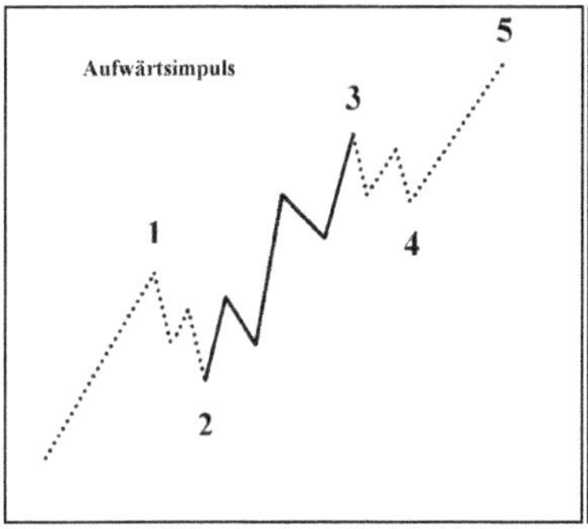

Abb. 2.9

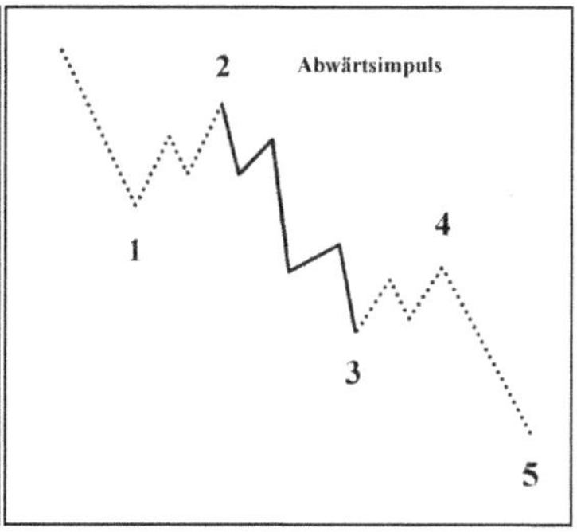

Abb. 2.10

6. Die Welle 3 darf nie die kürzeste Welle sein, im Vergleich zur Welle 1 und 5.

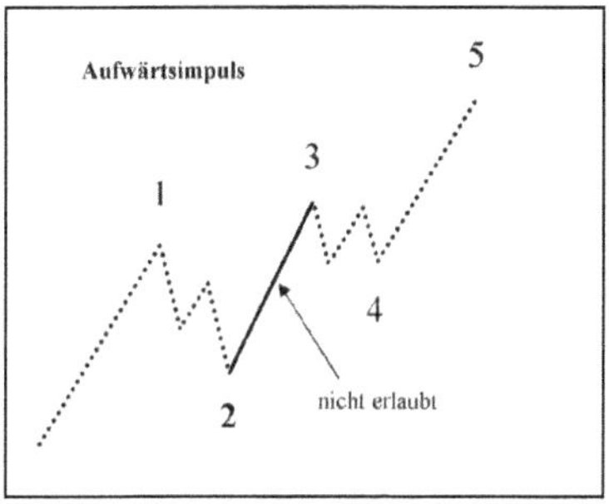

Abb. 2.11

7. Die Welle 3 muss aus preislicher Sicht länger als die Welle 2 sein.

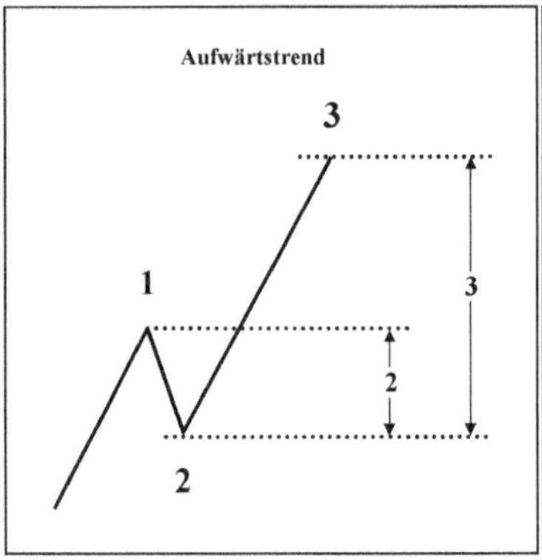

Abb. 2.12

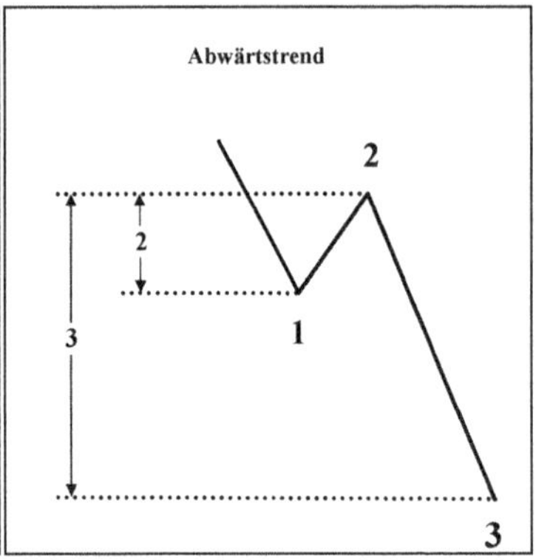

Abb. 2.13

8. Die Welle 4 muss ein korrektives Muster enthalten.

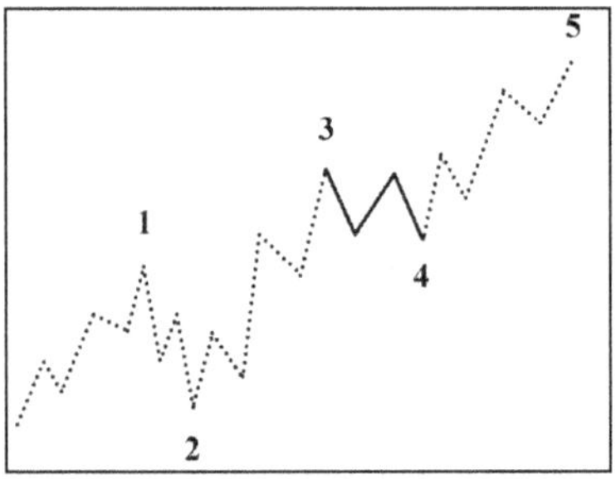

Abb. 2.14

9. Die Welle 4 darf den Preiskorridor der Welle 1 nicht überlappen.

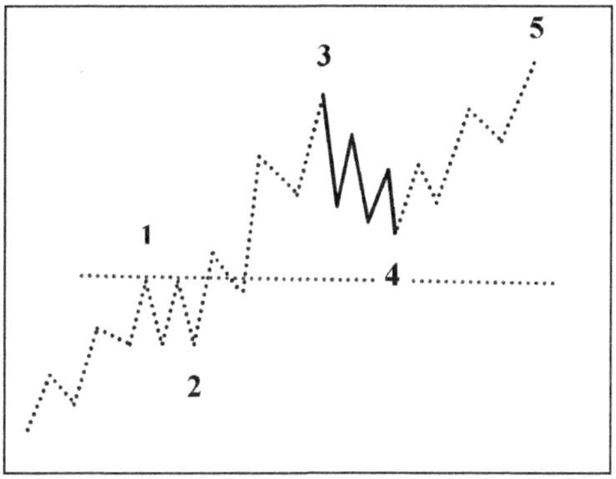

Abb. 2.15

Ausnahme in einem Diagonal Triangle (EDT und LDT).

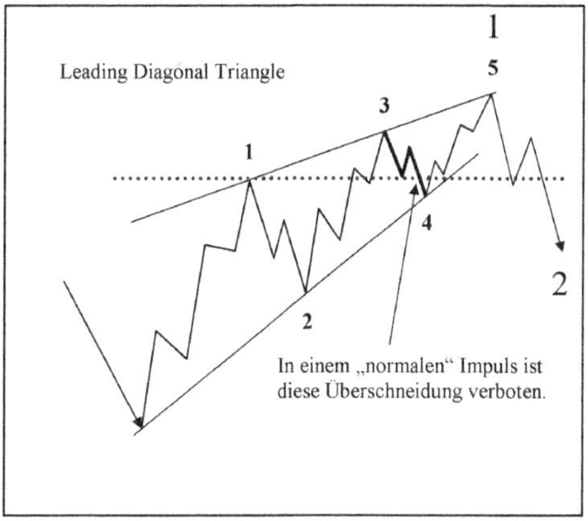

Abb. 2.16

10. Die Welle 5 muss ein Impuls oder ein Ending Diagonal Triangle sein.

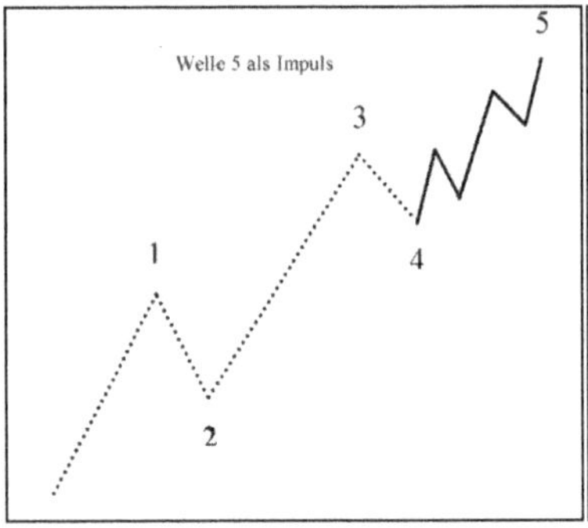

Abb. 2.17

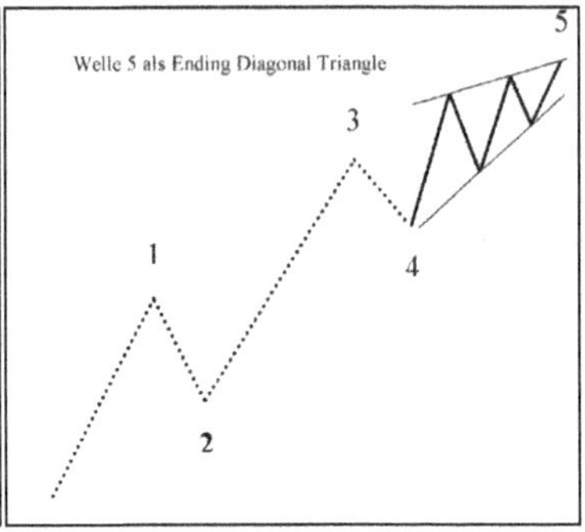

Abb. 2.18

11. Die versagende Welle 5 muss aus preislicher Sicht mindestens 70 % der Welle 4 betragen.

Versagende Welle 5
im Aufwärtstrend

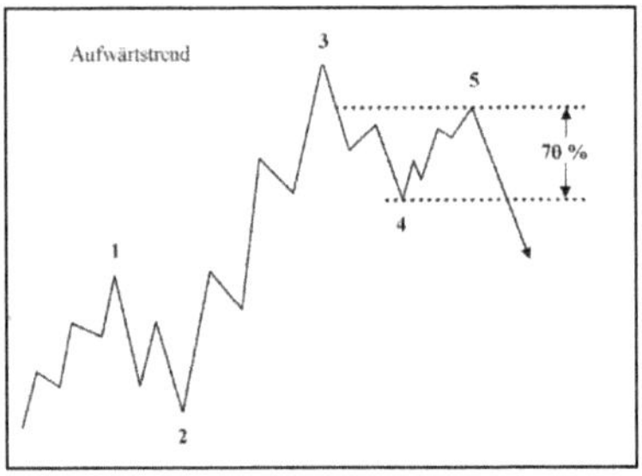

Ab. 2.19

Versagende Welle 5
im Abwärtstrend

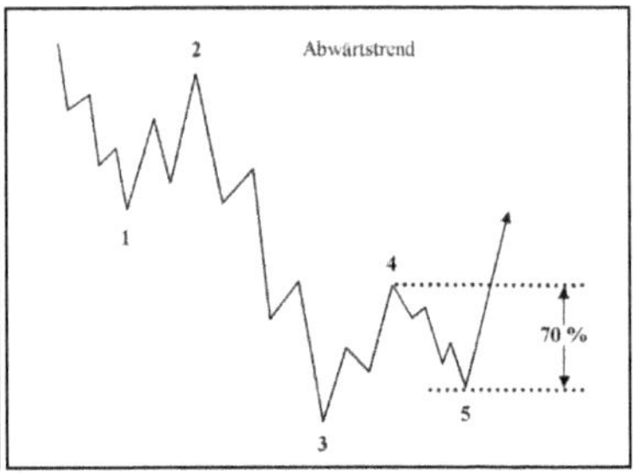

Abb. 2.20

2.2 Wellenextensionen – Ausdehnungen

Innerhalb eines Impulses kann es zu einer Wellenextension kommen, auch Ausdehnung oder Ausweitung genannt. Ausweitungen entstehen, wenn eine der 3 Impulswellen in einem Trend sich in zusätzliche fünf Wellen aufteilt und somit verlängert wird. Eine extendierende Welle, in einem Impuls, kann eine Welle 1, 3 oder 5 sein. In der Regel findet diese Extension nur in einer der drei Impulse, überwiegend aber in der Welle 3, statt. Die übrigen nicht extendierenden Wellen weisen in dem Fall sehr häufig, zeitlich und preislich, eine Gleichheit auf, sie stehen also in einem Fibonacci-Verhältnis zueinander. Erfahrungsgemäß tritt eine extendierende Welle 3 meistens in den Aktienmärkten auf. Eine extendierende Welle 5 ist doch eher in Commodity-Märkten zu erwarten. Wellenausweitungen geben gute Hinweise über die zukünftige Kursentwicklung. In einer Korrektur kann eine Welle A und eine Welle C extendieren.

Regeln und Richtlinien für eine Wellenextension:

1. Eine extendierende Welle besteht aus 5,9,13 oder 17 Unterwellen und wirkt sich kraftvoll aus.
2. Die Welle 2 darf nicht den Ursprungspunkt der Welle 1 schneiden. Sie ist also immer kürzer als die Welle 1.
3. Die Welle 3 ist niemals die kürzeste Welle.
4. Die Welle 4 darf den Kurskorridor der Welle 1 nicht schneiden.
5. Die Welle 5 überschreitet das Ende der Welle 3 (ausgenommen versagende ‚Failure‘ 5)

Die interne Struktur

Eine Impulswelle mit einer Ausdehnung besteht mindestens aus 9 Wellen, kann sich aber bis zu 13 und 17 Wellen ausweiten.

Die 9-wellige, interne Struktur besteht also aus 5-3-5-3-5-3-5-3-5.

Eine Extension entsteht in den folgenden Wellen:

Extensionen bilden sich in den Wellen 1, 3, 5 sowie in den Wellen a und c.

Visuelle Darstellung: Wellenextensionen (Ausdehnungen)

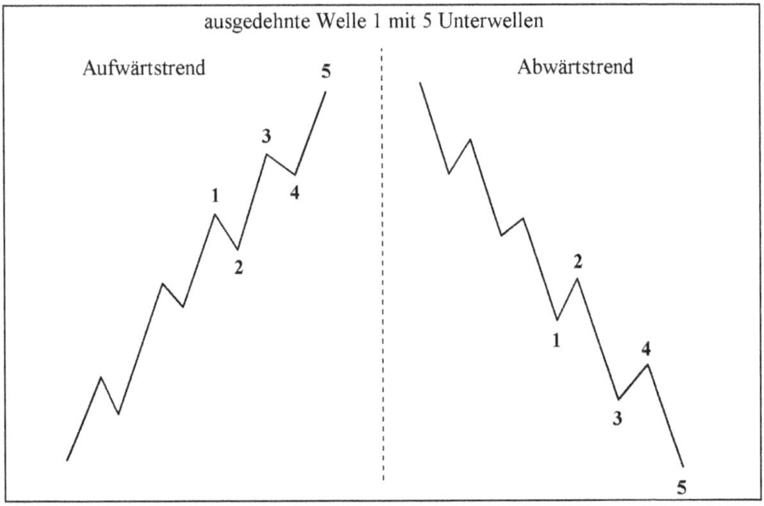

Abb. 2.21

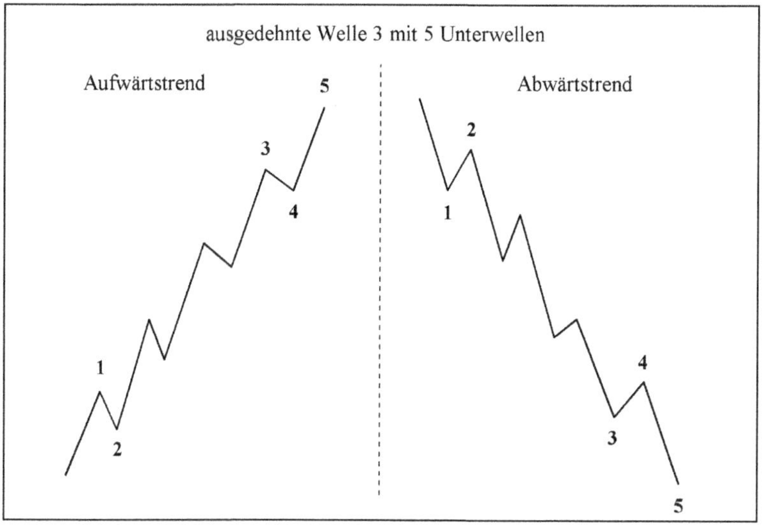

Abb. 2.22

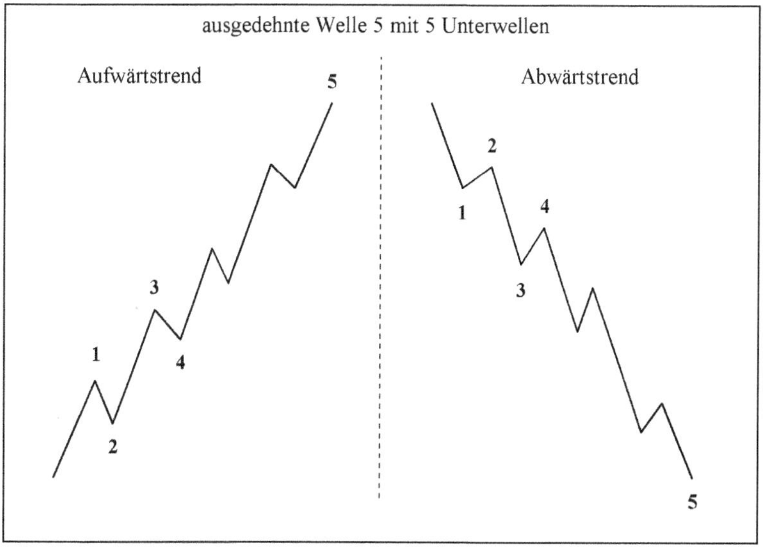

Abb. 2.23

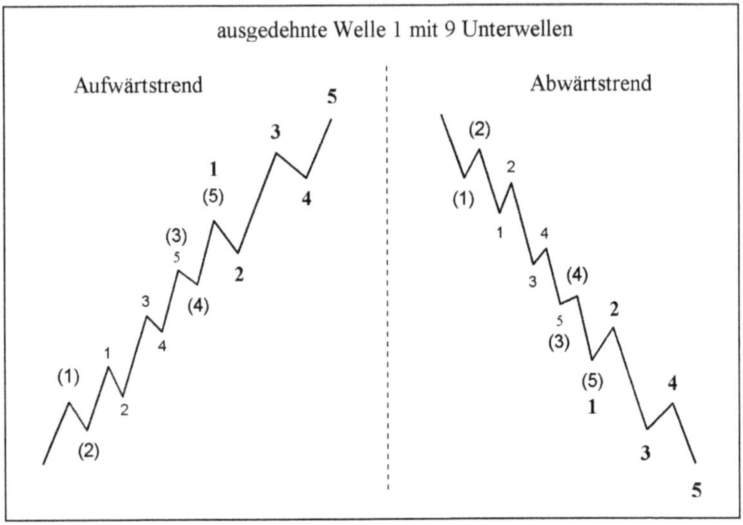

Abb. 2.24

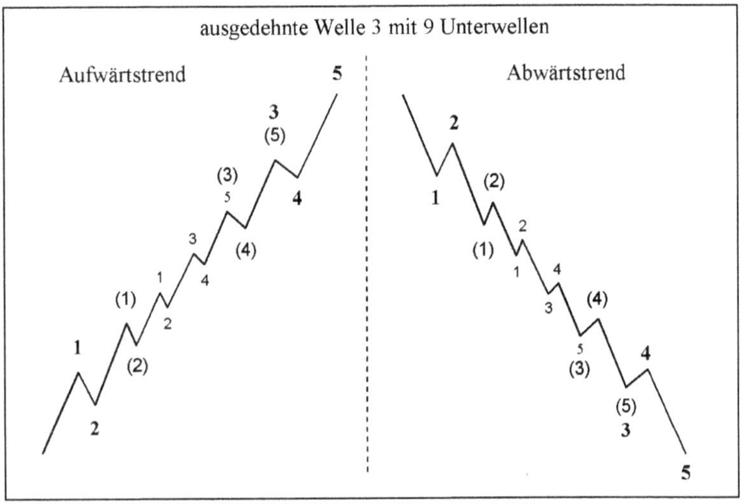

Abb. 2.25

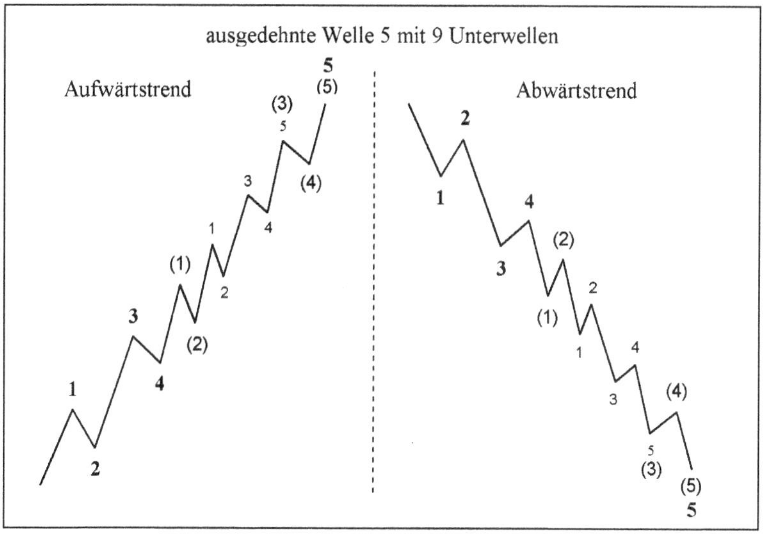

Abb. 2.26

Ausgedehnte Welle 1 mit 9 Unterwellen (Fibonacci-Verhältnis)

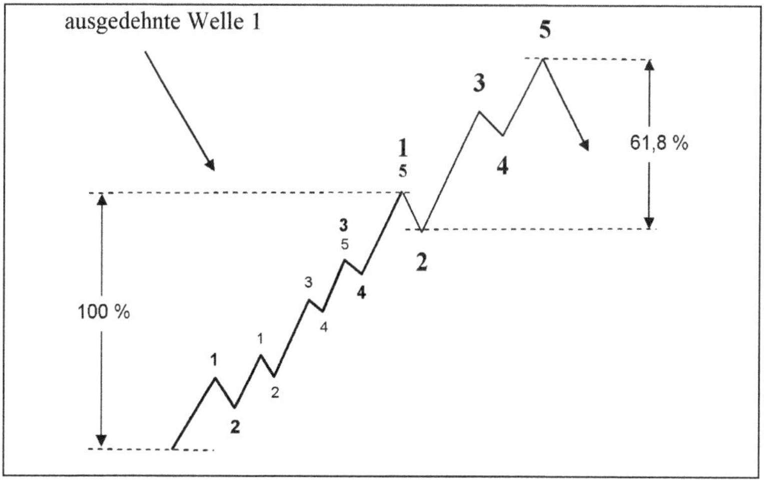

Abb. 2.27

Ausgedehnte Welle 3 mit 9 Unterwellen (Fibonacci-Verhältnis)

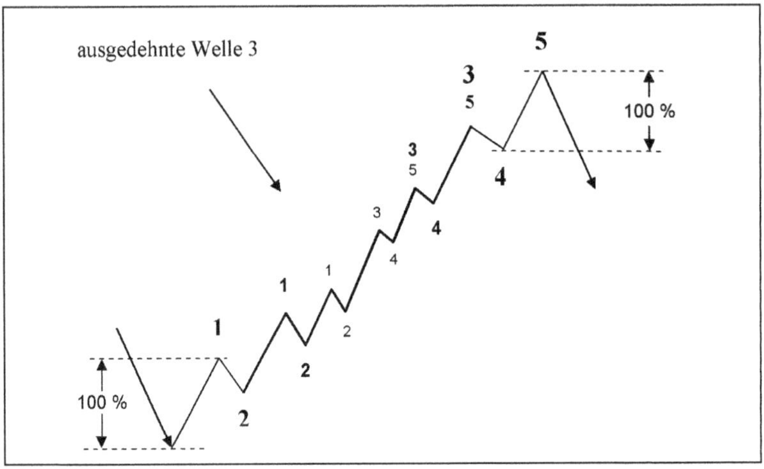

Abb. 2.28

Ausgedehnte Welle 5 mit 9 Unterwellen (Fibonacci-Verhältnis)

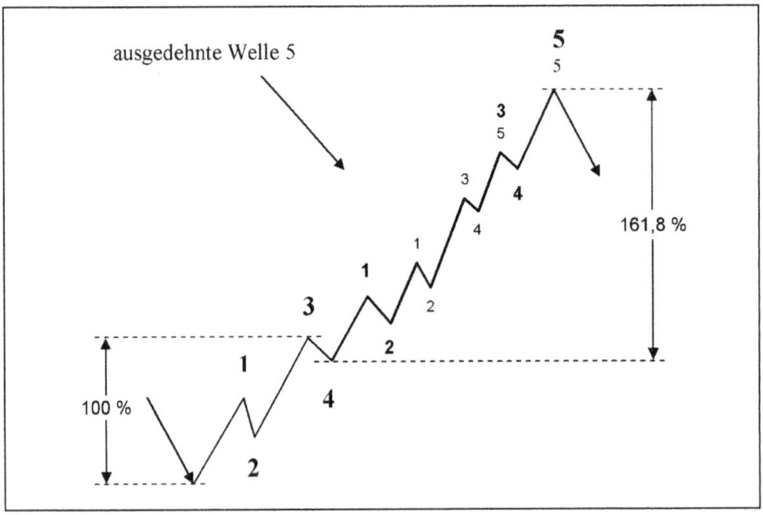

Abb. 2.29

Ausgedehnte Welle 1 mit 13 Unterwellen (Fibonacci-Verhältnis)

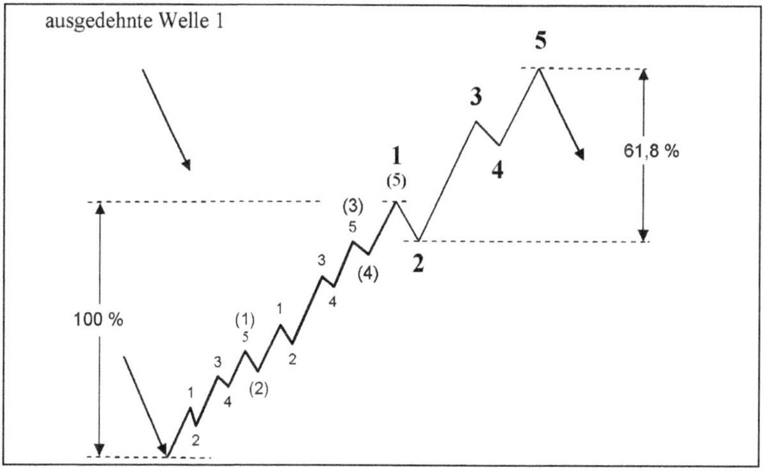

Abb. 2.30

Ausgedehnte Welle 3 mit 13 Unterwellen (Fibonacci-Verhältnis)

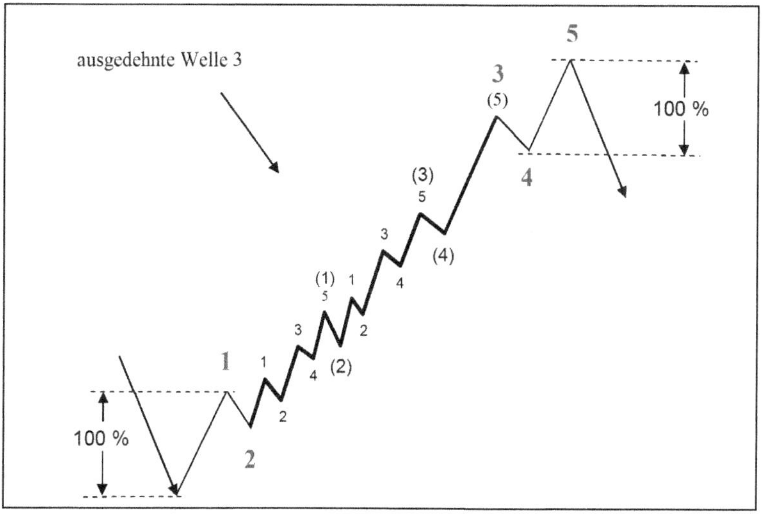

Abb. 2.31

Extendierende Welle 5 mit 13 Unterwellen (Fibonacci-Verhältnis)

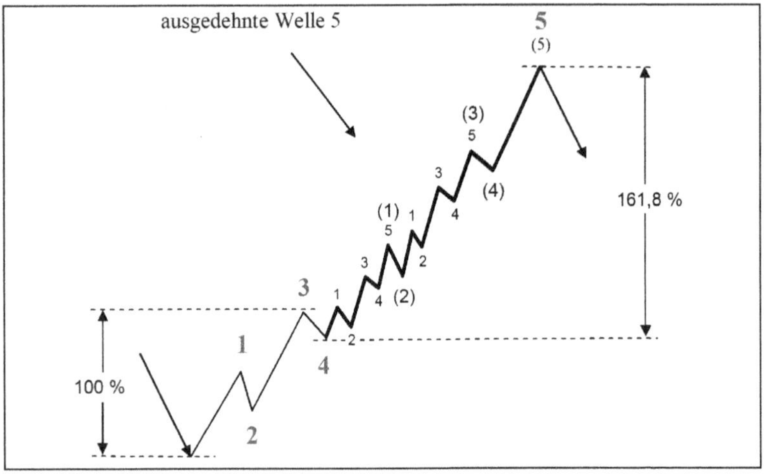

Abb. 2.32

Ausgedehnte Welle 1 mit 17 Unterwellen (Fibonacci-Verhältnis)

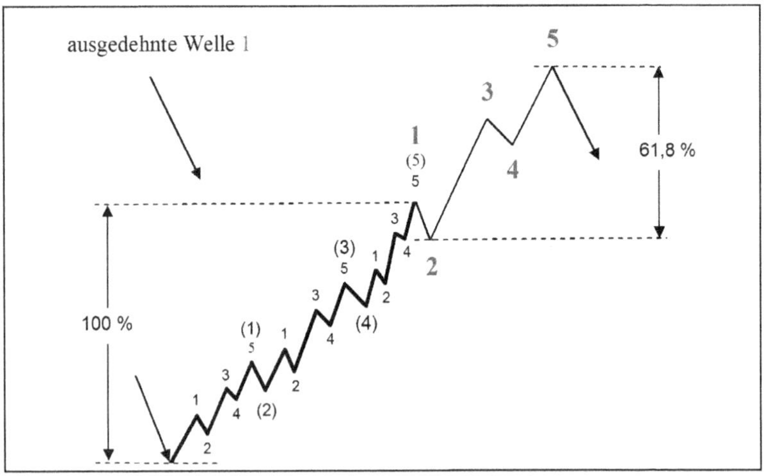

Abb. 2.33

Ausgedehnte Welle 3 mit 17 Unterwellen (Fibonacci-Verhältnis)

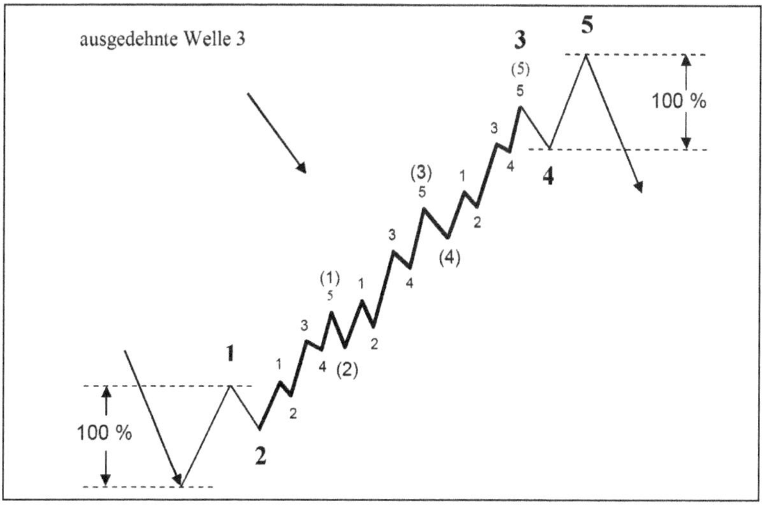

Abb. 2.34

Ausgedehnte Welle 5 mit 17 Unterwellen (Fibonacci-Verhältnis)

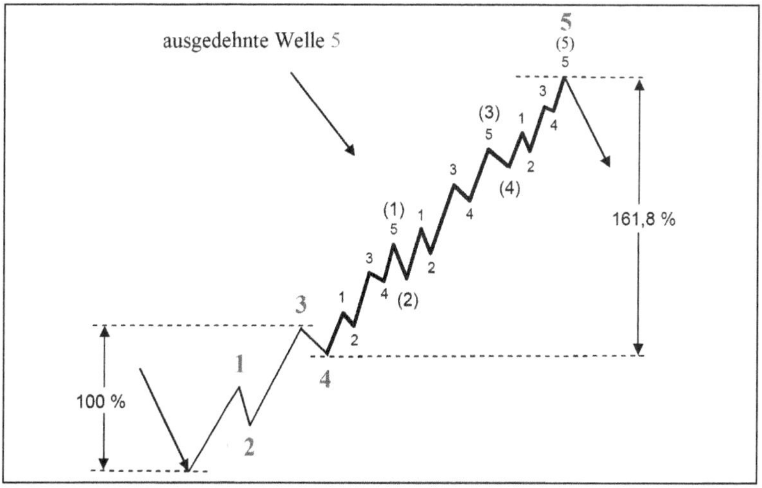

Abb. 2.35

2.3 Ending Diagonal Triangle – Beschreibung

Das Ending Diagonal Triangle - EDT (endendes diagonales Dreieck).
Beendende Diagonalen sind oft als Impulswelle in einer Welle 5 und seltener in einer Welle c zu finden. Die Kursbegrenzungslinien laufen hierbei kontinuierlich aufeinander zu (konvergierend), in seltenen Fällen laufen sie auseinander (divergierend). Die Muster des Diagonalen Triangles Typ 1 bestehen aus 5 Korrekturwellen, hieraus ergibt sich ein 3-3-3-3-3-Muster. Alle Wellen, auch Welle 1, 3 und 5 bestehen aus Dreierwellen, entgegengesetzt zu der normalen Impulsbewegung sowie LDT mit der inneren (5-3-5-3-5) Struktur.

Das relativ seltene beendende diagonale Dreieck Typ 1(Ending Diagonal Triangle) als abschließende Impulsbewegung kommt niemals in Welle 3 vor, es kann nur in Welle 5 und Welle c entstehen. Die notwendige Überlappung von Welle 4 und Welle 1 ist ein weiteres, besonderes Merkmal dieser Impulswelle.

Das Ending Diagonal Triangle (EDT) ist ein Impulsmuster, das nicht mit normalen Corrective Triangles verwechselt werden darf. Obwohl die innere Struktur (3-3-3-3.3) des Ending Diagonal Triangles als 1-2-3-4-5 gezählt und das Corrective Triangles als a-b-c-d-e gezählt wird, dürfen sie nicht verwechselt werden. Diagonale sind in den großen Wellengraden ein sehr seltenes Phänomen, in den niedrigeren Wellengraden eines z.B. Intradaycharts treten sie jedoch häufiger auf. Nach einem Diagonal Triangle tritt meist ein heftiger Wechsel der Marktrichtung ein. Elliott führte in seinen Schriften aus, entsteht ein Diagonal Triangle in der Welle 5, so hat die vorangegangene Welle 3 die Kurse »zu schnell, zu weit« geführt. Das Auftreten eines Diagonal Triangle in der Welle 5 ist ein klares Anzeichen für eine bevorstehende Marktschwäche.

Regeln zu dem Ending Diagonal Triangle:

1. Die Begrenzungslinien des EDT konvergieren (laufen zusammen) und bilden eine steigende, bzw. fallende Keilform.
2. Das Ending Diagonal Triangle besteht aus 5 Wellen.

3. Die Wellen 1, 2, 3, 4 und 5 bestehen in ihrer inneren Struktur aus je dreiteiligen Korrekturwellen.
4. Die Welle 1, 3 und 5 muss ein Zigzag, Double - oder Triple-Zigzag sein.
5. Die Welle 2 kann jede beliebige dreiteilige Korrekturform annehmen, außer einem Dreieck.
6. Die Welle 2 ist kürzer als die Welle 1 und darf diese nicht mehr als 61,8 % korrigieren.
7. Die Welle 1 ist oft die längste Welle.
8. Die Welle 3 ist nie die kürzeste Welle.
9. Die Welle 4 muss bis in den Preisbereich der Welle 1 korrigieren, damit eine Wellenüberschneidung entsteht.
10. Die Welle 4 kann jede beliebige Korrekturform annehmen.
11. Die Welle 5 ist nie länger als die Welle 3, maximal gleich lang.
12. Die Welle 5 ist nie die längste Welle.
13. Die Welle 5 im EDT darf selbst kein EDT werden.
14. Die Welle 5 darf die Begrenzungslinie, die sich aus den Endpunkten der Welle 1 und Welle 3 ergibt, kurz überschießen.

Richtlinien zu dem Ending Diagonal Triangle:

1. Der Schnittpunkt der konvergierenden Linien liegt außerhalb des Musters.
2. Diagonale Triangles weisen fast immer konvergierende Begrenzungslinien auf, sie divergieren sehr selten.
3. Die Wellen 2 und 4 korrigieren mindestens 23,6 % der vorherigen Welle.
4. Die Welle 2 und die Welle 4 können alternieren.
5. Die Welle 2 ist häufig eine steile Korrektur, während die Welle 4 oft eine flache Korrektur zeigt.
6. Die Welle 5 bricht häufig die Begrenzungslinie aus der Welle 1 und 3 (Thrust).
7. Diagonale Dreiecke treten sehr selten auf.
8. Die Welle 1 ist häufig die längste Welle.
9. Die Welle 5 ist häufig die kürzeste Welle.

Interne Struktur:

Alle Wellen eines Diagonals weisen als interne Struktur Korrekturmuster auf. Die interne Struktur des Triangles besteht aus 3-3-3-3-3.

Ending Diagonal Triangles treten in folgenden Wellen auf:

Übergeordnete Welle 5 in einem Impuls und Welle C eines Flats oder Zigzags.

Ending Diagonal Triangle Typ 1 als Abschlussimpuls eines »vorangegangenen« Aufwärtstrends (konvergierend).

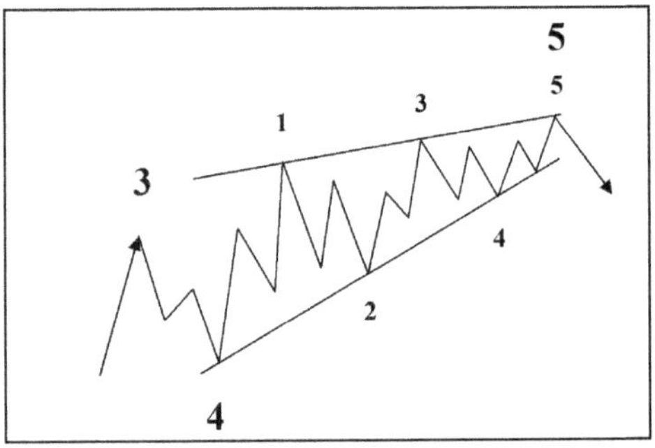

Abb. 2.36

Das Ending Diagonal Triangle als Abschlussimpuls eines »vorangegangenen« Abwärtstrends (konvergierend).

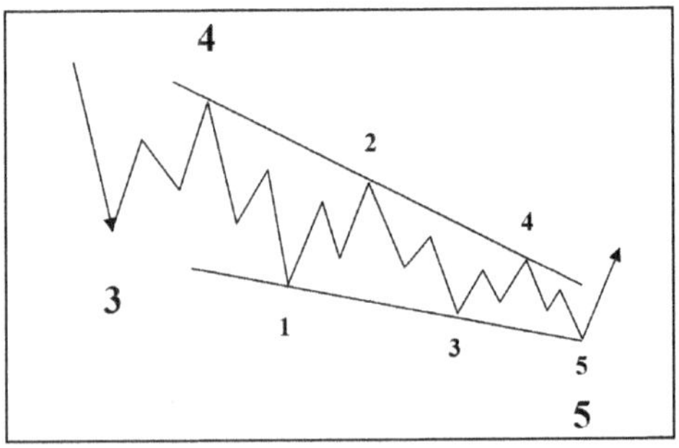

Abb. 2.37

Visuelle Darstellung: Regeln zu dem Ending Diagonal Triangle:

1. Die Begrenzungslinien des Diagonals konvergieren (laufen zusammen) und bilden eine steigende, bzw. fallende Keilform.

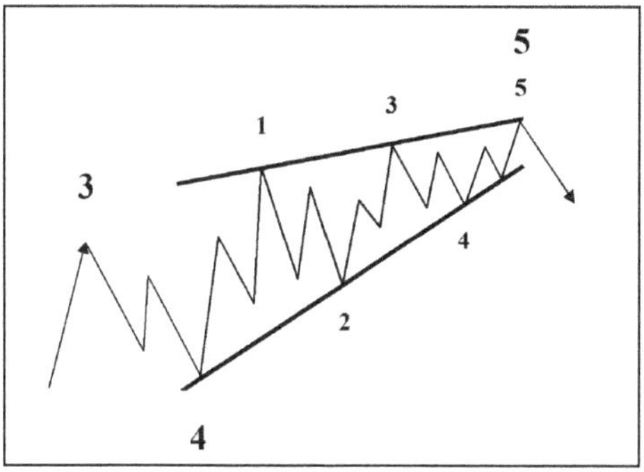

Abb. 2.38

2. Das Ending Diagonal Triangle besteht aus 5 Wellen.
3. Die Wellen 1, 2, 3, 4 und 5 bestehen in ihrer inneren Struktur aus je dreiteiligen Korrekturwellen.

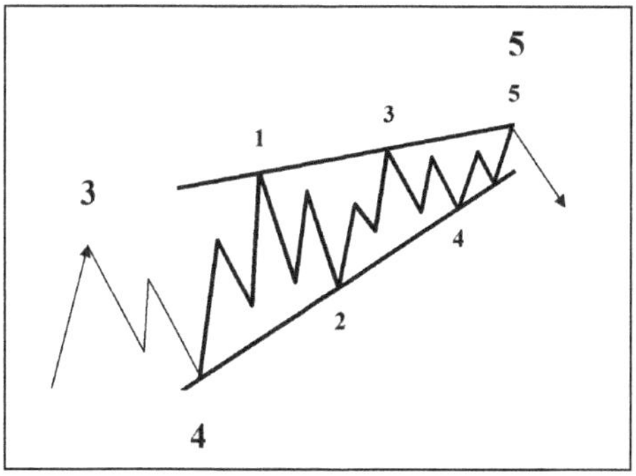

Abb. 2.39

4. Die Welle 1, 3 und 5 muss ein Zigzag, Double- oder Triple-Zigzag sein.

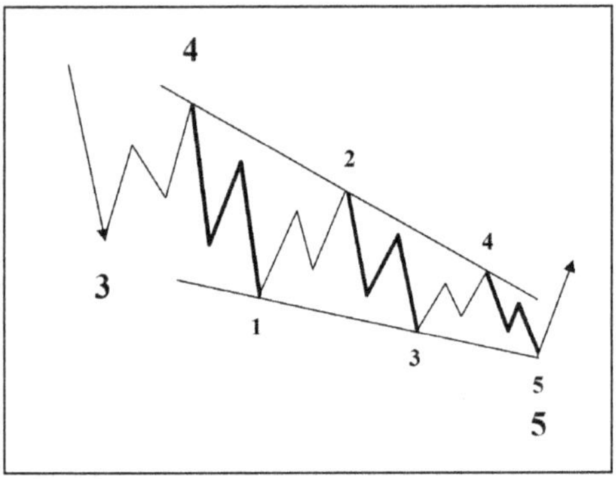

Abb. 2.40

5. Die Welle 2 kann jede beliebige, dreiteilige Korrekturform annehmen, außer einem Dreieck.

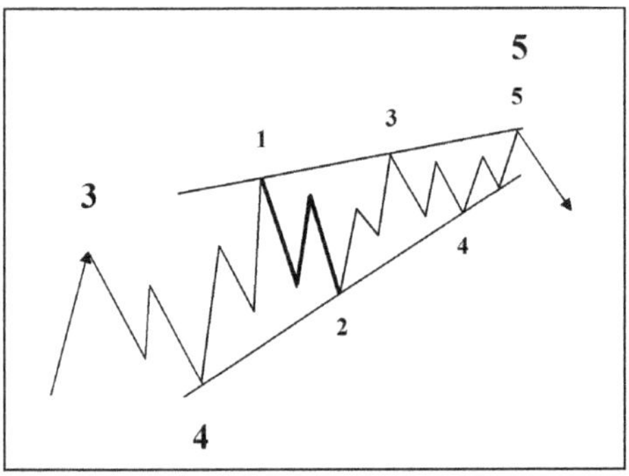

Abb. 2.41

6. Die Welle 2 ist kürzer als die Welle 1 und darf diese nicht mehr als 61,8 % korrigieren.

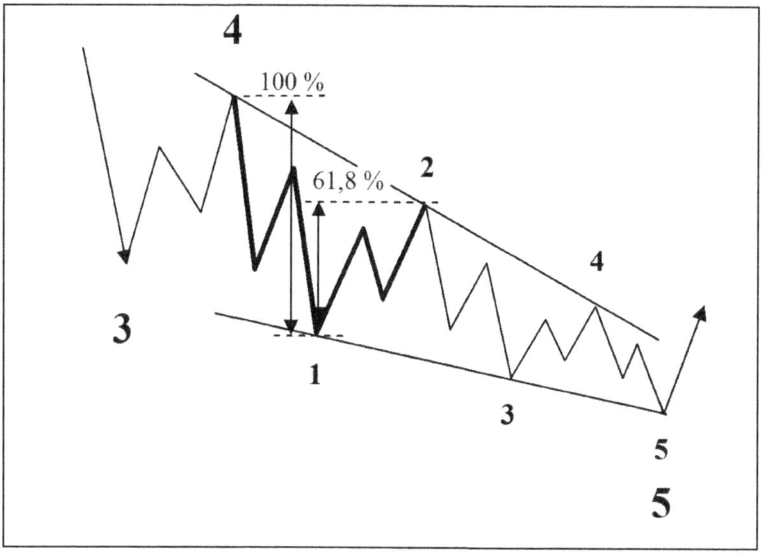

Abb. 2.42

7. Die Welle 1 ist oft die längste Welle.
8. Die Welle 3 ist nie die kürzeste Welle.

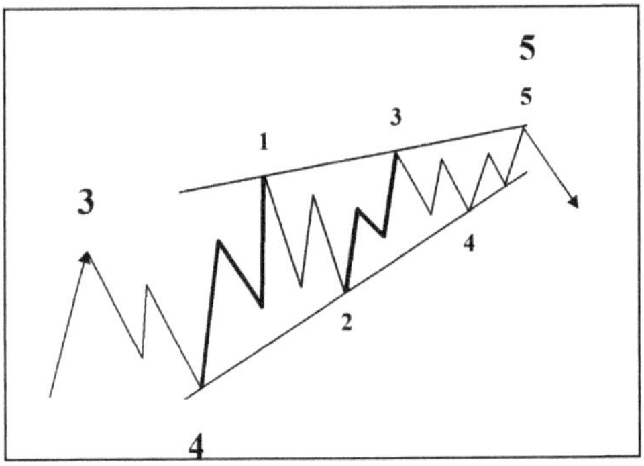

Abb. 2.43

9. Die Welle 4 muss bis in den Preisbereich der Welle 1 korrigieren, damit eine Wellenüberschneidung entsteht.
10. Die Welle 4 kann jede beliebige Korrekturform annehmen.

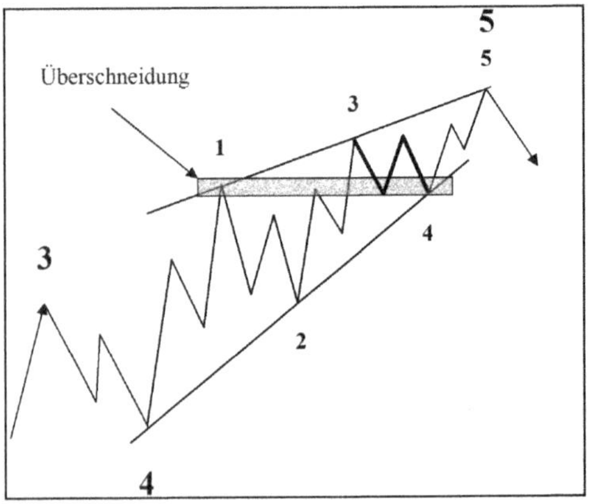

Abb. 2.44

11. Die Welle 5 ist nie länger als die Welle 3, maximal gleich lang.
12. Die Welle 5 ist nie die längste Welle.

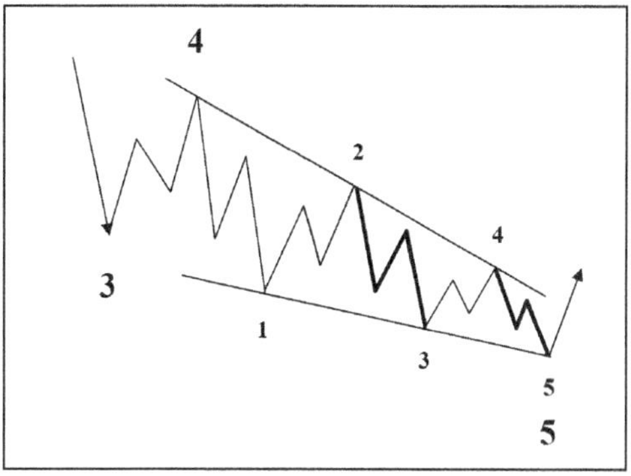

Abb. 2.45

13. Die Welle 5 im EDT darf selbst kein EDT werden.
14. Die Welle 5 darf die (1-3er) Begrenzungslinie kurz überschießen.

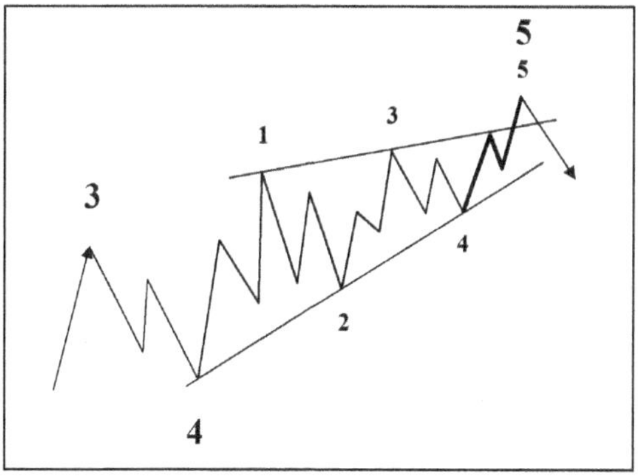

Abb. 2.46

Ending Diagonal Triangle – Expanding

Ending Diagonal Triangle (EDT divergierend) als endende Impulswelle.

Regeln zu dem Ending Diagonal Triangle (Expanding)

1. Das Expanding Diagonal Triangle besteht aus 5 Wellen.
2. Alle Wellen eines EDT weisen als interne Struktur Korrekturmuster auf.
3. Welle 4 und 1 müssen sich überlappen.
4. Welle 4 muss preislich länger als Welle 3 werden.
5. Welle 1 ist die kürzeste Welle.
6. Welle 3 kann nicht die kürzeste sein.
7. Welle 5 ist die längste Welle.
8. Die Begrenzungslinien des EDT laufen auseinander.

Die wichtigsten Richtlinien:

Als Richtlinie sollten unterschiedliche Korrekturmuster auftreten, das heißt, die interne Wellenstruktur muss ebenfalls Alternationen aufweisen.

Ending Diagonal Triangles (Expanding) treten in folgenden Wellen auf:

Übergeordnete Welle 5 in einem Impuls und Welle C in Korrekturformationen.

Interne Struktur:

Die interne Struktur des Triangles besteht aus 3-3-3-3-3.

Visuelle Darstellung: Regeln zu dem Ending Diagonal Triangle (EDT - Expanding)

Ending Diagonal Triangle als Abschlussimpuls eines »vorangegangenen« Aufwärtstrends (divergierend).

1. Das Expanding Diagonal Triangle besteht aus 5 Wellen.
2. Alle Wellen eines EDT weisen als interne Struktur Korrekturmuster auf.

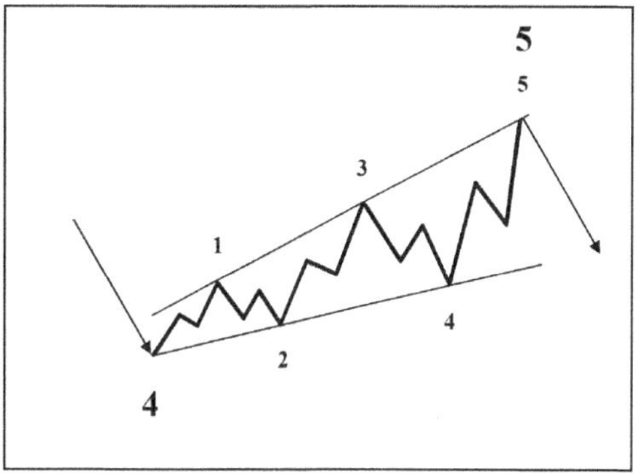

Abb. 2.47

3. Welle 4 und 1 müssen sich überlappen.
4. Welle 4 muss preislich länger als Welle 2 werden.

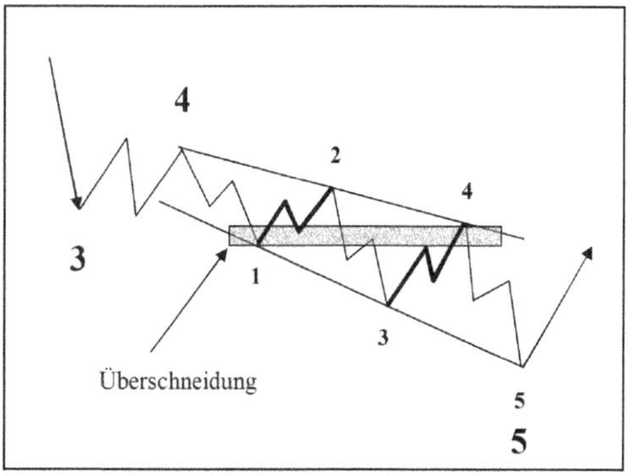

Abb. 2.48

5. Welle 1 ist die kürzeste Welle.
6. Welle 3 kann nicht die kürzeste sein.

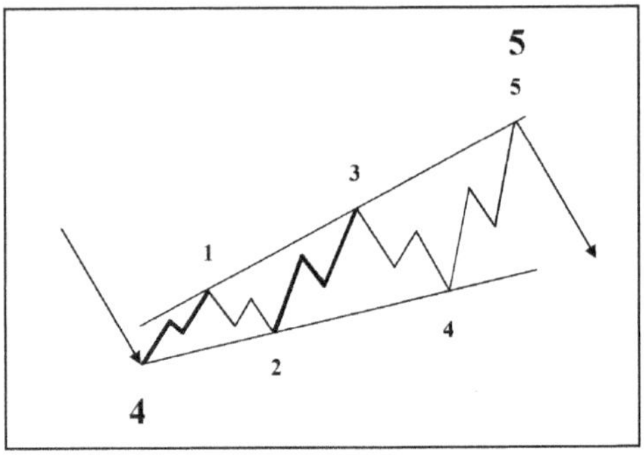

Abb. 2.49

7. Welle 5 ist die längste Welle.
8. Die Begrenzungslinien des EDT laufen auseinander.

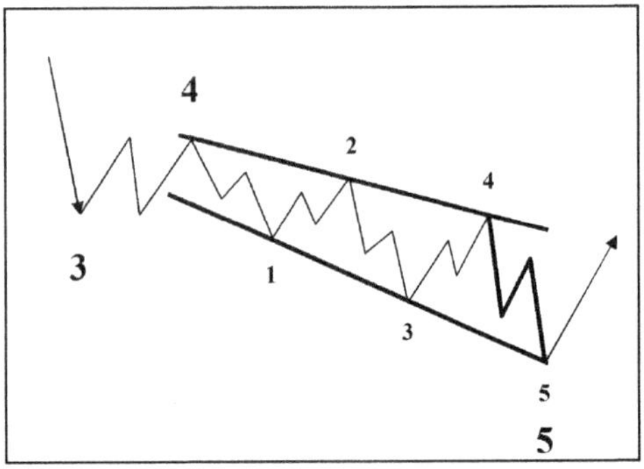

Abb. 2.50

2.4 Leading Diagonal Triangle – Beschreibung

Das Leading Diagonal Triangle - LDT (beginnende diagonale Dreieck Typ 2)

Es gibt zwei Arten von Diagonalen, beginnende (Leading Diagonal Triangle) und beendende (Ending Diagonal Triangle). Das Leading Diagonal Triangle bewegt sich ähnlich wie das Ending Diagonal Triangle als Impulsmuster in fünf Wellen. Die zwei Arten von Diagonalen, beendende und beginnende Diagonale finden sich am Anfang und Ende eines Impulsmusters wieder, niemals in einer Welle 3.

»Leading Diagonale« treten in Welle 1 oder Welle A auf. Hierbei überschneiden sich immer Welle 1 und Welle 4, die diagonalen Linien bewegen sich aufeinander zu. Im Gegensatz zu dem Ending Diagonal Triangle sind die Wellen 1, 3 und 5 Impulswellen und es ergibt sich eine innere Struktur von 5-3-5-3-5.

Die Vergangenheit hat gezeigt, dass dieses Muster auch in einer Welle 1 oder a entstehen kann. Dieses Muster darf nicht mit dem Corrective Triangles verwechselt werden. Diagonale treten in den großen Wellengraden relativ selten auf, in den niedrigeren Wellengraden eines Intradaycharts jedoch recht oft. Ein nachhaltiger Wechsel der Marktrichtung ist oft nicht zu erwarten.

Das Leading Diagonal Triangle (LDT) ist noch seltener als das Ending Diagonal Triangle (EDT) zu finden. Die Merkmale von einem EDT findet man nahezu in einem LDT wieder vice versa. Der wesentliche Unterschied zwischen beiden Diagonalen ist die innere Struktur. Der Unterschied zur klassischen Impulswelle entsteht durch die Überlappung von Welle 4 und Welle 1.

Regeln zu dem Leading Diagonal Triangle (LDT):

Diagonal Triangle als Startimpuls eines neuen Aufwärtstrends (konvergierend)

1. Die Begrenzungslinien des Diagonals konvergieren (laufen zusammen) und bilden eine steigende bzw. fallende Keilform.
2. Das Leading Diagonal Triangle besteht aus 5 Wellen.
3. Die Wellen 1, 3 und 5 sind Impulswellen.
4. Die Welle 1 im LDT muss ein Impuls, kann aber auch selbst ein LDT werden.
5. Die Welle 2 kann jede beliebige Korrekturform annehmen, außer einem Dreieck.
6. Die Welle 2 ist kürzer als die Welle 1.
7. Die Welle 3 muss preislich größer sein als die Welle 2.
8. Die Welle 3 ist nie die kürzeste Welle.
9. Welle 4 und 1 müssen sich überlappen.
10. Welle 4 kann jedes korrektive Muster ausbilden.
11. Die Welle 5 muss mindestens 50 % der Welle 4 erreichen.
12. Die Welle 5 darf die Begrenzungslinie kurz überschießen.
13. Die Welle 5 muss ein Impuls oder ein EDT werden.
14. Die Welle 5 ist nie die längste Welle.
15. Wenn Welle 1 ein LDT ist, kann die Welle 5 kein EDT werden.

Richtlinien zu dem Leading Diagonal Triangle:

1. Ein LDT tritt häufig in Bärenmarktrallys auf.
2. Die Wellen 2 und 4 korrigieren mindestens 23,6 % der vorherigen Welle.
3. Diagonale Triangles weisen fast immer konvergierende Begrenzungslinien auf, sie divergieren sehr selten.
4. Die Welle 2 und die Welle 4 können alternieren.
5. Die Welle 2 ist häufig eine steile Korrektur, während die Welle 4 oft eine flache Korrektur zeigt.
6. Die Welle 5 bricht häufig die Begrenzungslinie aus dem Hoch der Welle 1 und 3 (Thrust).
7. Diagonale Dreiecke treten sehr selten auf.
8. Die Welle 1 ist häufig die längste Welle.

9. Die Welle 5 ist häufig die kürzeste Welle.
10. Die Unterwellen sollten nicht extendieren.

Leading Diagonal Triangles treten in folgenden Wellen auf:

Übergeordnete Welle 1 in einem Impuls und Welle a eines Zigzags.

Interne Struktur:

Die interne Struktur des Triangles besteht aus 5-3-5-3-5.

Visuelle Darstellung: Regeln zu dem Leading Diagonal Triangle (LDT)

1. Die Begrenzungslinien des Diagonals konvergieren (laufen zusammen) und bilden eine steigende, bzw. fallende Keilform.
2. Das Leading Diagonal Triangle besteht aus 5 Wellen.

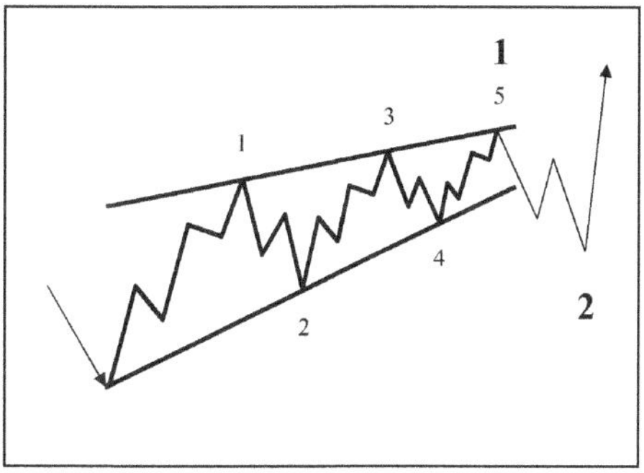

Abb. 2.51

Leading Diagonal Triangle (LDT) als Startimpuls eines neuen Abwärtstrends (konvergierend)

3. Die Wellen 1, 3 und 5 sind Impulswellen.
4. Die Welle 1 in einem LDT muss ein Impuls, kann aber auch selbst ein LDT werden.

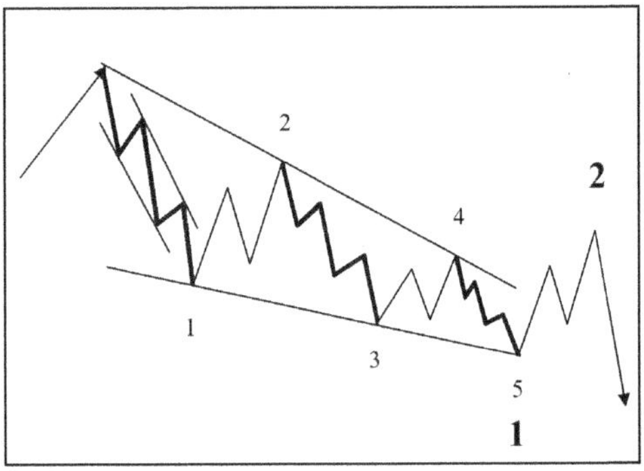

Abb. 2.52

5. Die Welle 2 kann jede beliebige Korrekturform annehmen, außer einem Dreieck.
6. Die Welle 2 ist kürzer als die Welle 1.

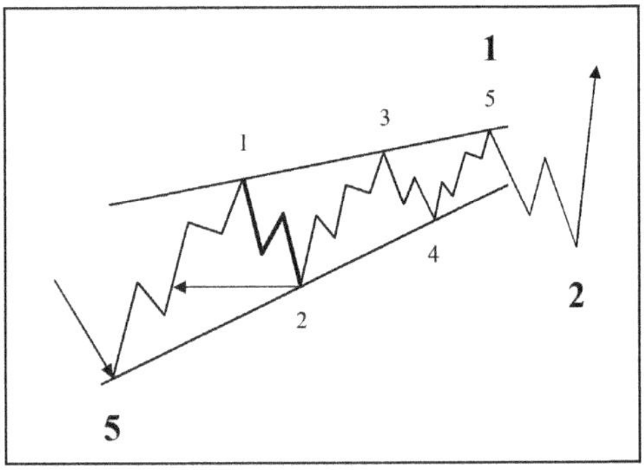

Abb. 2.53

7. Die Welle 3 muss preislich größer sein als die Welle 2.
8. Die Welle 3 ist nie die kürzeste Welle.

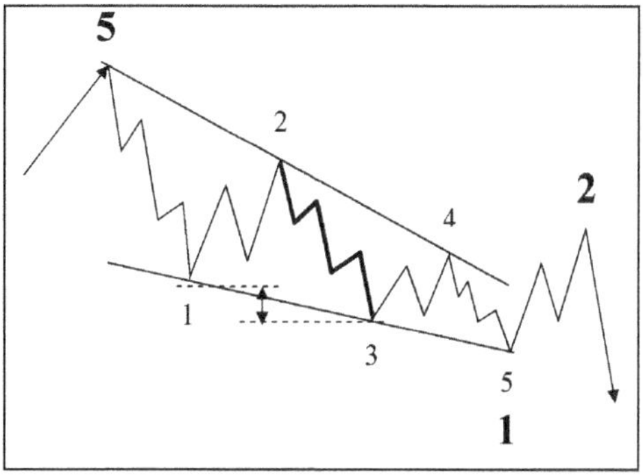

Abb. 2.54

9. Welle 4 und 1 müssen sich überlappen.
10. Welle 4 kann jedes korrektive Muster ausbilden.

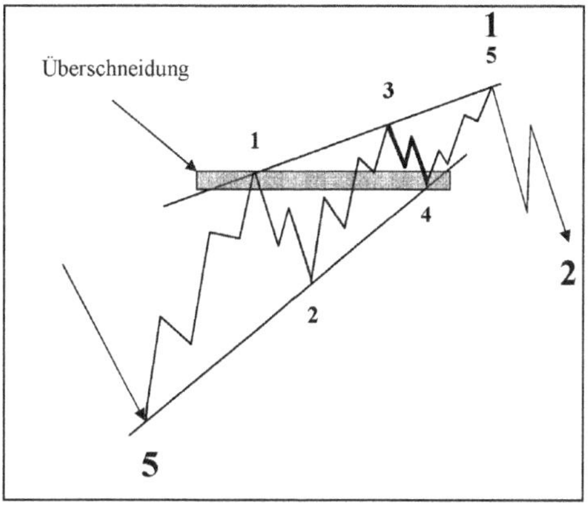

Abb. 2.55

11. Die Welle 5 muss mindestens 50 % der Welle 4 erreichen.
12. Die Welle 5 darf die Begrenzungslinie kurz überschießen.

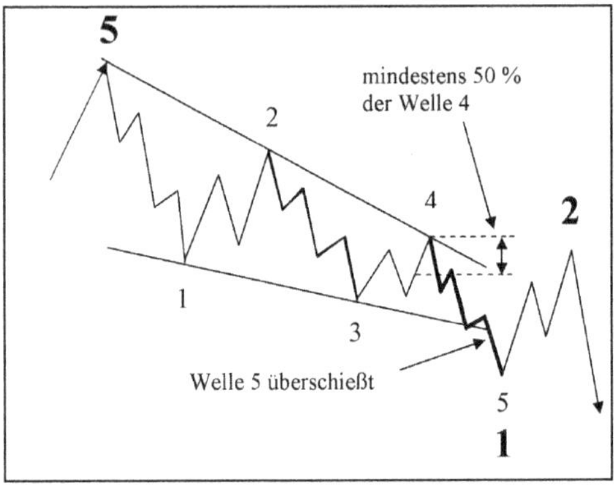

Abb. 2.56

13. Die Welle 5 muss ein Impuls oder ein EDT werden.
14. Die Welle 5 ist nie die längste Welle.
15. Wenn Welle 1 ein LDT ist, kann die Welle 5 kein EDT werden.

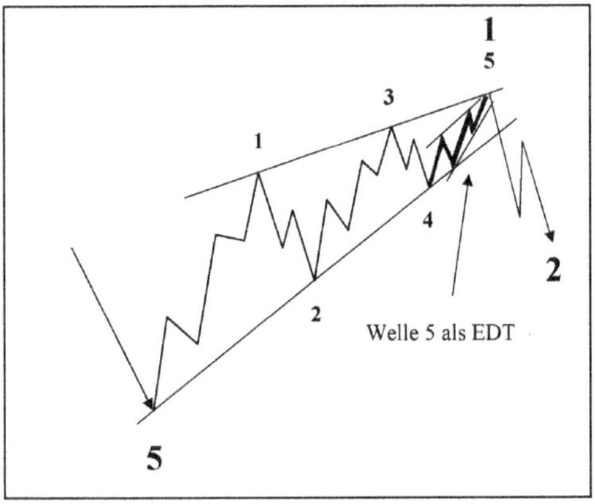

Abb. 2.57

Leading Diagonal Triangle (Expanding)

Leading Diagonal Triangle - Expanding (LDT) als Startimpuls eines neuen Aufwärtstrends

Regeln zu dem Leading Diagonal Triangle (LDT - divergierend)

1. Das Diagonal Triangle besteht aus 5 Wellen.
2. Die Wellen 1, 3 und 5 sind Impulswellen mit einer fünfwelligen inneren Struktur.
3. Die Wellen 2 und 4 sind Korrekturwellen.
4. Welle 4 und 1 müssen sich überlappen.
5. Welle 4 muss preislich länger als Welle 2 werden.
6. Welle 1 ist die kürzeste Welle.
7. Welle 3 kann nicht die kürzeste Welle sein.
8. Welle 5 ist die längste Welle.
9. Die Begrenzungslinien des Diagonals laufen auseinander.

Die wichtigsten Richtlinien sind:

Als Richtlinie sollten unterschiedliche Korrekturmuster auftreten, das heißt, die interne Wellenstruktur muss Alternationen aufweisen.

Leading Diagonal Triangle treten in welcher Welle auf:

Leading Diagonal Triangles treten in den Wellen 1 und a auf.

Interne Struktur:

Die interne Struktur des Triangles besteht aus 5-3-5-3-5.

Visuelle Darstellung:

Regeln zu dem Leading Diagonal Triangle (Expanding)

Ein Leading Diagonal Triangle als Startimpuls eines neuen Aufwärtstrends (divergierend)

1. Das Leading Diagonal Triangle (Expanding) besteht aus 5 Wellen.

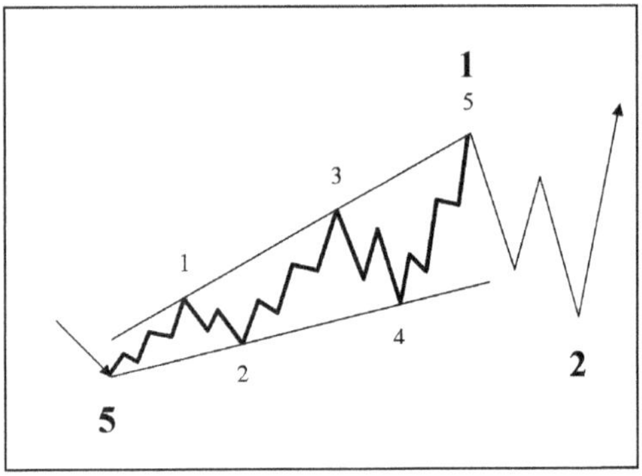

Abb. 2.58

Leading Diagonal Triangle (Expanding) als Startimpuls eines neuen Abwärtstrends.

2. Die Wellen 1, 3 und 5 sind Impulswellen mit einer fünfwelligen inneren Struktur.

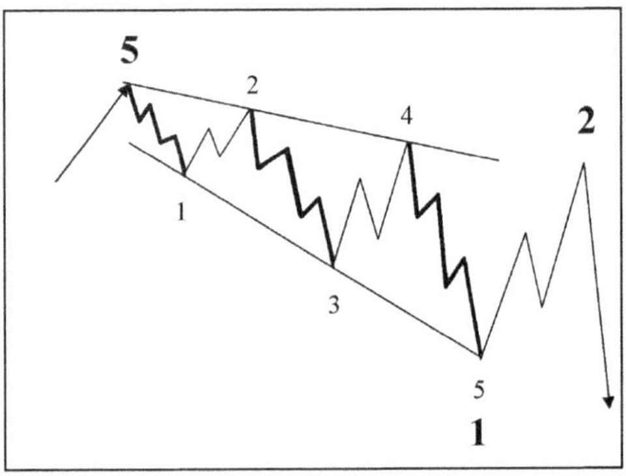

Abb. 2.59

3. Die Wellen 2 und 4 sind Korrekturwellen.
4. Welle 4 und 1 müssen sich überlappen.

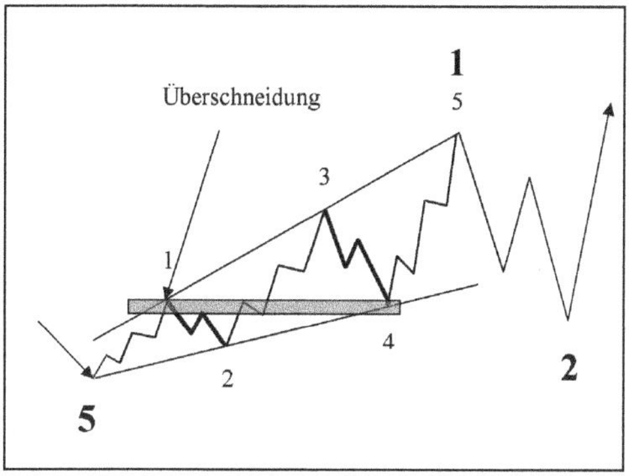

Abb. 2.60

5. Welle 4 muss preislich länger als Welle 2 werden.

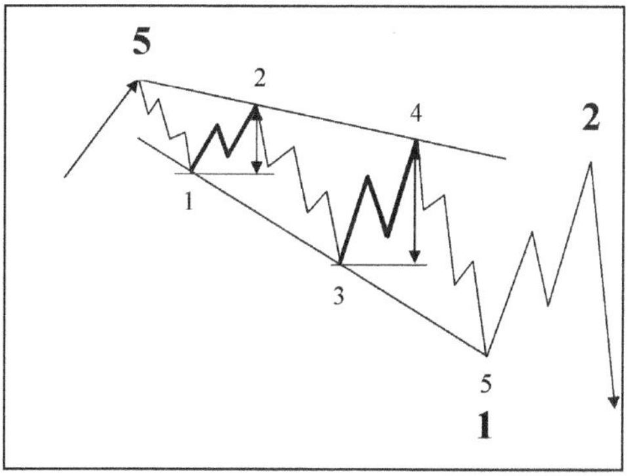

Abb. 2.61

6. Welle 1 ist die kürzeste Welle.
7. Welle 3 kann nicht die kürzeste Welle sein.
8. Welle 5 ist die längste Welle.
9. Die Begrenzungslinien des Diagonals laufen auseinander.

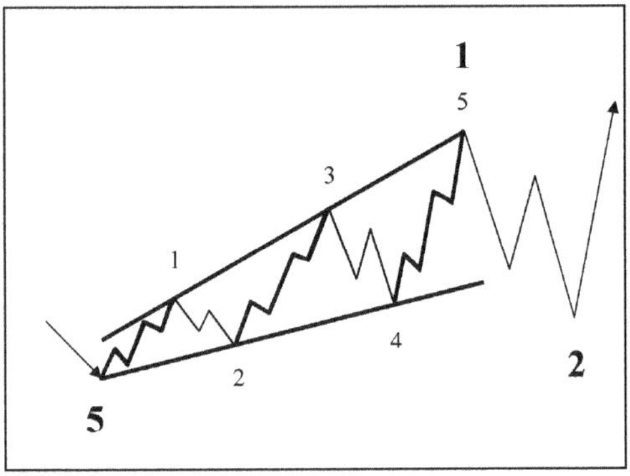

Abb. 2.62

2.5 Eine versagende Welle 5

Eine versagende Welle 5 wird dadurch erkannt, dass das Hoch der Welle 3 nicht oder nur minimal überschritten wird. Eine schwache Welle 5 ist also regelkonform. Sie sollte jedoch mindestens 70 % der Welle 4 in preislicher Sicht retracen. Versagende Wellen (Failure 5) deuten auf einen starken Richtungswechsel im Trend hin. Das Momentum, welches den Trend bestimmt, läuft leer. Eine Beschleunigung entgegen der Trendrichtung wird dadurch angekündigt. Eine versagende Welle 5 wird aber dennoch als Impulsmuster gewertet, muss also auf jeden Fall aus fünf Wellen bestehen.

Abwärtstrend

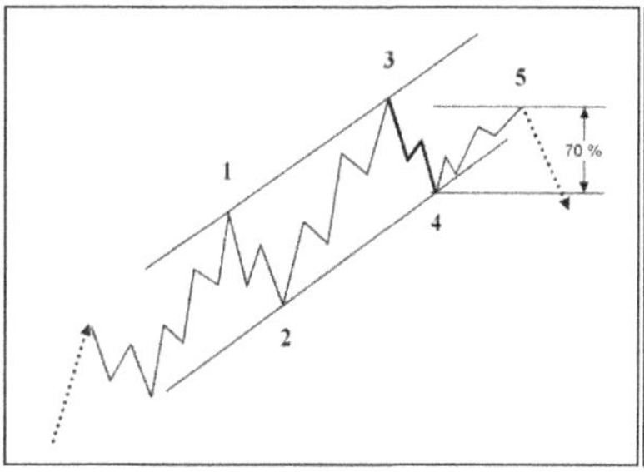

Abb. 2.62a

Aufwärtstrend

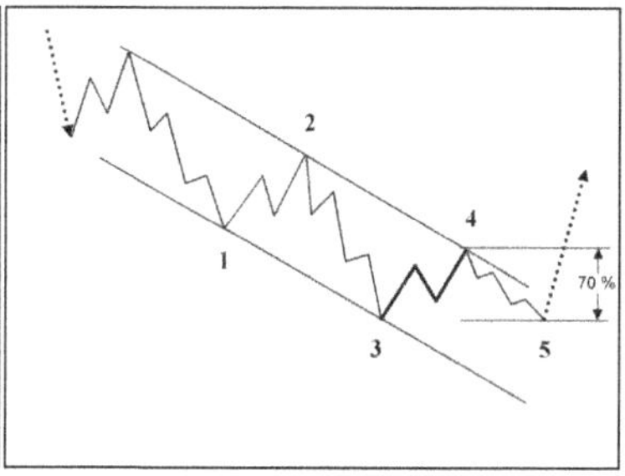

Abb. 2.62b

Regeln und Richtlinien für eine versagende Welle 5

1. Die Welle 2 darf nicht den Ursprungspunkt der Welle 1 schneiden. Sie ist also, wie im normalen Impuls, immer kürzer als die Welle 1.
2. Die Welle 3 ist niemals die kürzeste Welle.
3. Die Welle 4 darf die Welle 1, außer bei einem Diagonal Triangle, nicht überlappen. In einer dritten Welle darf die Welle 4 die Welle 1 nie überlappen.
4. Die Welle 3 zeigt das höchste Momentum. (Richtlinie)
5. Die Welle 5 reicht nicht oder nur gering über das Hoch der Welle 3 hinaus.

6. Die interne Wellenstruktur sollte Alternationen zeigen. Das heißt, dass unterschiedliche Korrekturmuster innerhalb der Welle 2 und 4 auftreten sollten. (Richtlinie)

Versagende Wellen treten in den folgenden Wellen auf:

Eine versagende Welle 5 darf nur in einer fünften Welle oder einer Welle c auftreten.

Sie darf nicht in einer Welle 3 entstehen.

Visuelle Darstellung: Regeln und Richtlinien zu der versagenden Welle 5.

1. Die Welle 2 darf nicht den Ursprungspunkt der Welle 1 schneiden. Sie ist also, wie im normalen Impuls, immer kürzer als die Welle 1.

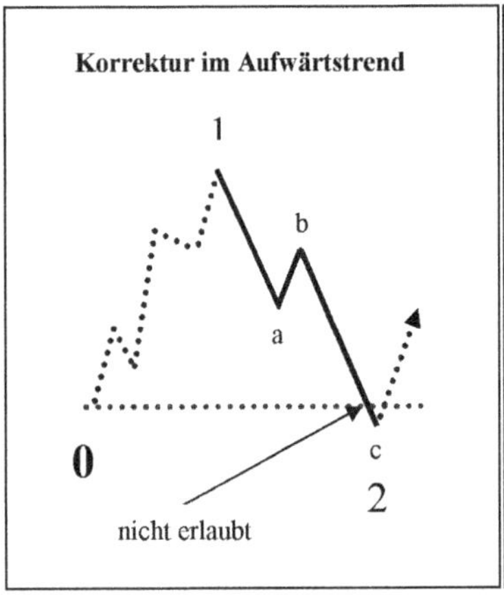

Abb. 2.63

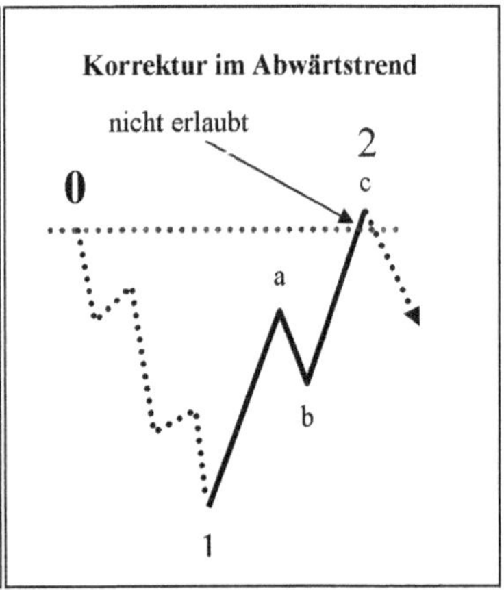

Abb. 2.64

2. Die Welle 3 ist niemals die kürzeste Welle.

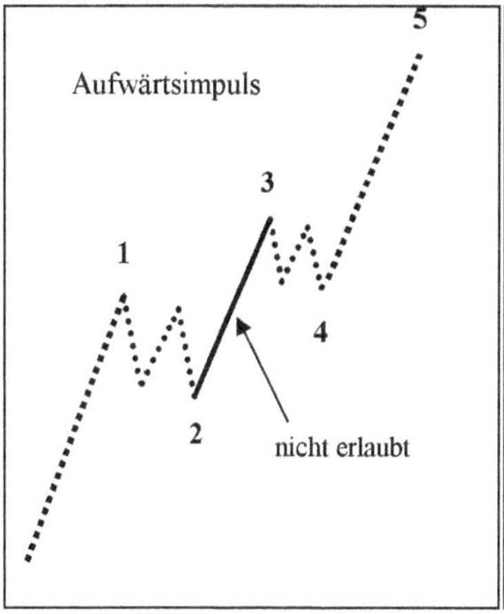

Abb. 2.65

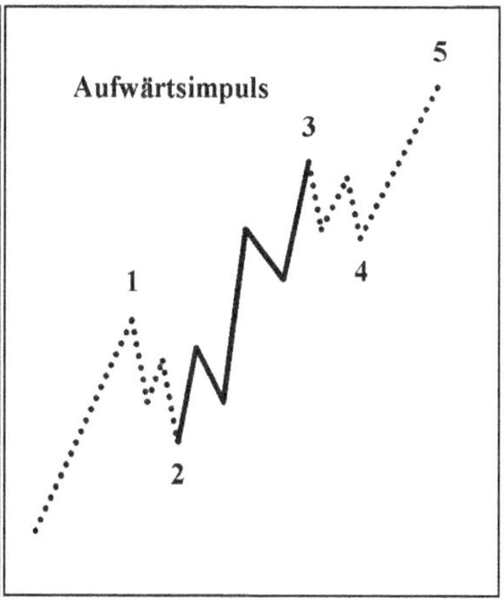

Abb. 2.66

3. Die Welle 4 darf die Welle 1, außer bei einem Diagnonal Triangle, nicht überlappen. In einer dritten Welle darf die Welle 4 die Welle 1 nie überlappen.

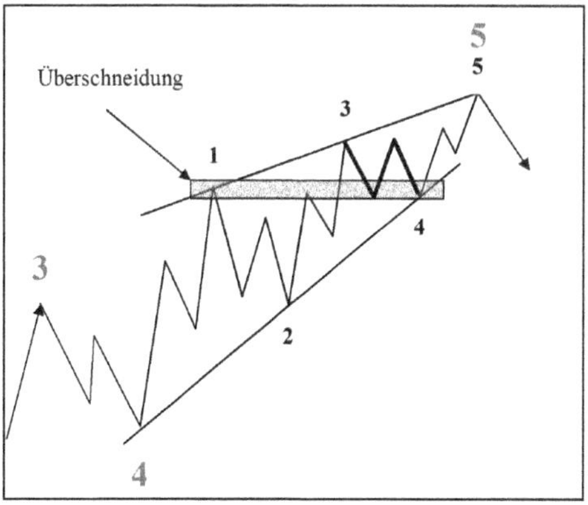

Abb. 2.67

4. Die Welle 3 zeigt das höchste Momentum.

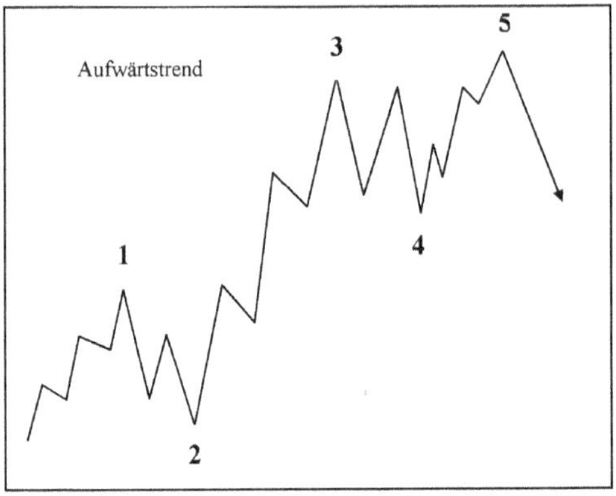

Abb. 2.68

5. Die Welle 5 reicht nicht oder nur gering über das Hoch der Welle 3 hinaus (Abb. 2.69).
6. Die interne Wellenstruktur sollte Alternationen zeigen. Das heißt, dass unterschiedliche Korrekturmuster innerhalb der Welle 2 und 4 auftreten sollten (Abb. 2.70).

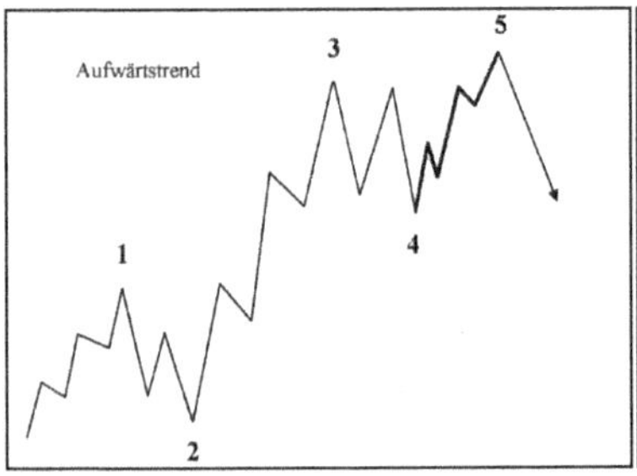

Abb. 2.69

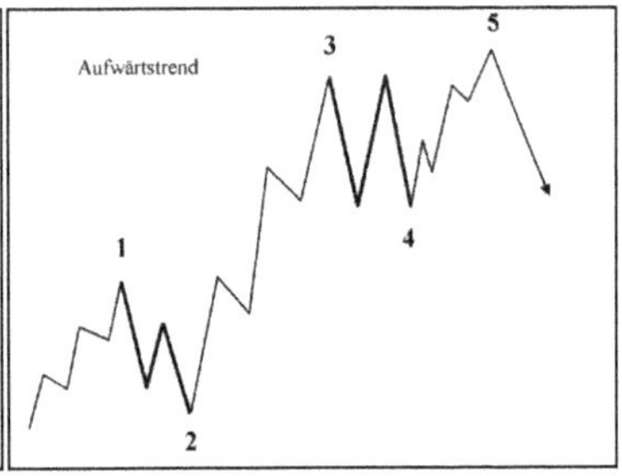

Abb. 2.70

2.6 Kurszielprojektionen

1. Eine Impulswelle besteht aus fünf Wellen

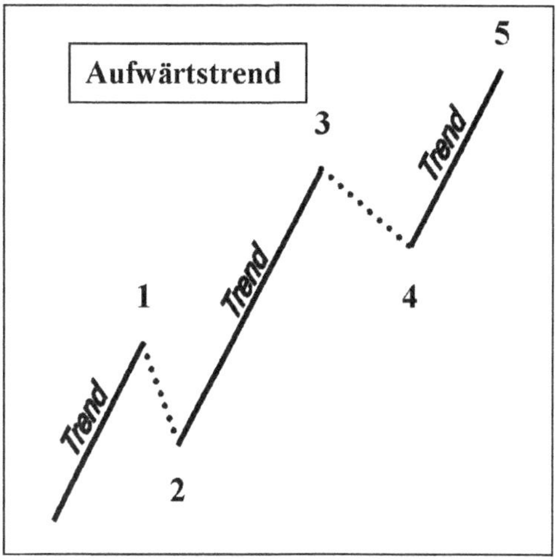

Abb. 2.71

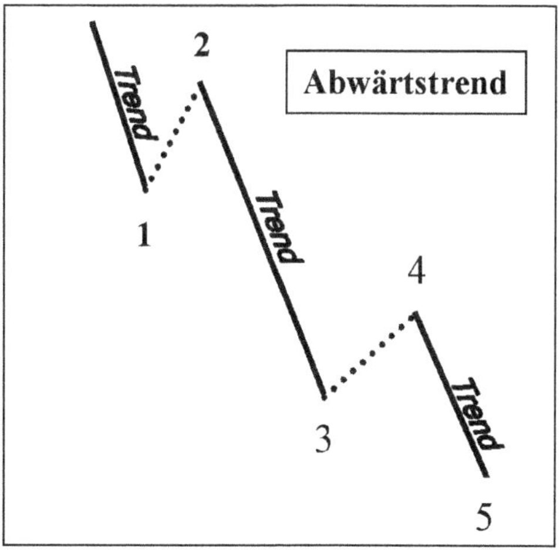

Abb. 2.72

Preisziele der Welle 2:

2. Die Welle 2 kommt nie über den Anfangspunkt 0 der Welle 1 hinaus. Die Welle 2 darf die Welle 1 nicht mehr als 99,9 % korrigieren. Abbildung 2.74 und 2.76 sind ein Wellengrad tiefer dargestellt. Das heißt, die Korrekturwelle **2**, innerhalb des Korrekturmusters, mit ihren Unterwellen **a-b-c** darf nie den kompletten numerischen Ursprungsimpuls **1-2-3-4-5** (**1**) neutralisieren.

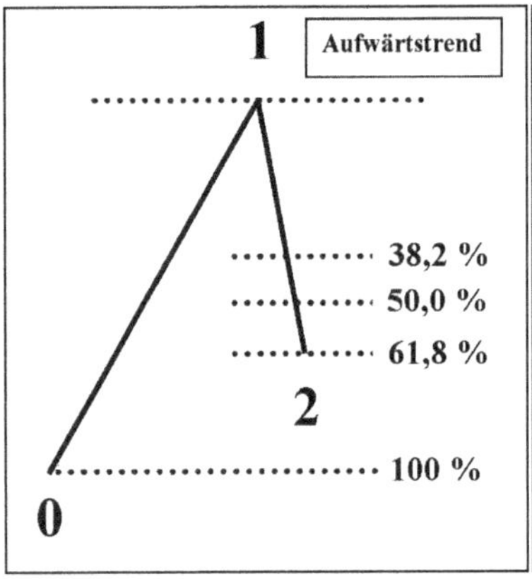

Abb. 2.73

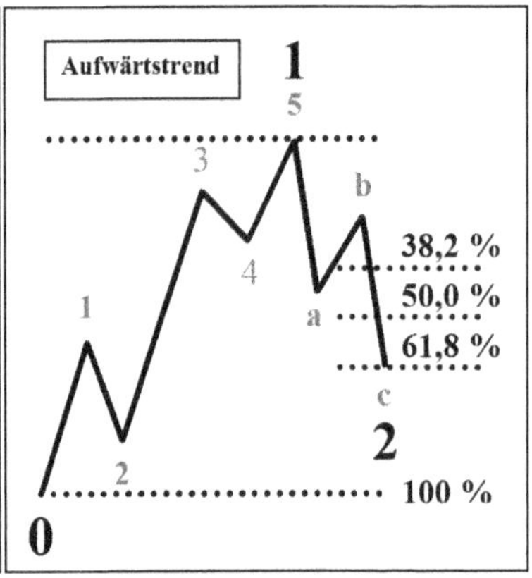

Abb. 2.74

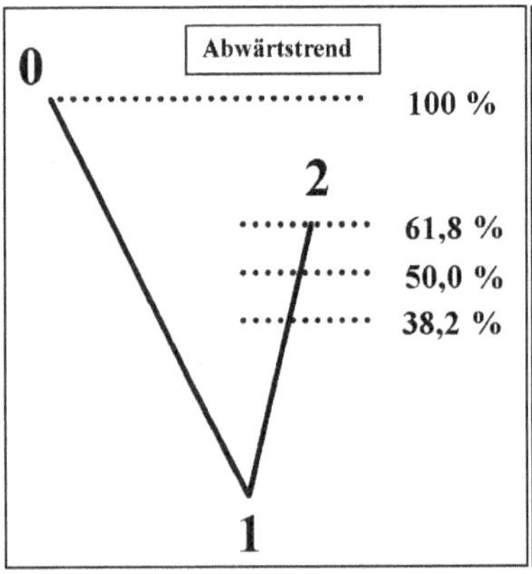

Abb. 2.75

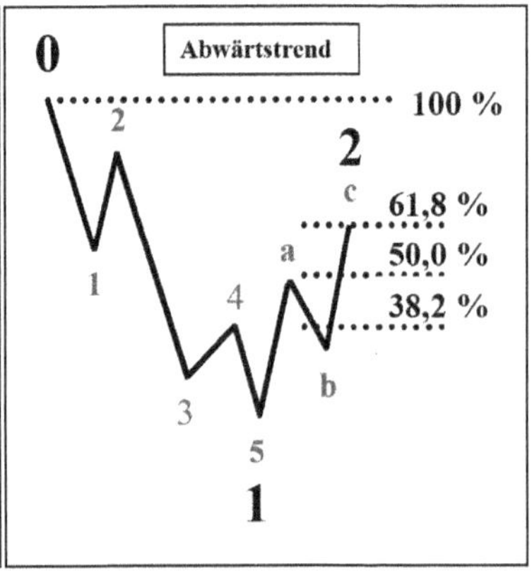

Abb. 2.76

Erfahrungswerte:

Die Welle 1 wird durch die Welle 2 in 73 % der Fälle zwischen 38,2 % und 61,8 % korrigiert.

Die Welle 1 wird durch die Welle 2 in 15 % der Fälle über 61,8 % korrigiert.

Die Welle 1 wird durch die Welle 2 in 12 % der Fälle unter 38,2 % korrigiert.

Preisziele für Welle 3:

3. Die Welle 3 ist nie die kürzeste Welle.

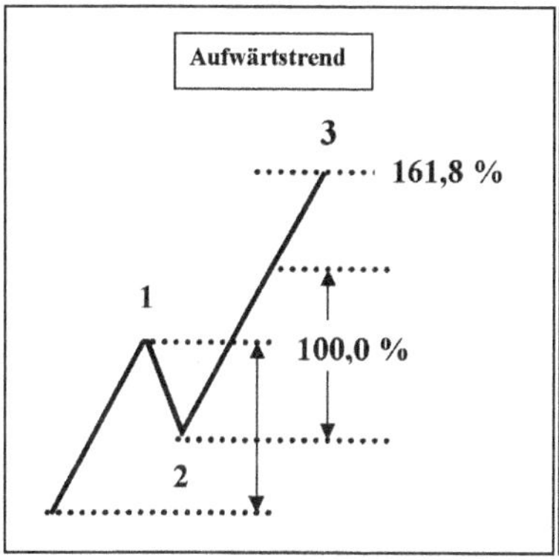

Abb. 2.77

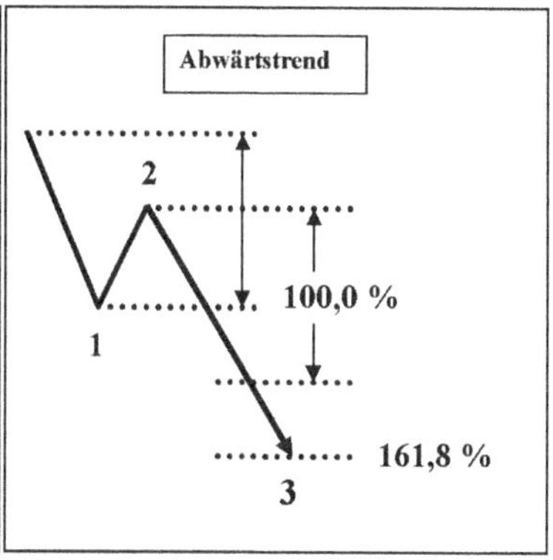

Abb. 2.78

Erfahrungswerte:

Zu 15 % übertrifft die Welle 3 den Anstieg er Welle 1 um 100 bis 161,8 %.
Zu 45 % übertrifft die Welle 3 den Anstieg der Welle 1 um 161,8 bis 176,4 %.
Zu 30 % übertrifft die Welle 3 den Anstieg der Welle 1 um 176,4 % bis 261,8 %.
Zu 8 % übertrifft die Welle 3 den Anstieg der Welle 1 über 261,8 %.
Zu 2 % ist die Welle 3 kürzer als die Welle 1.

4. Die Welle 3 erscheint häufig als kraftvollste Welle der gesamten Impulsbewegung, mögliche Preisziele für die Welle 3.

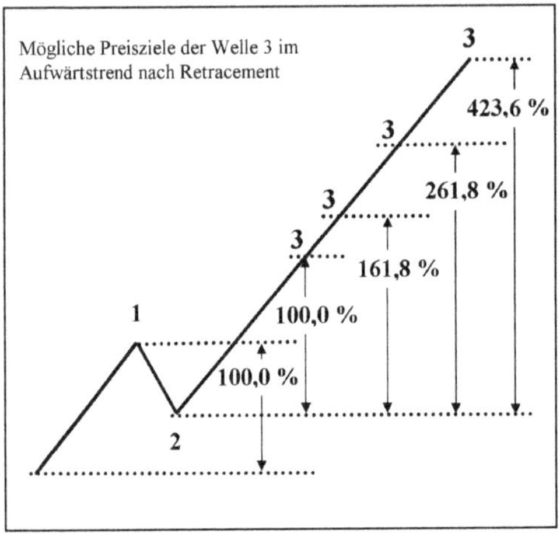

Abb. 2.79

5. Preisziel der Welle 3 im Aufwärtstrend nach Trendlinien.

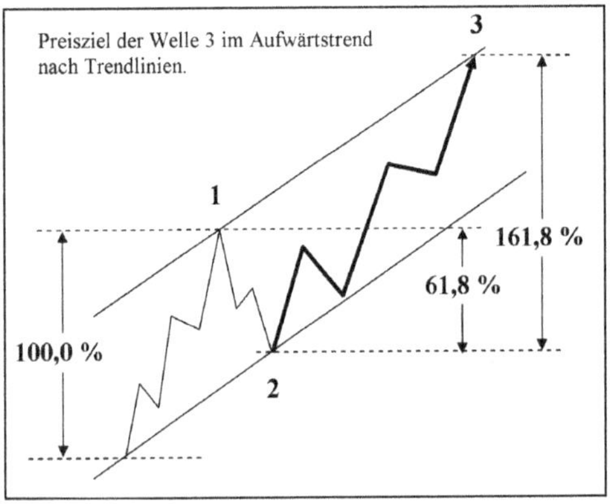

Abb. 2.80

Ziele für Welle 4:

6. Die Welle 4 darf nicht in den Wellenkorridor der Welle 1 zurückkehren. (Es gibt Ausnahmen.)

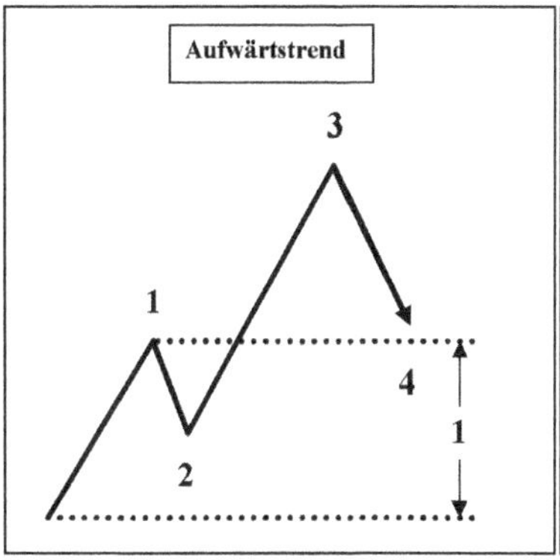

Abb. 2.81

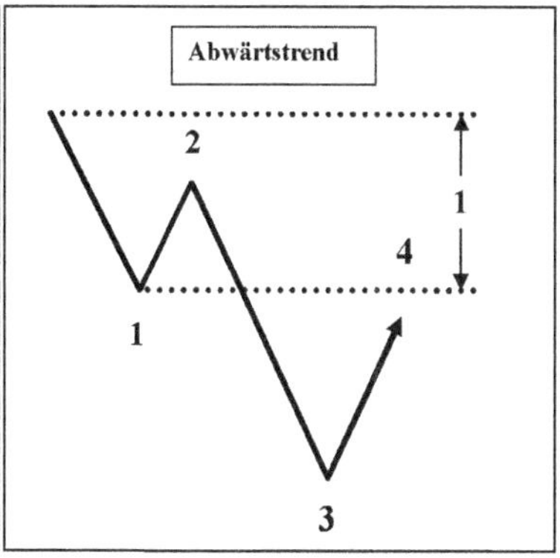

Abb. 2.82

Erfahrungswerte:

Die Welle 3 wird durch die Welle 4 zu 17 % bis 38,2 % korrigiert.
Die Welle 3 wird durch die Welle 4 zu 60 % zwischen 38,2 und 50 % korrigiert.
Die Welle 3 wird durch die Welle 4 zu 15 % zwischen 50 und 61,8 % korrigiert.
Die Welle 3 wird durch die Welle 4 zu 8 % zwischen 61,8 und größer korrigiert.
Im Bereich über 76,4 % besteht die Möglichkeit einer Überschneidung mit der Welle 1.

Preisliche Ausdehnung der Welle 4

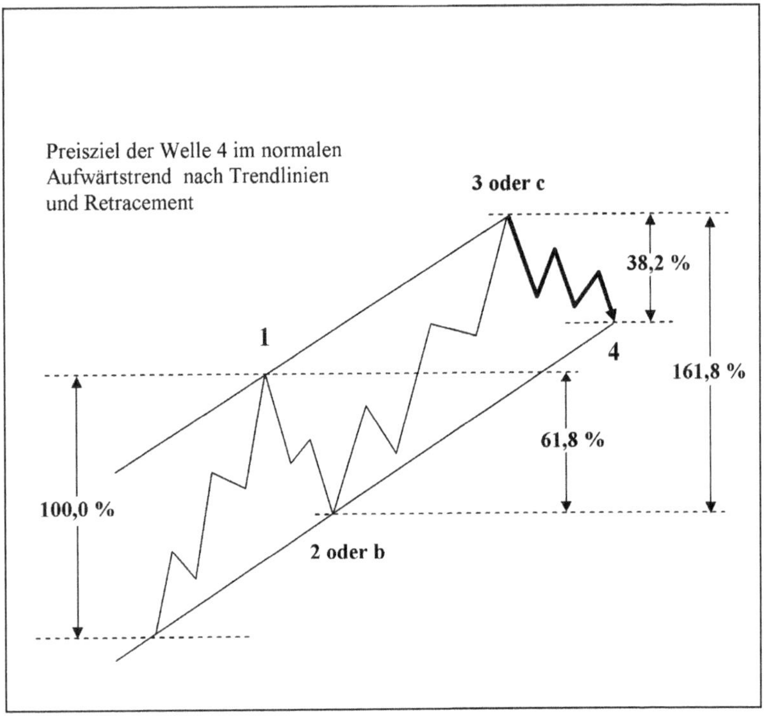

Abb. 2.83

Zeitliche Ausdehnung der Welle 4

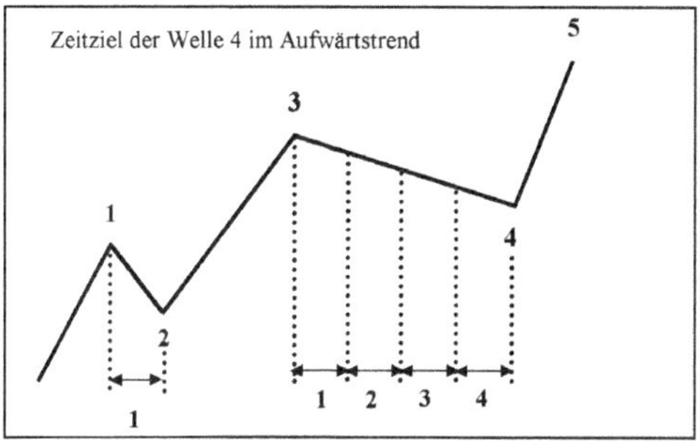

Abb. 2.84

Ziele für Welle 5:

Die Welle 5 bildet sich meist so lang wie Welle 1 aus.

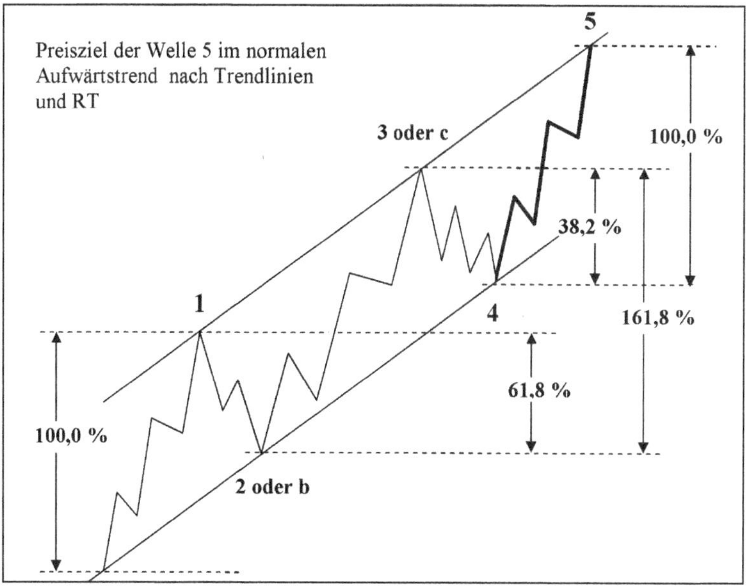

Abb. 2.85

Wird die Welle 3 kleiner als 161,8 % der Welle 1, dann kommt es sehr häufig zu einer Ausdehnung der Welle 5.

Die Welle 5 kann 161,8 % oder sogar 261,8 %-mal länger werden als die Welle 1.

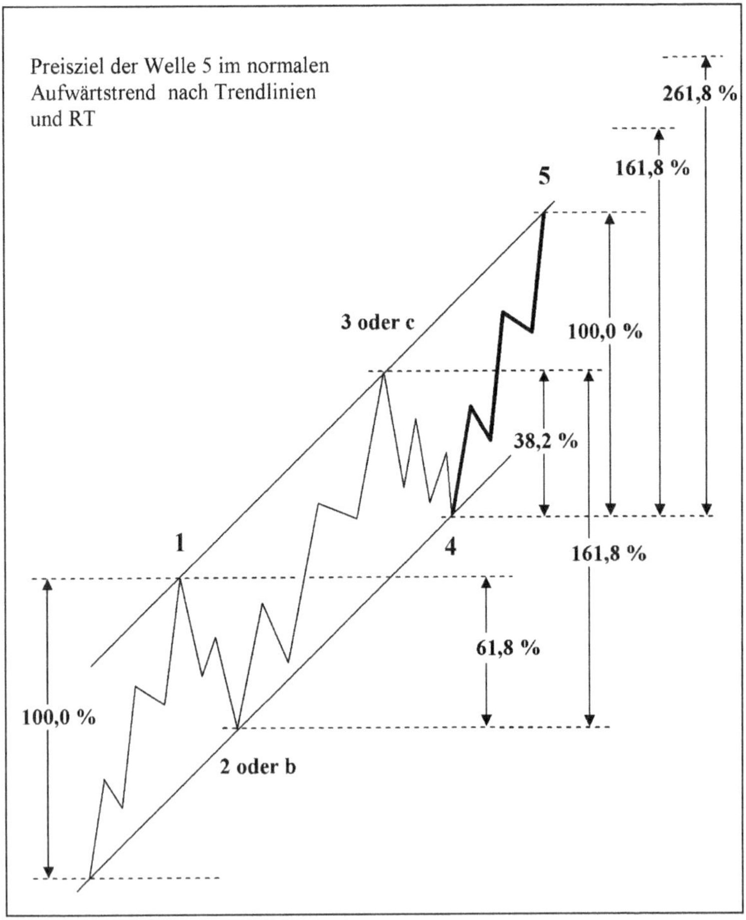

Abb. 2.86

Eine weitere Möglichkeit, um das Kursziel der Welle 5 zu ermitteln.

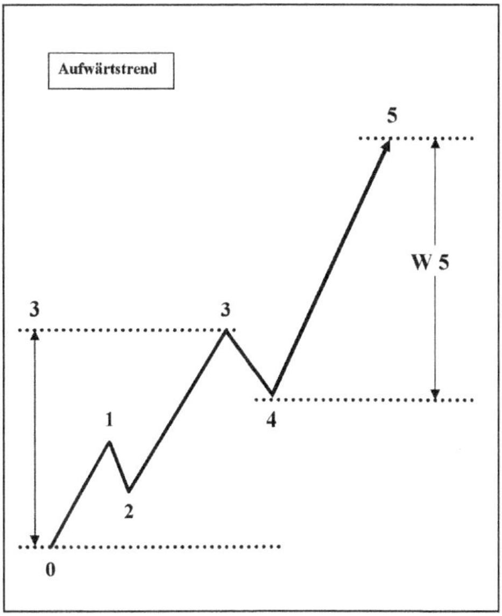

Abb. 2.87

Erfahrungswerte:

W5 = Die Länge vom Beginn der Welle 1 bis zum Hoch der Welle 3 x 0,618
W5 = Die Länge vom Beginn der Welle 1 bis zum Hoch der Welle 3 x 1
W5 = Die Länge vom Beginn der Welle 1 bis zum Hoch der Welle 3 x 1,618

2.7 Trendkanal – Technik

Die Trendkanal-Technik (Channeling) wird verwendet, um die verschiedenen Wellenebenen zu identifizieren. Die Kurszielermittlung ergibt sich aus dem Trendkanalverlauf. Trendkanäle weisen im Bereich der oberen und unteren Kursbegrenzungen eine Parallelität auf.

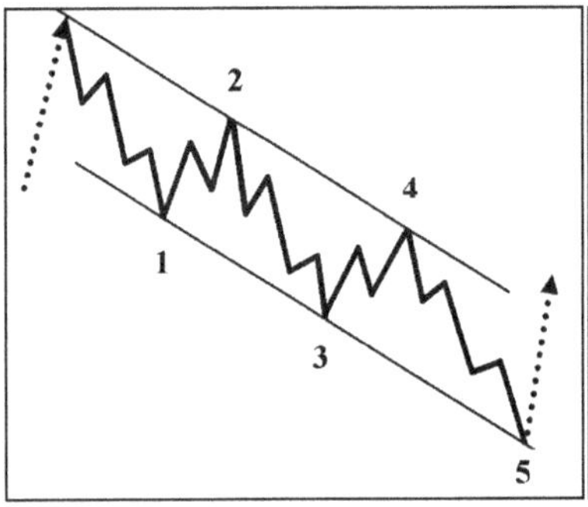

Abb. 2.88

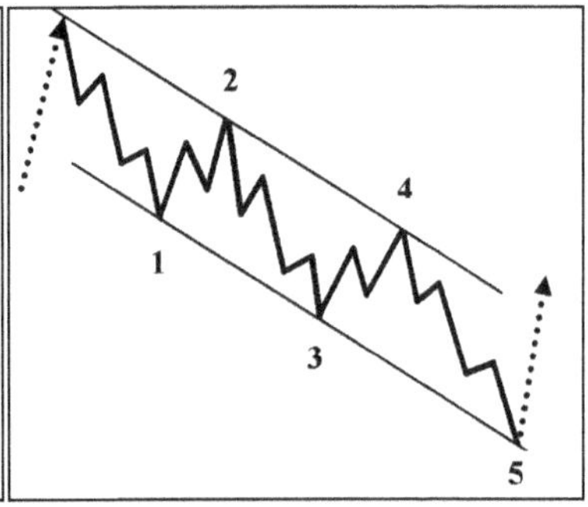

Abb. 2.89

Die Trendkanal-Technik funktioniert besonders exakt in einem Impulsmuster, Zigzag und Triangle. Solange sich die Kurse innerhalb des Trendkanals aufhalten, liefert diese Feststellung einen Hinweis dafür, dass es sich um den vermuteten Wellengrad handelt. Wird der Trendkanal verlassen, dann ist entweder der Wellenzyklus beendet oder es muss eine alternative Wellenzählung verwendet werden.

Trendkanäle sind parallel verlaufende Kursbegrenzungslinien, zwischen denen sich die Kurse bewegen. Weiter unten sehen Sie einige Beispiele für Kanäle unterschiedlicher Wellen. Die unterschiedlichen Linienformen verdeutlichen, welche Wellengrade zusammengehören. Die Trendlinien eines Triangles verlaufen nicht parallel, trotzdem begrenzen sie die Kurse in einer bestimmten Wellenebene. Alle im Abschnitt »Muster« beschriebenen Formationen zeigen Kanäle.

Die Kanäle zeigen die mit a, b, c bezeichnete Korrekturstruktur an, welche Wellen zusammen gruppiert werden sollten.

Impuls und Korrekturmuster:

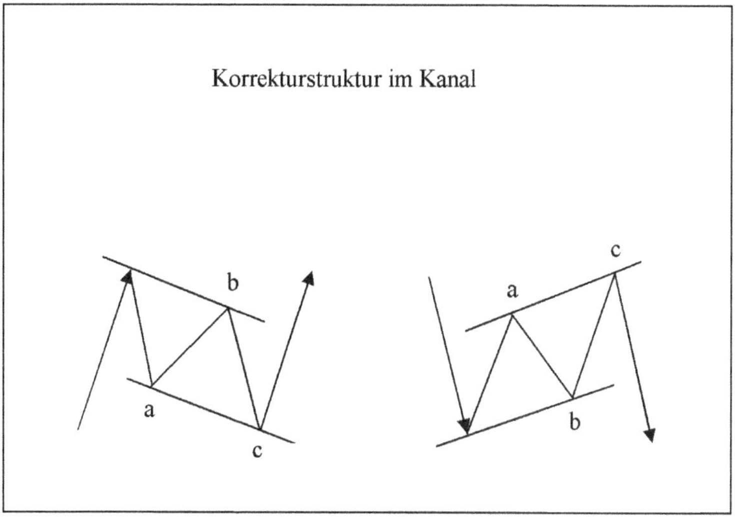

Abb. 2.90

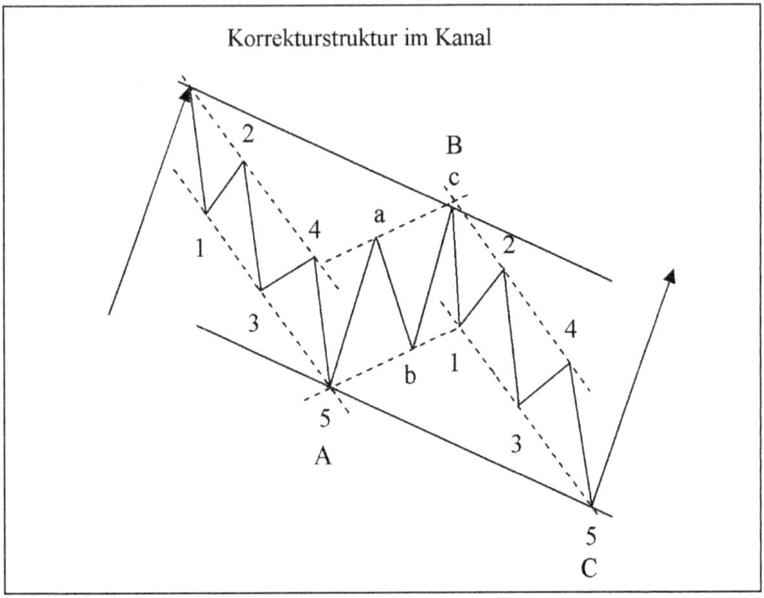

Abb. 2.91

Die unterschiedlichen Wellengrade werden also durch das Anlegen von Trendlinien definiert. Die Beachtung des Wellengrades ist genauso wichtig wie das Erkennen der verschiedenen Wellenmuster. In den Abb. 2.91 bis 2.94, sehen Sie die unterschiedlichen Wellengrade und Muster in einem Haupttrend. Das ist hauptsächlich bei den fünfwelligen Impulsmustern, Zigzags und Triangles wichtig. Sollten die Kanäle und Muster nicht eindeutig passen, muss man nach einer alternativen Wellenzählung suchen.

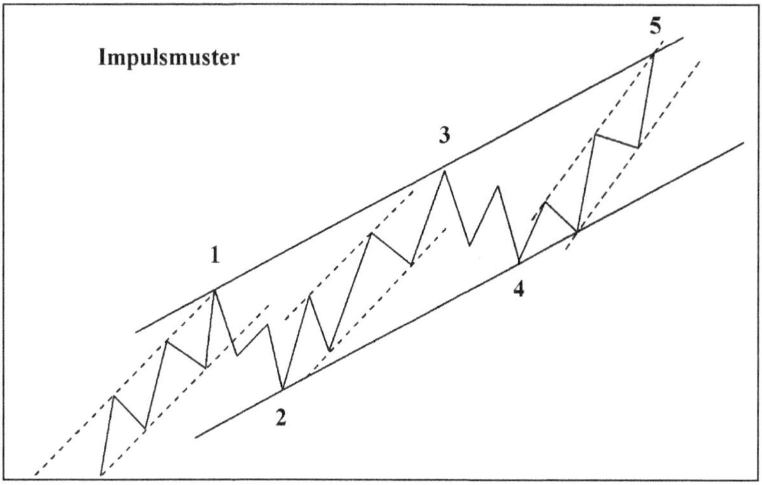

Abb. 2.92

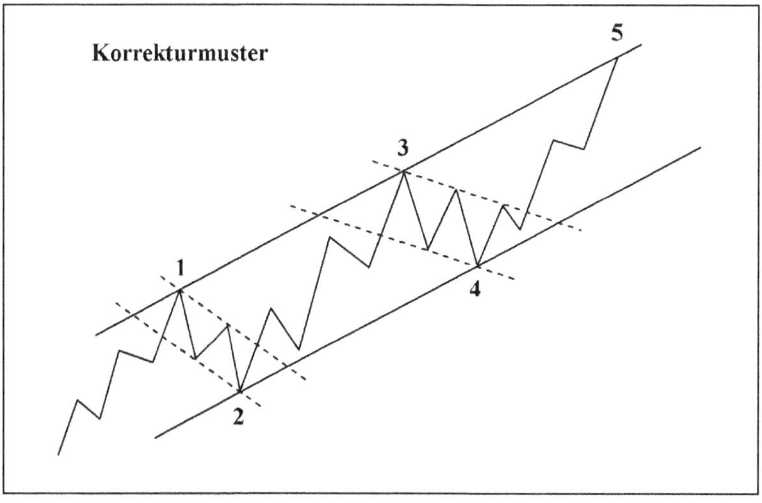

Abb. 2.93

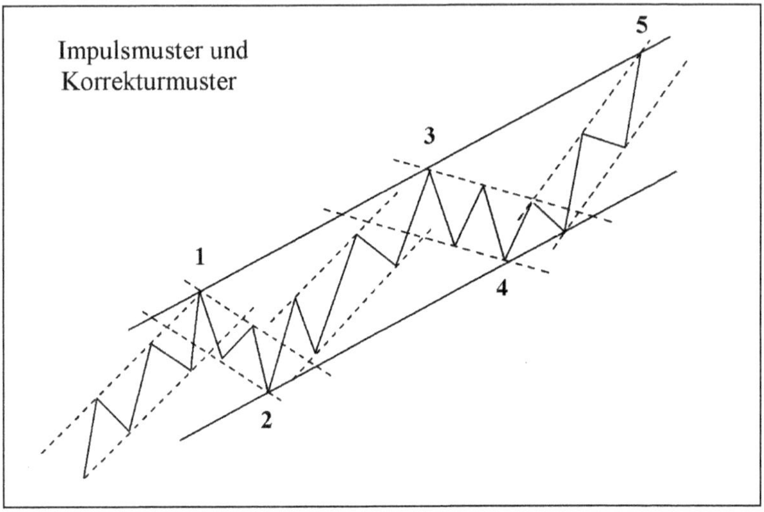

Abb. 2.94

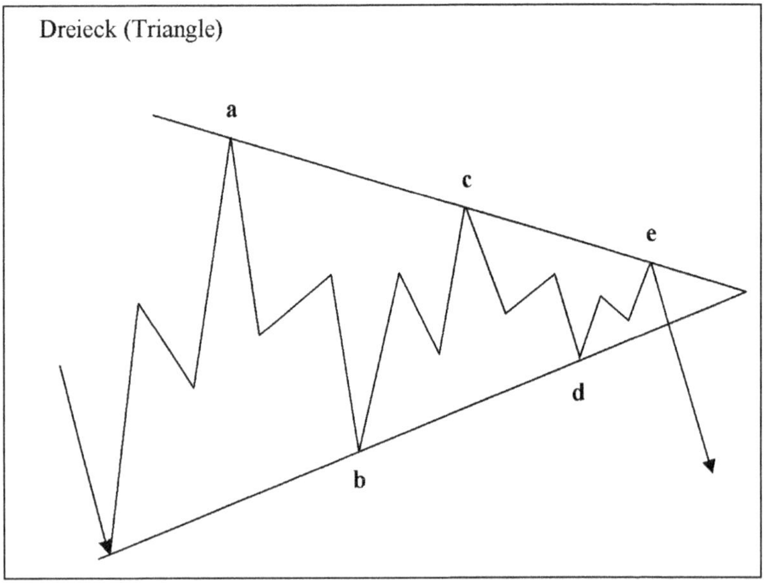

Abb. 2.95

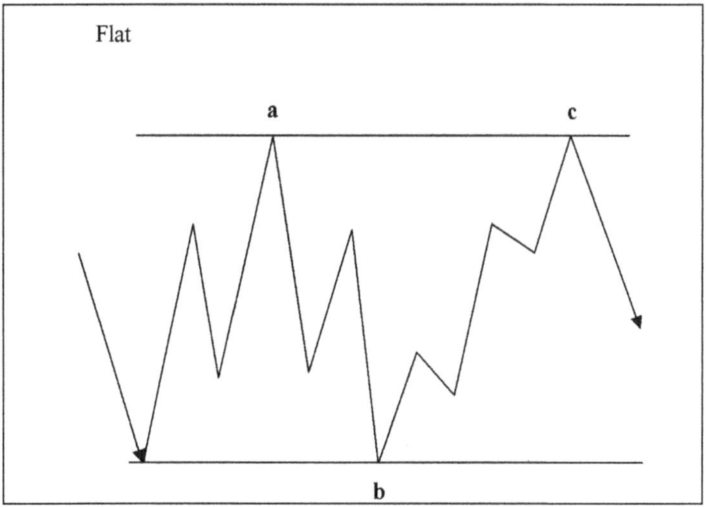

Abb. 2.96

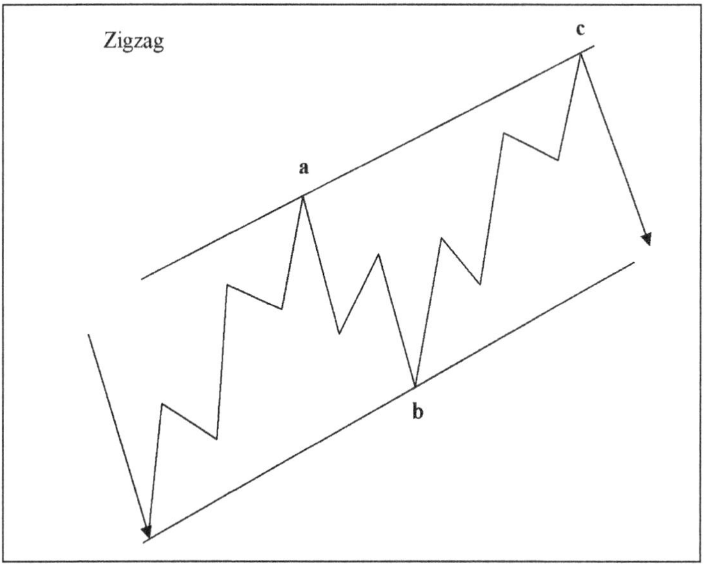

Abb. 2.97

Wie werden Kanäle gezeichnet und wie projiziert man mit Hilfe dieser Kanäle die Kursziele?

Welle 3 oder c?

Nachdem die Wellen 1 und 2 fertig gestellt sind, können Sie den Kanal für die zu erwartende Impulsbewegung einzeichnen. Dazu muss man vom Startpunkt der Welle 1 über den Tiefpunkt der Welle 2 hinaus eine Linie einzeichnen. Anschließend erzeugt man aus dieser Linie eine Parallele und legt sie auf das Hoch der Welle 1.

Der daraus entstandene Kanal gibt Auskunft über die obere Begrenzung der entstehenden Welle und somit den zu erwarteten Mindestkurszielbereich der Welle 3. Bricht oder erreicht die laufende Welle 3 nicht die obere Begrenzungslinie, muss davon ausgegangen werden, dass der Basiswert sich nicht in einer Welle 3, sondern in einer Welle C befindet. Dabei muss man bedenken, dass die Welle 3 normalerweise die stärkste Welle in einem Impuls ist und somit weit über die beschriebene, obere Trendlinie ausbricht.

Sollte die untere Trendlinie bzw. die 0 – 2er Linie jedoch nach unten brechen, muss davon ausgegangen werden, dass die Welle 3 noch nicht begonnen hat. Zusätzlich wird wahrscheinlich, dass eine neue Welle 2 (rot) einer tieferen Wellenebene sich ausbildet, wobei der Startpunkt der neuen Welle 1 wiederum die untere Grenze der neuen Welle 2 darstellt.

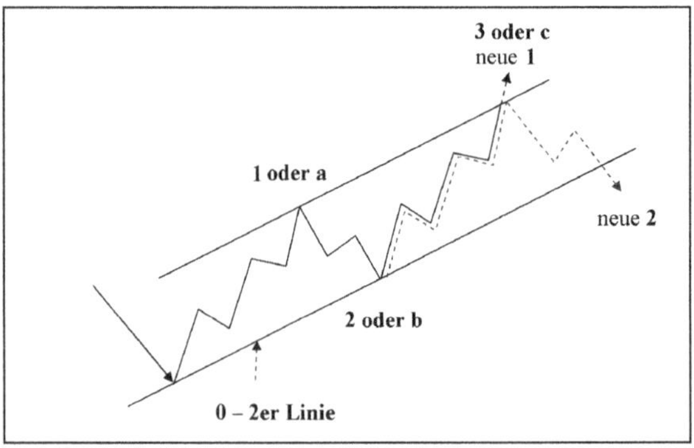

Abb. 2.98

2.8 Wellenalternationen – Wechselrichtlinien

Die Wellenalternation bzw. Wechselrichtlinien (Rule of Alternation) sind hauptsächlich für die Prognose von den zu erwartenden Korrekturmustern und deren Korrekturpotential hilfreich. Obwohl die Wechselrichtlinien keine genauen Aussagen darüber machen, was passieren wird, machen sie uns hilfreich darauf aufmerksam, was wir nicht erwarten sollten.

Es ist unwahrscheinlich, dass zwei gleiche Korrekturformationen in einer Wellenebene als Welle 2 und Welle 4 entstehen. Eine Welle 2 bildet sich überwiegend als Zigzag (kurz und steil) aus. Demnach müsste sich die Welle 4 dann bevorzugt als flache Formation ausbilden. Das heißt als Flat, Triangle oder eine gemischte Formation. Sollte die Welle 2 eine steile Korrektur aufweisen, wird sich die Welle 4 überwiegend als Seitwärtsbewegung präsentieren.

Alternation in der Länge von Impulswellen:

Aufgrund der Wechselrichtlinien sind auch in einem Impuls die Wellen unterschiedlich lang. Im Aktienmarkt sind im Idealfall die Wellen 1 und 5 ähnlich lang, während sich die Welle 3 oft ausdehnt. Häufig stehen die Wellen dabei in einem Fibonacci-Verhältnis zueinander.

Alternation in der Steilheit der Korrekturwellen:

1. Bildet die Welle 2 eine scharfe Korrektur, dann verläuft die Welle 4 eher flach und vice versa.
2. In einem Diagonal Triangle treten Alternationen eher selten auf.

Scharfe Korrekturwelle:

Die scharfen Korrekturen entstehen häufig durch ein Zigzag, Doppel-Zigzag oder Dreifach-Zigzag.

Flache Korrekturwelle:

Die flachen Korrekturwellen entstehen häufig durch ein Flat, Double-Three oder Triple-Three.

In der folgenden Tabelle sind die Wahrscheinlichkeiten angegeben, mit denen die möglichen Kombinationen aus steilen und flachen Korrekturen innerhalb eines Impulses zu rechnen sind.

Welle 2	**Welle 4**	**Wahrscheinlichkeit**
Steil	Steil	8,6 %
Steil	Flach	53,6 %
Flach	Steil	8,2 %
Flach	Flach	29,6 %
Alternationen		61,8 %

Abb. 2.99

Alternationen

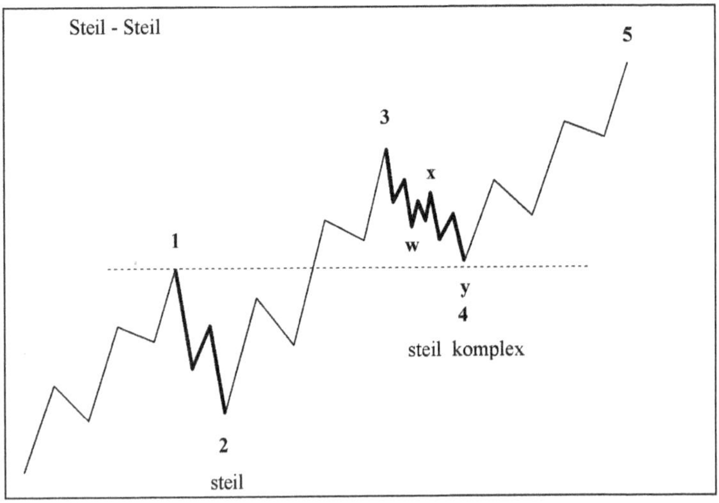

Abb. 2.100

Entsteht die Welle 2 als einfache Korrekturformation, kann davon ausgegangen werden, dass die Welle 4 eher eine komplexe Form annimmt.

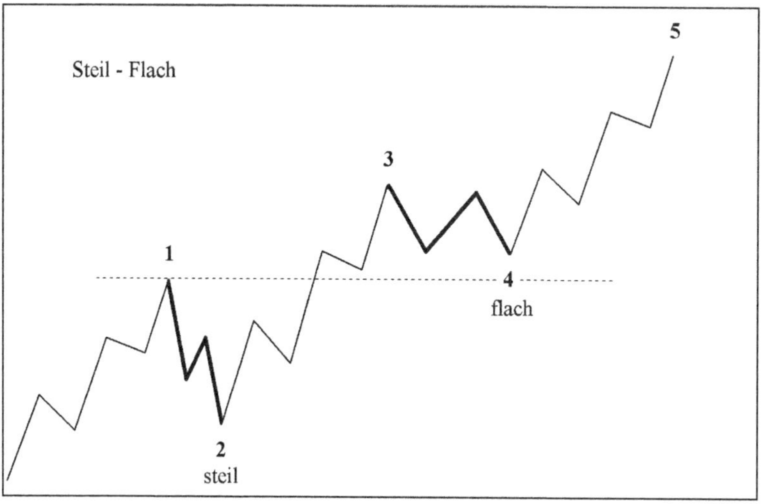

Abb. 2.101

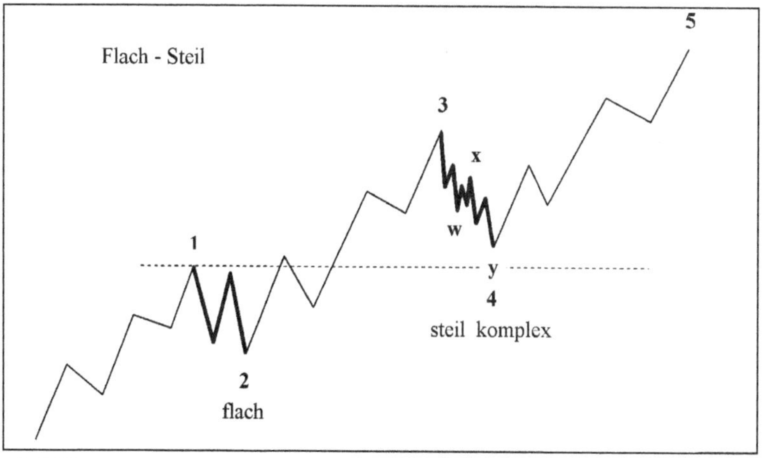

Abb. 2.102

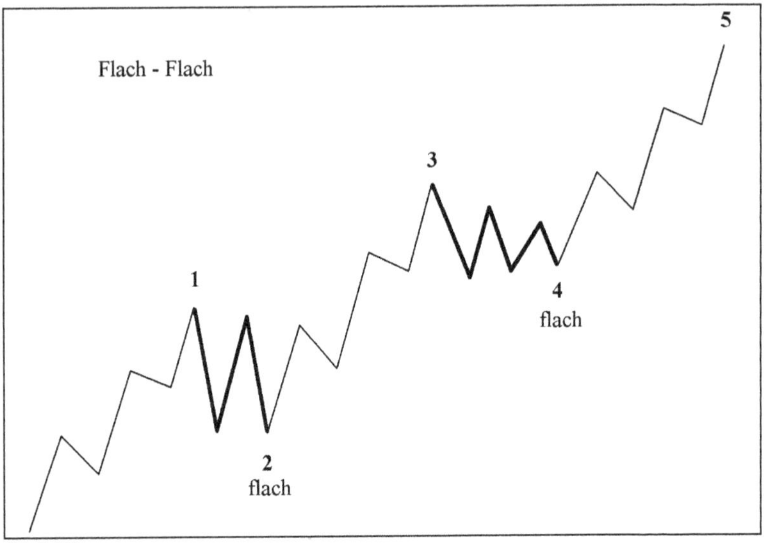

Abb. 2.103

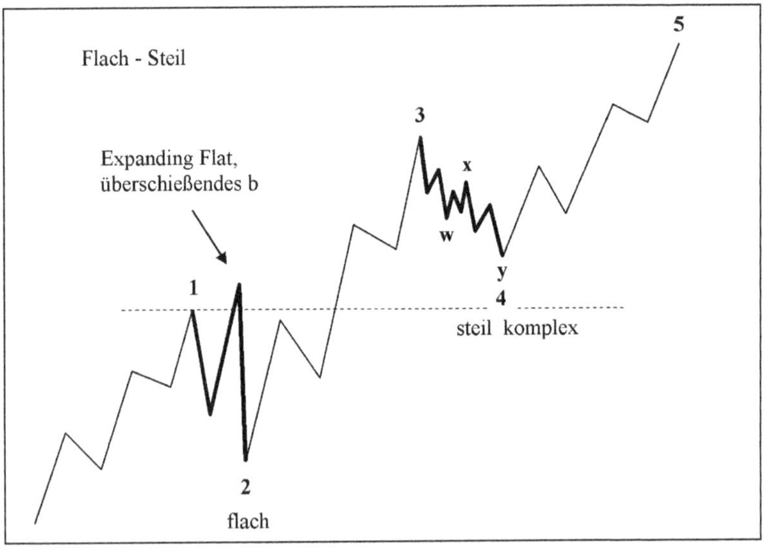

Abb. 2.104

simplified

3 Korrekturbewegungen – Standard-Formen

3.1 Zigzag-Korrekturmuster – Beschreibung

Das dreiwellige Korrekturmuster Zigzag, mit dem eine scharfe Korrektur beginnt, kommt sehr häufig vor. Durch die starke Beschleunigung kann es zu Beginn oft mit einer Impulswelle verwechselt werden. Welle a entsteht als fünfteilige Impulswelle. Die anschließende dreiteilige Gegenbewegung, die den Ursprung der Welle a nicht berühren darf, wird als Welle b bezeichnet. Die dreiteilige Welle b bewegt sich immer in die Richtung des vorherrschenden Trends. Die darauf folgende Welle c schließt die Formation mit einem fünfwelligen Impuls ab und sollte den Endpunkt der Welle a überwinden. Damit diese Formation nicht mit einer neu entstehenden Impulswelle verwechselt wird, sollte man unbedingt die vorangegangene Kursbewegung als Antriebswelle identifizieren. Nur dann wäre die Formation bestätigt. Die Welle a oder die Welle c kann außerdem aus einem Diagonal Triangle gebildet werden. Bildet sich die Welle c steiler und länger als die Welle a aus, besteht die Möglichkeit, dass aus dem Zigzag ein Double-Zigzag, Triple-Zigzag oder eine andere Kombination entstehen kann. Die Zigzag-Formationen sind dafür geeignet, preisliche Korrekturausdehnungen zu eruieren und dabei keine überschießenden Teilwellen zuzulassen.

Innere Struktur:

Das Zigzag besteht aus 3 Wellen. Bei einem einfachen Zigzag besteht die innere Struktur der 3 Wellen (a, b, c) aus 5-3-5.

Korrektur im Aufwärtstrend

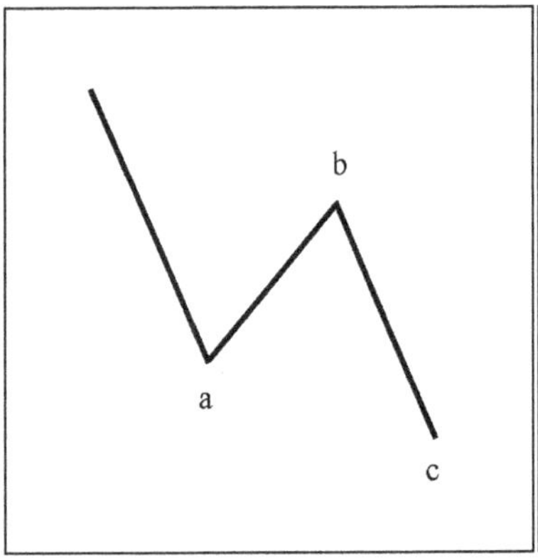

Abb. 3.1

Korrektur im Abwärtstrend

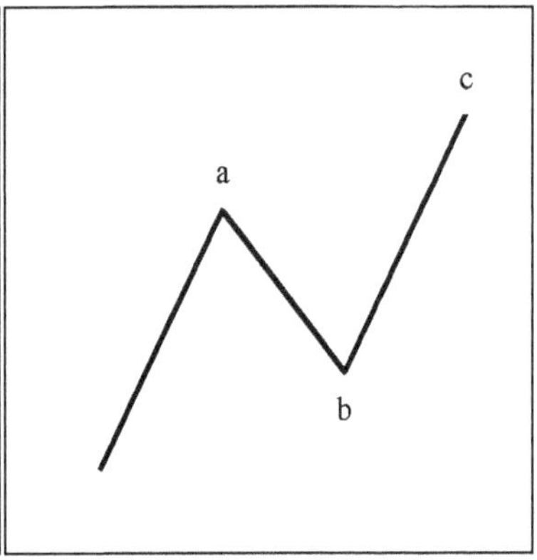

Abb. 3.2

Korrektur im Aufwärtstrend

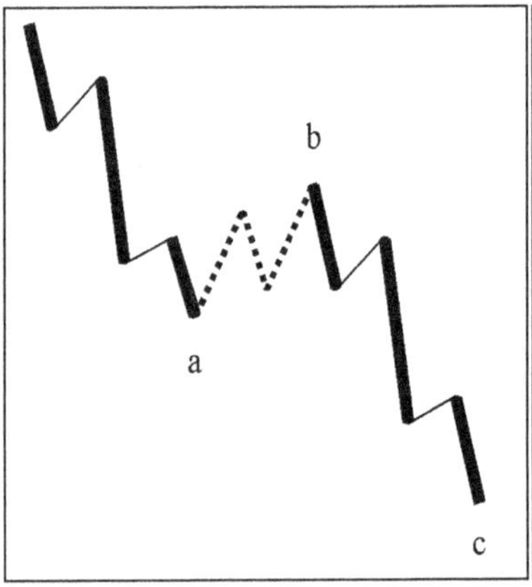

Abb. 3.3

Korrektur im Abwärtstrend

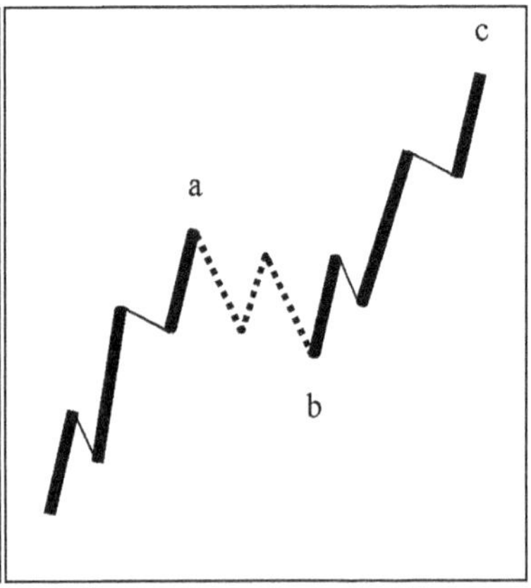

Abb. 3.4

Die Welle b korrigiert die Welle a überwiegend nicht mehr als 61.8 % (insgesamt sind Korrekturen von 1 % - 99 % erlaubt). Wenn ein Segment der Welle b mehr als 61,8% die Welle a korrigiert, dann ist davon auszugehen, dass sich eine komplexere Korrektur ausbilden wird. Die Welle c muss deswegen bevorzugt über das Ende der Welle a hinausgehen.

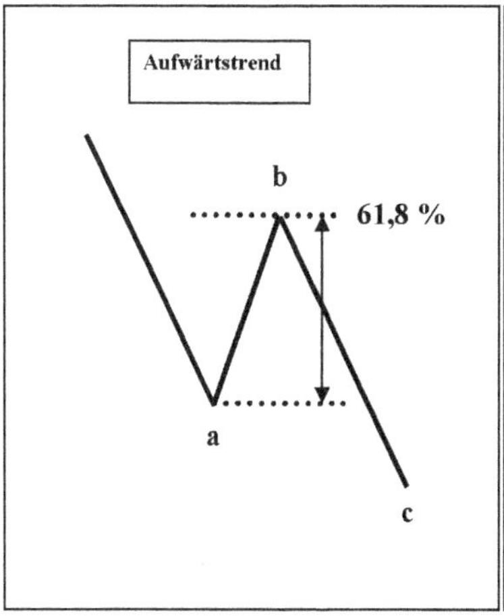

Abb. 3.5

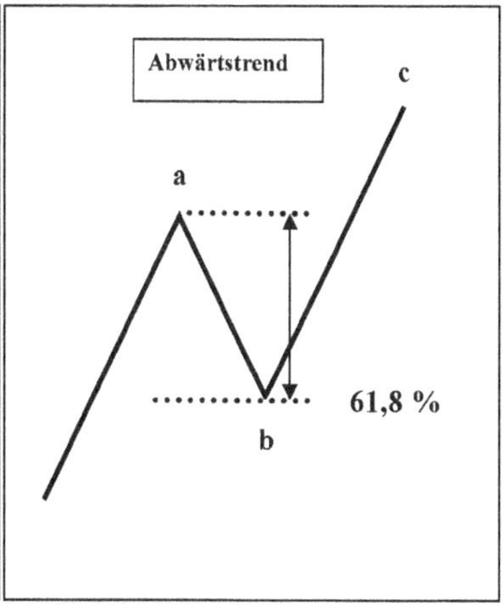

Abb. 3.6

Aufwärtstrend

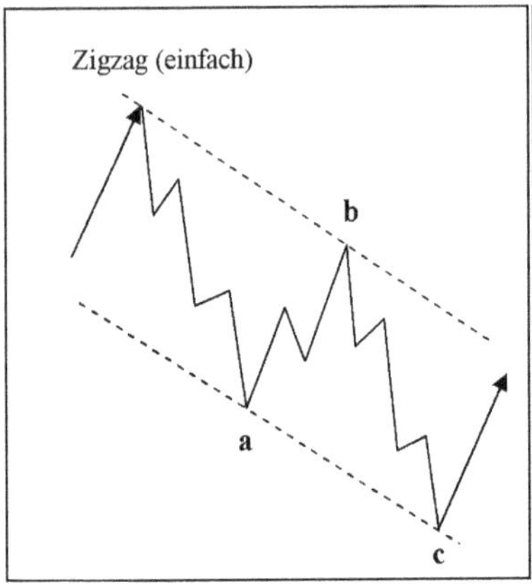

Abb. 3.7

Abwärtstrend

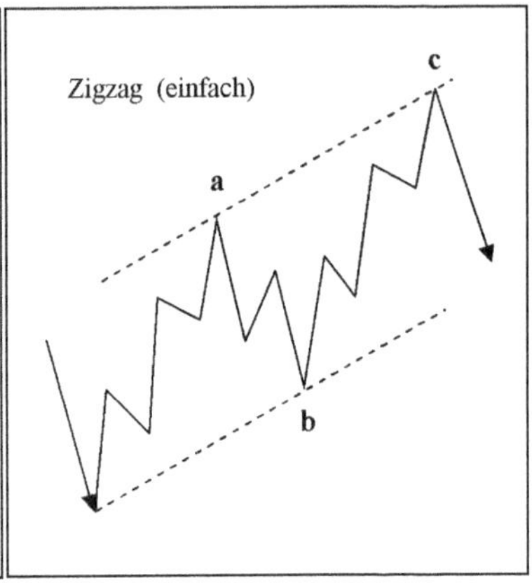

Abb. 3.8

In den Abb. 3.9 und 3.10 ist zu erkennen, wie die Zählung eines Zigzag (a, b, c), Abb. 3.9 sich von einem Double-Zigzag mit der Zählung W, X, Y (abc) -x- (abc) Abb. 3.10 unterscheidet.

Zigzag im Aufwärtstrend

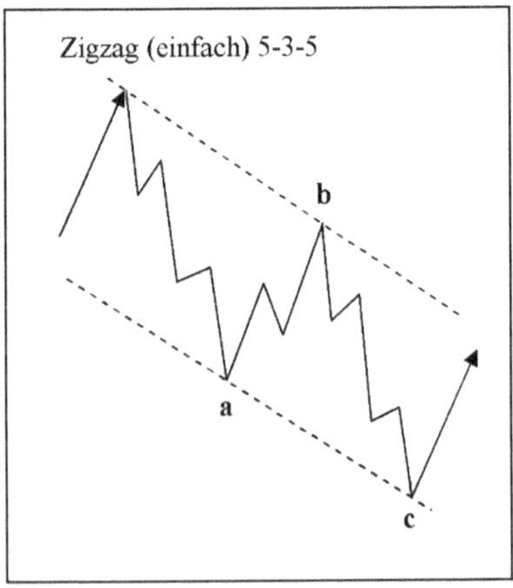

Abb. 3.9

Double-Zigzag im Aufwärtstrend

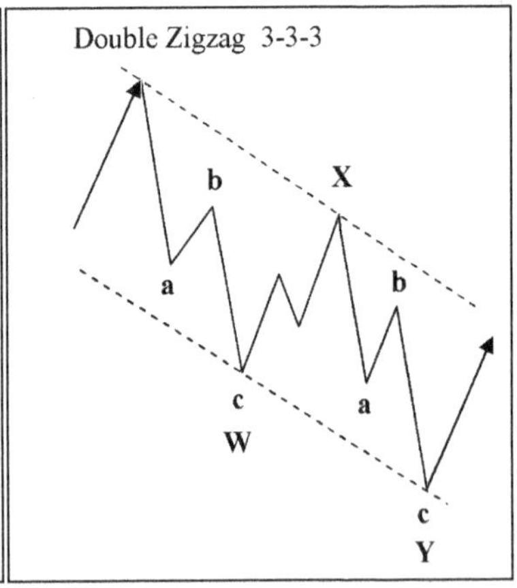

Abb. 3.10

3.2 Zigzag – Regeln und Richtlinien

Das dreiteilige Zigzag beinhaltet drei Wellen (a-b-c) und ist das am häufigsten auftretende Korrekturmuster.

1. Die Welle a muss ein Impuls oder ein Leading Diagonal Triangle (LDT) sein.
2. Die Welle b muss ein beliebiges Korrekturmuster aufweisen.
3. Die Welle b korrigiert die Welle a nicht mehr als 99 %.
4. Die Welle c muss ein Impuls oder ein Ending Diagonal Triangle (EDT) sein.
5. Die Welle c muss aus preislicher Sicht mindestens 70 % der Welle b betragen.
6. Die Welle c versagt äußerst selten.

Richtlinien zu dem Zigzag:

1. Die Welle b korrigiert häufig weniger als 61,8 % der Welle a, insgesamt sind Korrekturen von 1% - 99 % erlaubt.
2. Die Welle b ist eine Korrekturwelle und kann sich als Zigzag, Flat, Dreieck oder als Variation dieser Muster ausbilden.
3. Wenn ein Segment der Welle b mehr als 61,8 % die Welle a korrigiert, dann ist davon auszugehen, dass sich eine komplexere Korrektur ausbilden wird. Die Welle c muss deswegen bevorzugt über das Ende der Welle a hinausgehen.
4. Die Welle c und die Welle a sind häufig gleich lang.
5. Das Längenverhältnis zwischen Welle a und c beträgt häufig 61,8 % - 100 % und maximal 261,8 % der Welle a.
6. Wird die Welle c steiler als die Welle a, dann muss eine Fortsetzung der Korrektur in Form eines Double- oder Triple-Zigzags oder andere Kombinationen erwartet werden.
7. Wird die Welle c länger als 161,8 % der Welle a, sollte man statt a, b, c-Korrektur eher auf eine Impulszählung 1, 2 und 3 umstellen.
8. In einem Zigzag kann die Welle b aus einem Flat, Zigzag, Triangle, Double-Zigzag, Triple-Zigzag, Double-Three und einem Triple-Three gebildet werden.

9. Die 0 - b Linie wird nur selten verletzt. Verletzungsgefahr besteht, wenn sich die Welle c als EDT ausbildet.
10. Ein Zigzag ist eine eigenständige Korrektur und kann das Ende einer Korrektur sein. Es kann sich aber mit einer anderen Standartkorrekturform kombinieren (Zigzag, Flat oder Triangle).

Ein Zigzag tritt in folgenden Wellen auf:

Impuls:	Welle 2 und 4
EDT:	Jede beliebige Welle
LDT:	Welle 2 und 4
Zigzag:	Welle b
Flat:	Welle a und b
Triangle:	Jede beliebige Welle
Doppel Zigzag:	W,X,Y
Triple Zigzag:	W,X,Y,X2,Z
Doppel Flat:	Nur in Welle X
Doppel Three:	Jede beliebige Welle (Alternationen beachten)
Triple Three:	Jede beliebige Welle (Alternationen beachten)

Abb. 3.11

Innere Struktur:

Bei einem einfachen Zigzag besteht die innere Struktur aus 3 Wellen (a, b, c) 5-3-5.

Visuelle Darstellung: Regeln zu dem Zigzag

1. Die Welle a muss ein Impuls oder ein Leading Diagonal Triangle (LDT) sein.

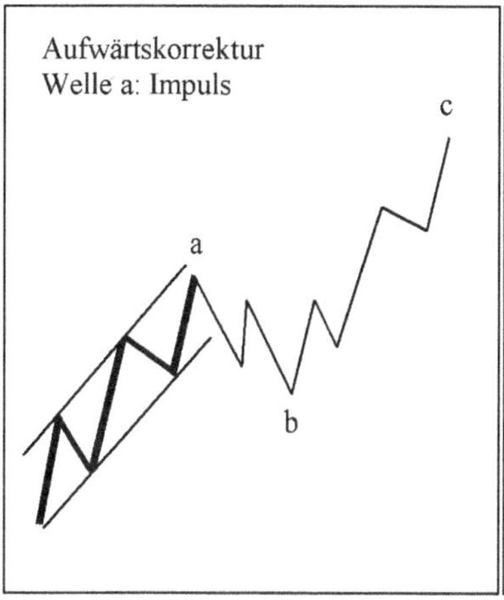

Abb. 3.12

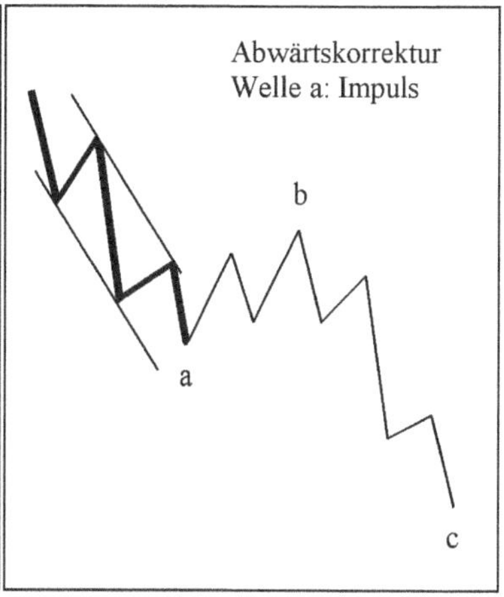

Abb. 3.13

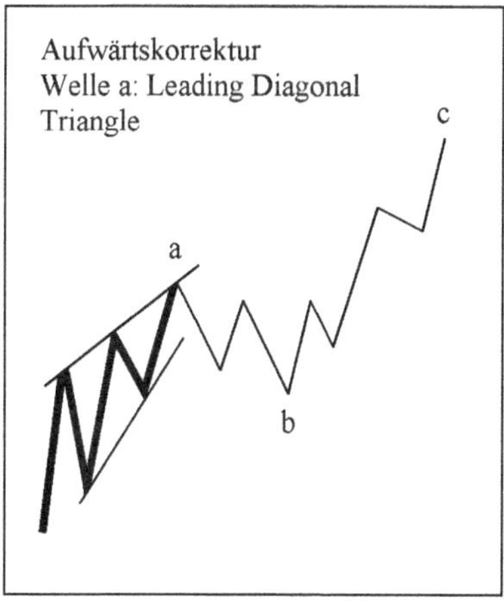

Abb. 3.14

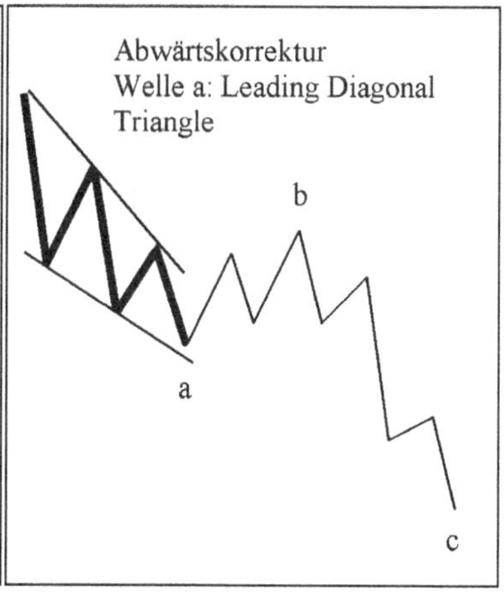

Abb. 3.15

2. Die Welle b muss ein beliebiges Korrekturmuster aufweisen.

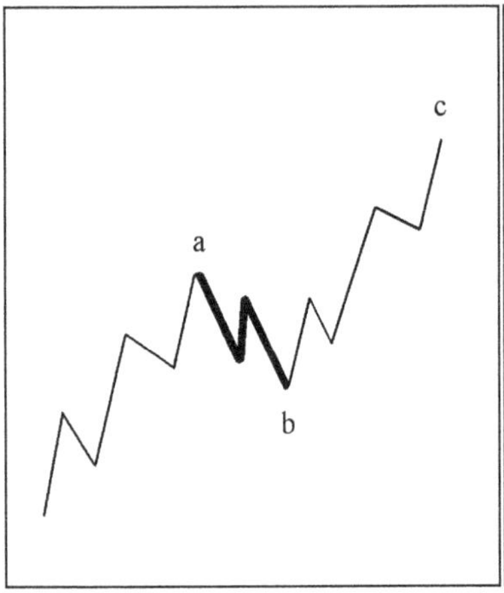

Abb. 3.16

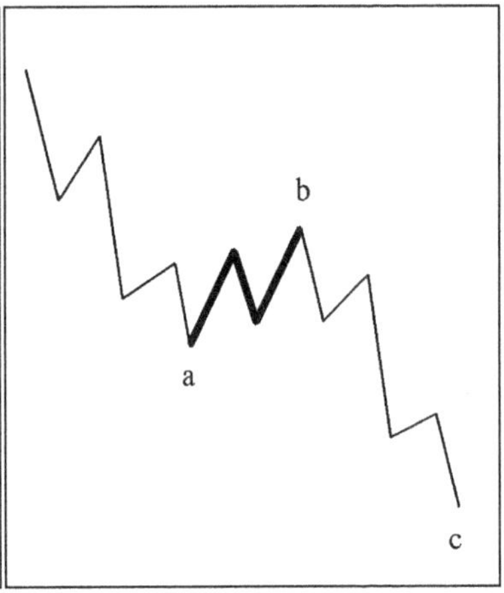

Abb. 3.17

3. Die Welle b darf nicht mehr als 99 % der Welle a korrigieren (retracen). Das heißt, die Welle b darf nicht den Ursprung der Welle a erreichen und ist kleiner als die Welle a.

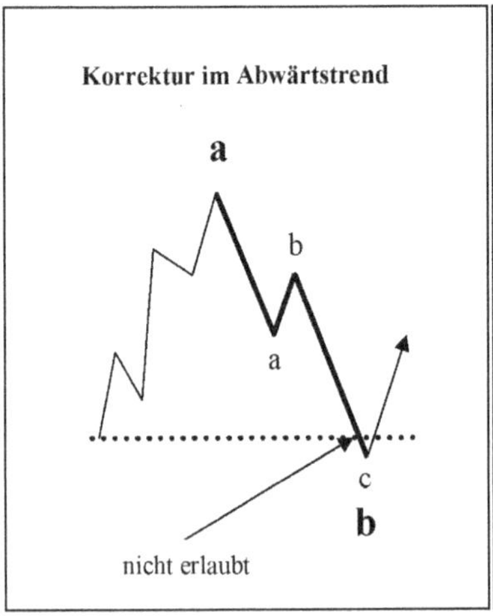

Abb. 3.18

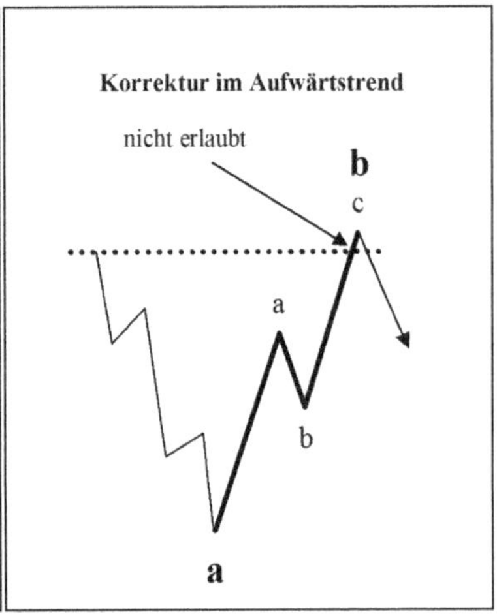

Abb. 3.19

4. Die Welle c muss ein Impuls oder ein Ending Diagonal Triangle (EDT) sein.

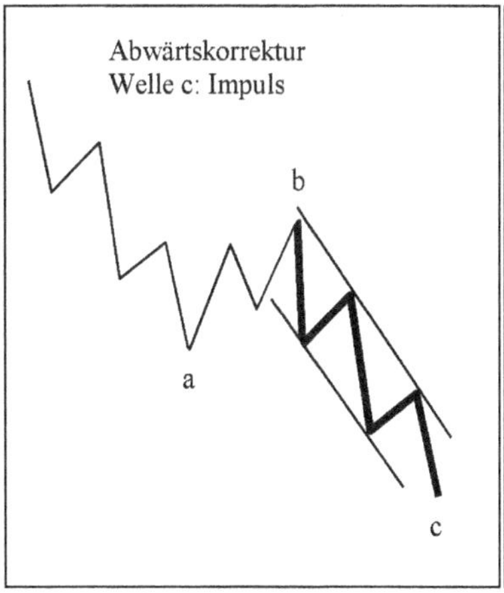

Abb. 3.20

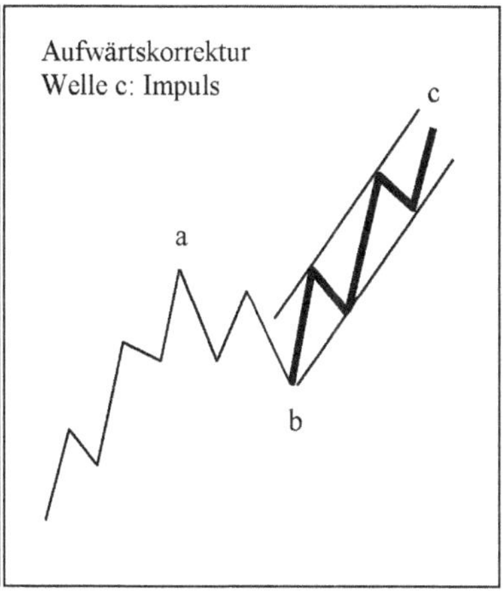

Abb. 3.21

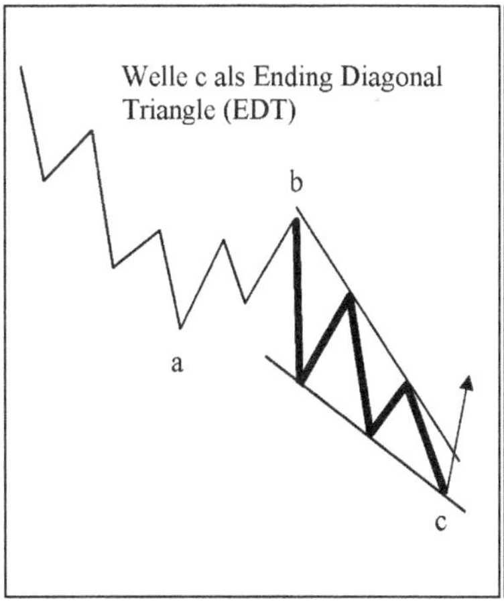

Abb. 3.22

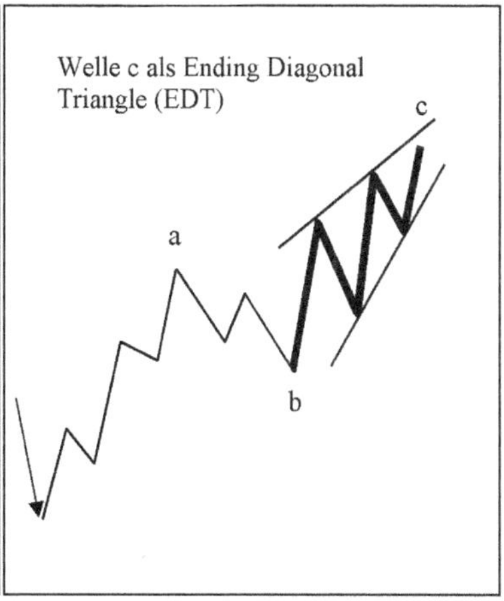

Abb. 3.23

5. In sehr seltenen Fällen versagt die Welle c. Die Welle c muss aus preislicher Sicht mindestens 70 % der Welle b betragen.

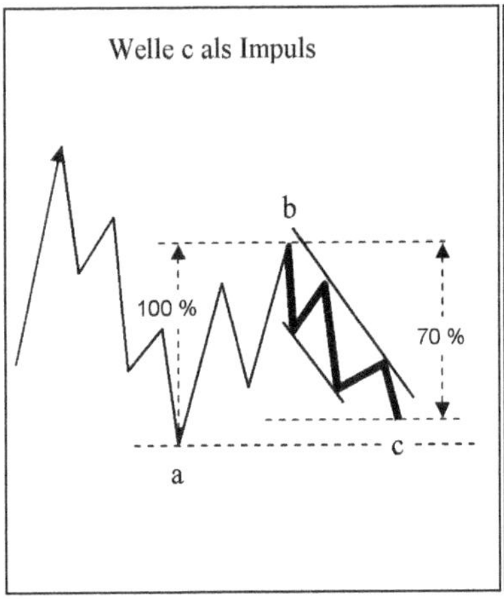

Abb. 3.24

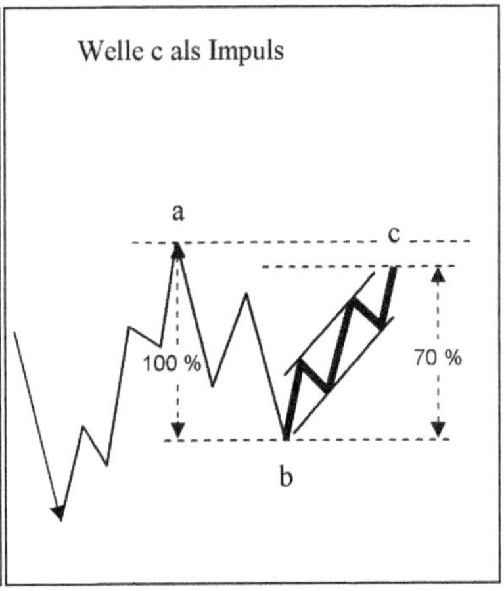

Abb. 3.25

3.3 Flat-Korrektur – Beschreibung

Das aus einem dreiteiligen Korrekturmuster bestehende Flat tritt häufig in Erscheinung. Der erste und zweite Teil dieser Korrekturbewegung ist jeweils dreiteilig, die dann folgende dritte Bewegung bildet sich fünfwellig aus. Die daraus entstehende innere 3-3-5-Struktur mit der Bezeichnung a, b, c. Flats treten oft vor oder nach einer Extension auf und bilden eine typische Seitwärtsbewegung aus. Die zeitliche Ausbildung des Korrekturmusters gibt Auskunft über die bevorstehende Kursbewegung. Je länger sich die Ausbildung der Korrektur hinzieht, desto stärker wird die folgende Trendbewegung ausfallen. So kann die dreiteilige Welle a nicht genügend Kraft entwickeln, um fünfteilig zu werden, und korrigiert die vorherige Impulswelle oft nur um 23,6 % bzw. um 38,2 %. Es sei angemerkt, dass die Korrekturwellen meist nicht über ihr Kursziel hinausschießen und es Mindestkorrekturziele als Richtlinie (nicht Regel) gibt. Welle 2 sollte mindestens 38,2 %, Welle 4 mindestens 23,6 % korrigieren. Wie gesagt, anders wäre es immer noch kein Regelbruch, aber ungewöhnlich.

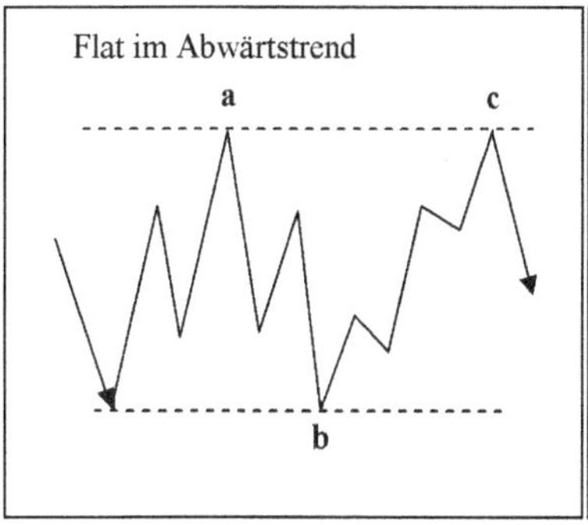

Abb. 3.26

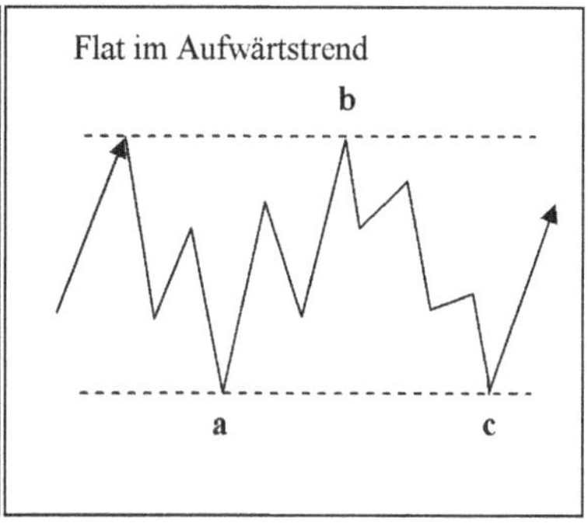

Abb. 3.27

Wegen der ausbleibenden Kraft von Welle a entwickelt sich die ebenfalls dreiteilige Welle b bis fast an den Anfang von Welle a oder auch manchmal etwas darüber hinaus. Die anschließende fünfteilige Welle c schafft es meistens nicht, sich nachhaltig über das Ende der Welle a zu bewegen.

Ein Flat als Welle 2 oder 4 in einem Trend besteht aus einer inneren 3-3-5-Struktur. Eine im Aufwärtstrend abwärtsgerichtete dreigliedrige Welle a, gefolgt von einer ebenfalls dreigliedrigen Welle b, die nahe an das Hoch der vorangehenden Impulswelle (1 oder 3) heranläuft (mindestens 61,8 % bevorzugt 80 -100 % der Welle a) und mit einer abwärtsgerichteten, fünfgliedrigen Welle c das Flat abschließt, endet bevorzugt im Bereich des Tiefs der Welle a. Ein Flat präsentiert sich also per saldo als eine Seitwärtsbewegung des Marktes.

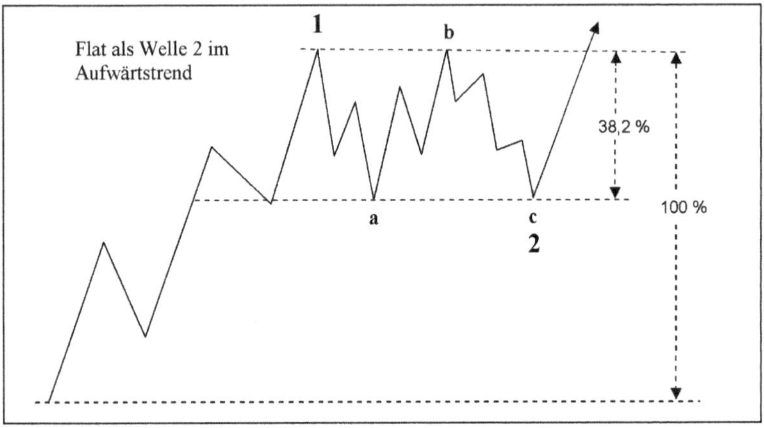

Abb. 3.28

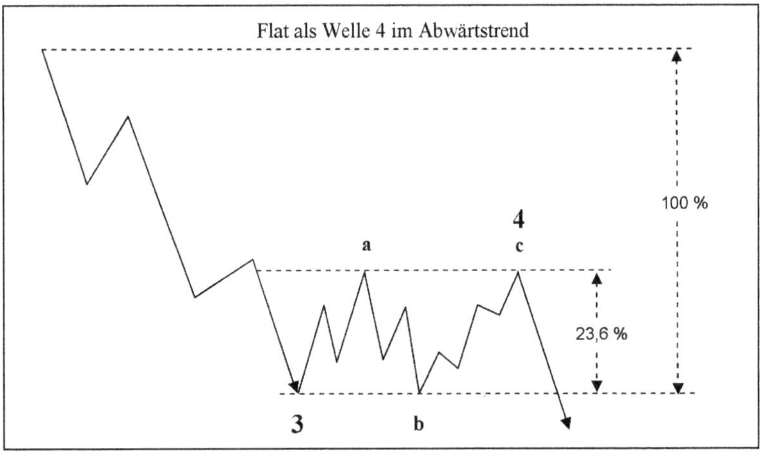

Abb. 3.29

Welle c im Flat.

Die Welle c im Flat muss aus preislicher Sicht mindestens 61,8 % der Welle a betragen. Die nachlassende Korrekturstärke und der vorzeitige Abbruch der Welle c deutet auf einen kraftvoll zu erwartenden Trendverlauf hin.

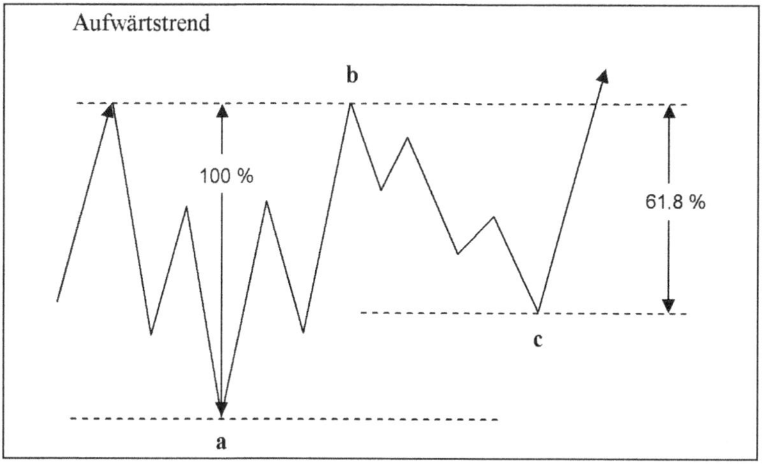

Abb. 3.30

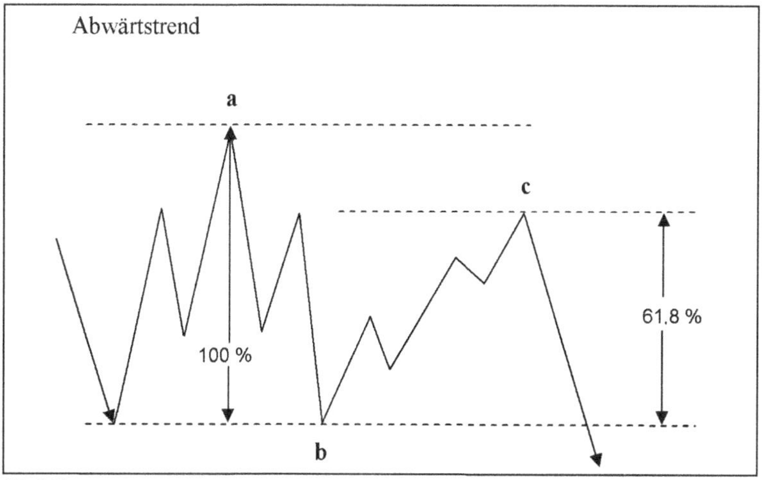

Abb. 3.31

3.4 Flat – Regeln und Richtlinien

Regeln zu dem normalen Flat:

Das dreiteilige Flat beinhaltet drei Wellen (a-b-c). Es existieren zwei weitere Standardformen mit der Bezeichnung Expanding Flat und Running Flat.

1. Die Welle a muss ein beliebiges Korrekturmuster aufweisen, außer einem Triangle.
2. Die Welle b muss ein beliebiges Korrekturmuster aufweisen.
3. Die Welle b muss mindestens 38,2 % der Welle a korrigieren.
4. Die Welle b ist in einem normalen Flat nicht länger als die Welle a.
5. Die Welle c muss ein Impuls oder ein Ending Diagonal Triangle (EDT) sein.
6. Die Welle c muss aus preislicher Sicht mindestens 61,8 % der Welle a betragen.
7. Die Welle c wird nicht länger als 261,8 % der Welle a.

Richtlinien zu dem Flat:

1. Die Welle a ist häufig ein Zigzag, Double- oder Triple-Zigzag.
2. Die Welle b korrigiert oft 61,8 % der Welle a, eher bis 100 %.
3. Die Welle c und die Welle a sind häufig gleich lang. Oft liegt der Endpunkt der Welle c am Endpunkt der Welle a.
4. Das Längenverhältnis zwischen Welle a und c beträgt häufig 61,8 % bis 100 % und sehr selten mehr als 161,8 % der Welle a.
5. Die Welle b ist zeitlich gesehen oft doppelt so lang wie Welle a.
6. Entsteht eine komplexe Welle a, so ist davon auszugehen, dass sich Welle b und c zusammen zeitlich wie Welle a ausbilden.
7. Das Flat kann selber als Korrekturmuster stehen, aber auch zusätzlich mit Standard-Formen wie ein zweites Flat, Zigzag oder Triangle kombiniert werden.
8. Wird die Welle c steiler als die Welle a, dann muss mit einer komplexeren Korrektur gerechnet werden.
9. In einem Zigzag kann die Welle b aus einem Flat, Zigzag, Triangle, Double-Zigzag, Triple-Zigzag, Double- Three und einem Triple- Three gebildet werden.

Ein Flat tritt in folgenden Wellen auf:

Impuls:	Welle 2 und 4
EDT:	Welle 2 und 4
LDT:	Welle 2 und 4
Zigzag:	Welle b
Flat:	Welle a und b
Triangle:	Jede beliebige Welle
Doppel - Zigzag:	Welle X
Triple - Zigzag:	Welle X und X2
Doppel - Flat:	Jede beliebige Welle
Doppel - Three:	Jede beliebige Welle (Alternationen beachten)
Triple - Three:	Jede beliebige Welle (Alternationen beachten)

Abb. 3.32

Innere Struktur:

Bei einem einfachen Flat besteht die innere Struktur aus 3 Wellen (a, b, c) 3-3-5.

Visuelle Darstellung: Regeln zu dem normalen Flat

1. Die Welle a muss ein beliebiges Korrekturmuster aufweisen, außer einem Triangle.

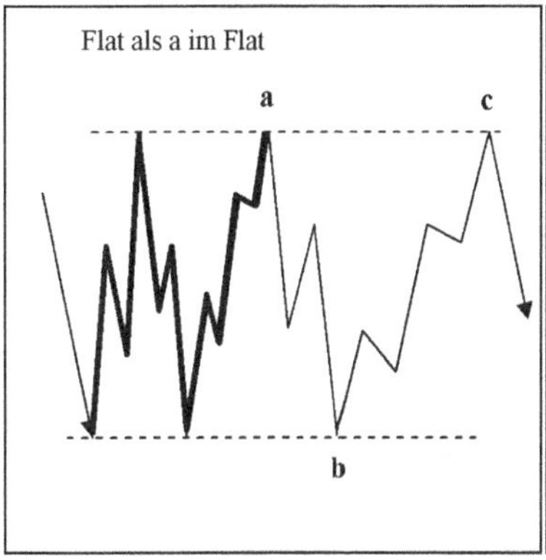

Abb. 3.33

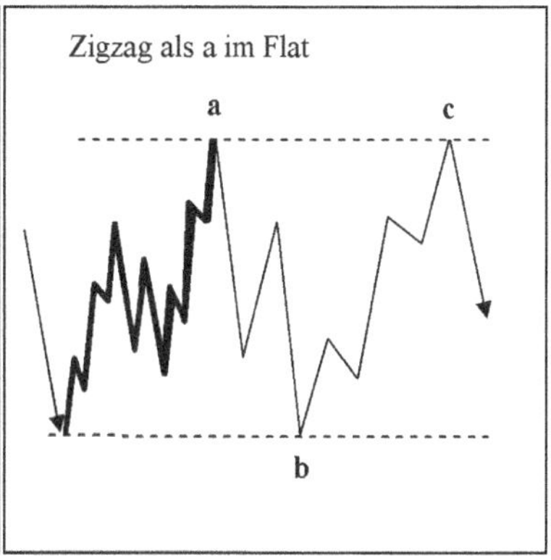

Abb. 3.34

2. Die Welle b muss ein beliebiges Korrekturmuster aufweisen.

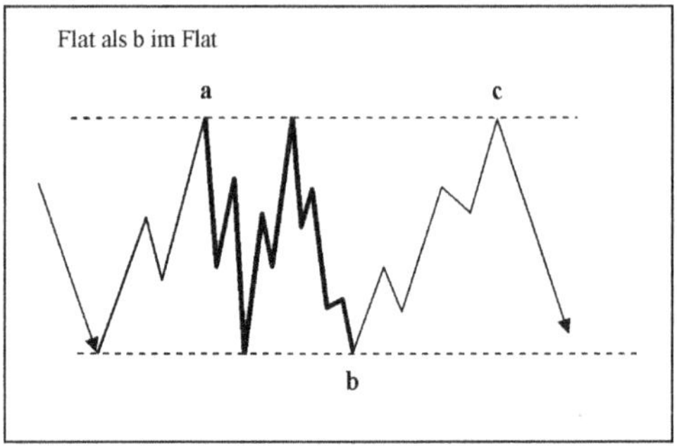

Abb. 3.35

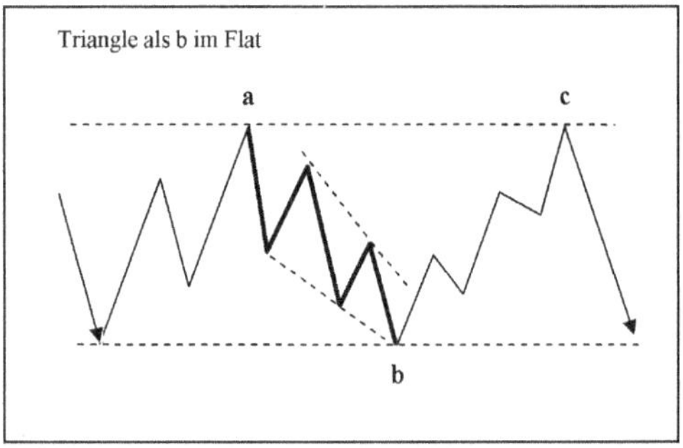

Abb. 3.36

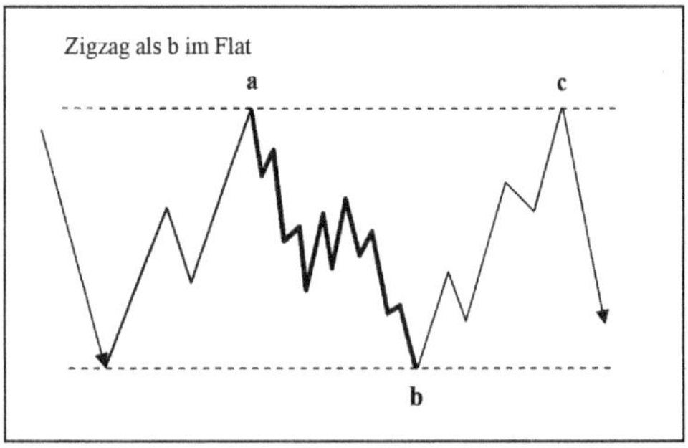

Abb. 3.37

3. Die Welle b muss mindestens 38,2 % der Welle a korrigieren (sehr selten).

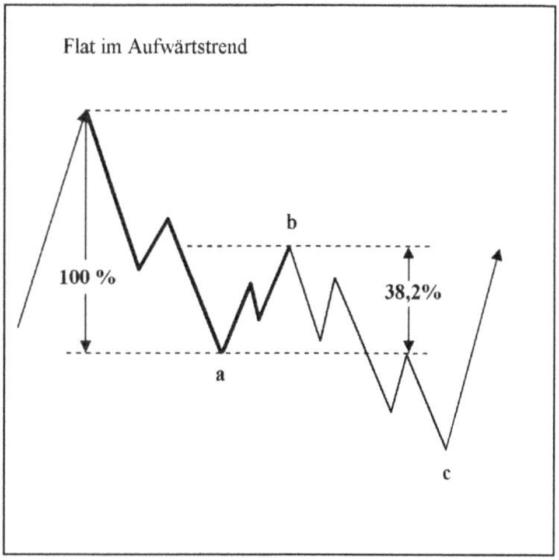

Abb. 3.38

4. Die Welle b ist in einem normalen Flat nicht länger als die Welle a.

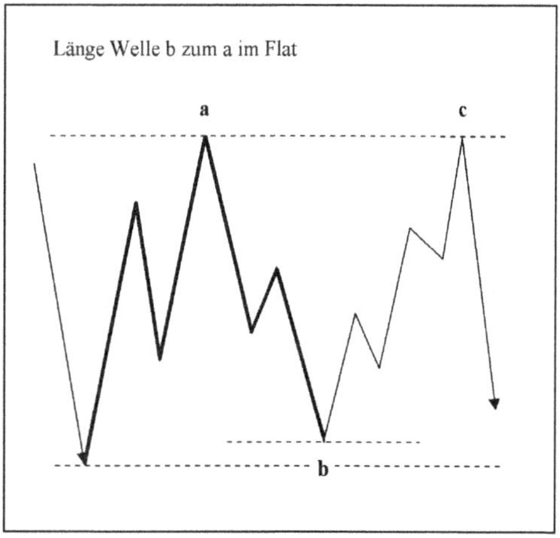

Abb. 3.39

5. Die Welle c muss ein Impuls oder ein Ending Diagonal Triangle (EDT) sein.

Welle c als Impuls im Flat

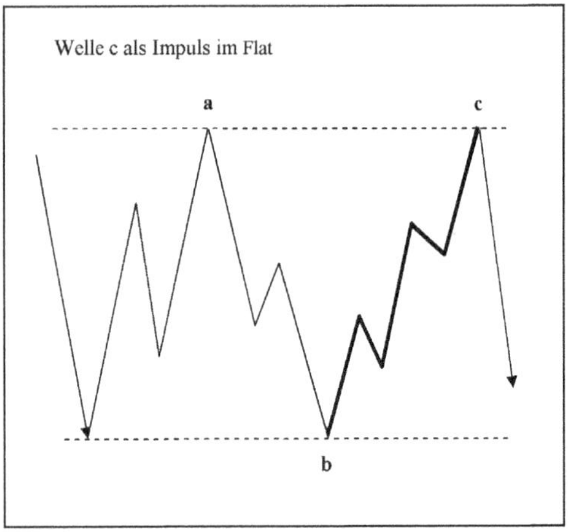

Abb. 3.40

Welle c als EDT im Flat

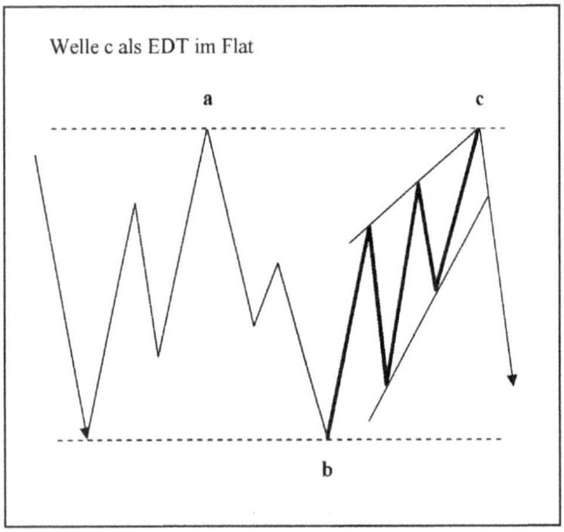

Abb. 3.41

6. Die Welle c muss aus preislicher Sicht mindestens 61,8 % der Welle a betragen.

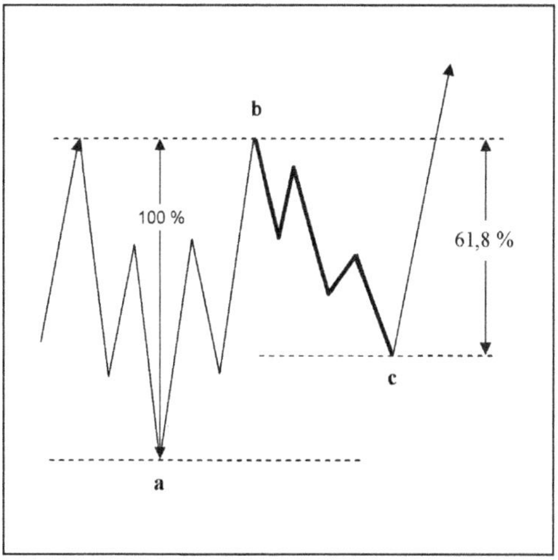

Abb. 3.42

7. Die Welle c wird nicht länger als 261,8 % der Welle a.

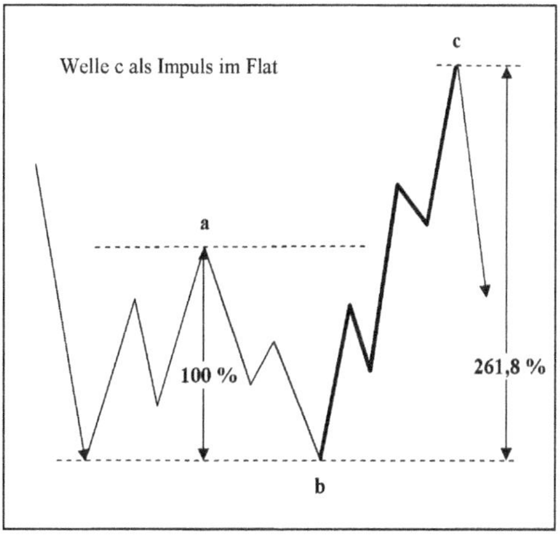

Abb. 3.43

Visuelle Darstellung: Richtlinien zu dem normalen Flat

1. Die Welle a ist häufig ein Zigzag, Double- oder Triple-Zigzag.

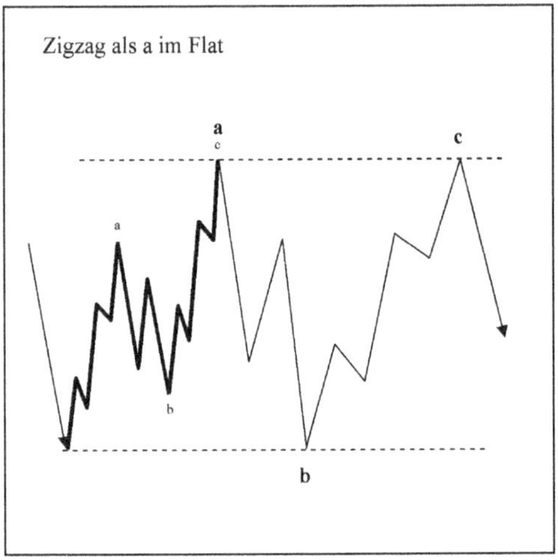

Abb. 3.44

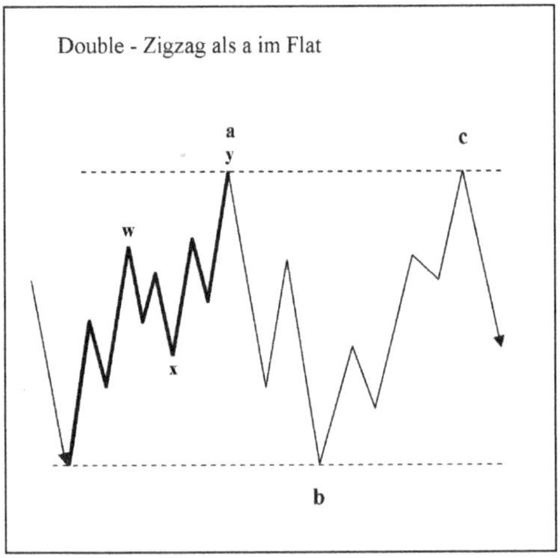

Abb. 3.45

2. Die Welle b korrigiert oft mindestens 61,8 % der Welle a, eher bis 100 %.

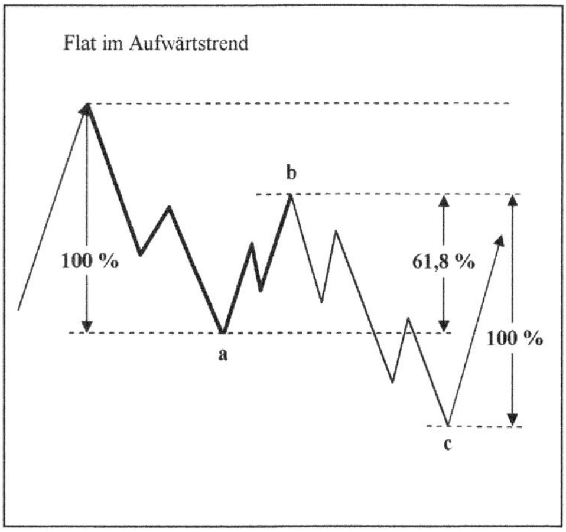

Abb. 3.46

3. Die Welle b ist eine Korrekturwelle und kann sich als Zigzag, Flat, Dreieck oder als Variation dieser Muster ausbilden.

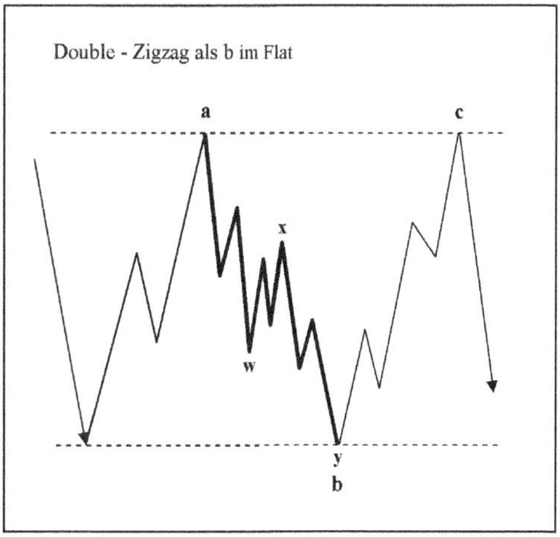

Abb. 3.47

4. Die Welle c und die Welle a sind häufig gleich lang, oft liegt der Endpunkt der Welle c am Endpunkt der Welle a.

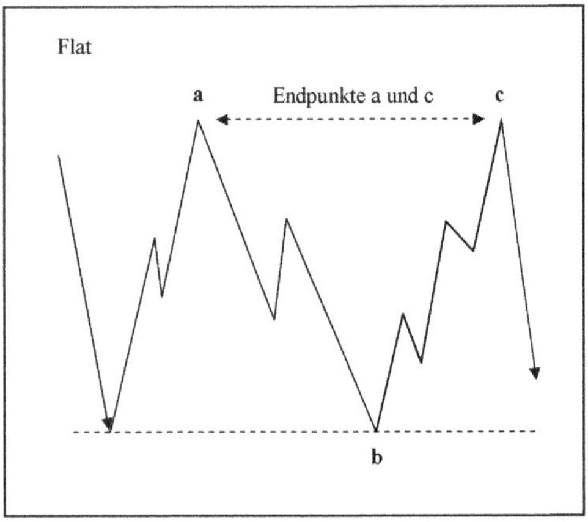

Abb. 3.48

5. Das Längenverhältnis zwischen Welle a und c beträgt häufig 61,8 % bis 100 % und sehr selten mehr als 161,8 % der Welle a.

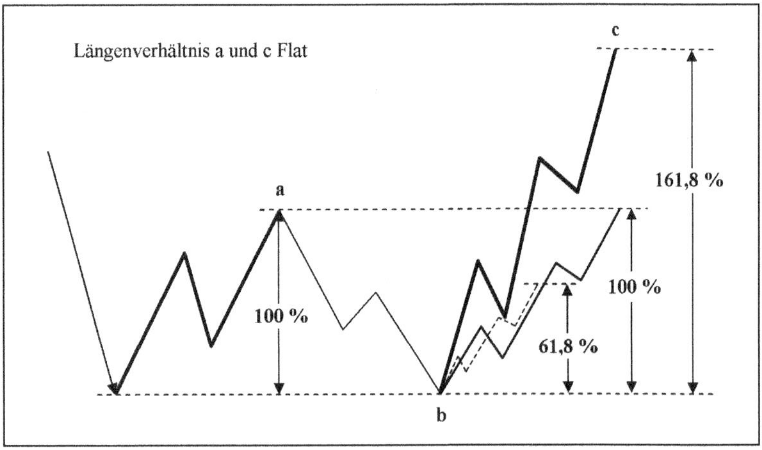

Abb. 3.49

6. Die Welle b ist zeitlich gesehen oft doppelt so lang wie Welle a.

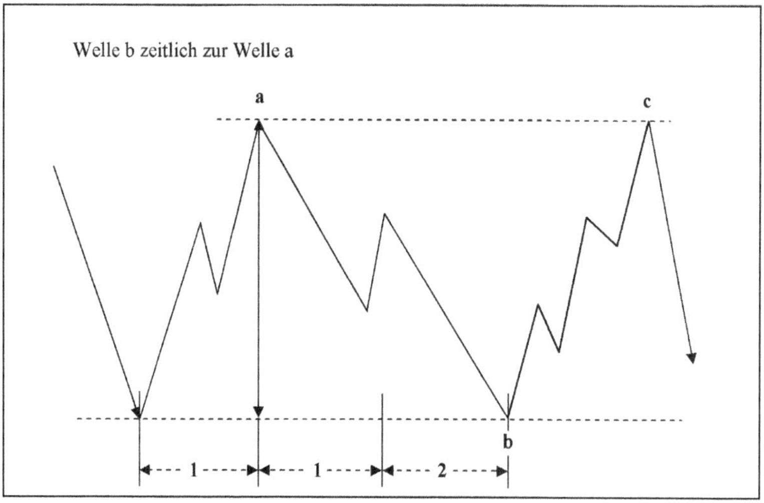

Abb. 3.50

7. Entsteht eine komplexe Welle a, so ist davon auszugehen, dass sich Welle b und c zusammen zeitlich wie Welle a ausbilden.

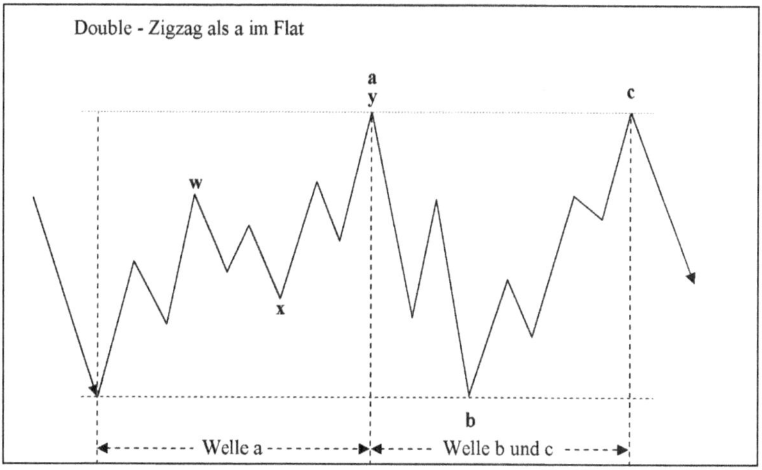

Abb. 3.51

8. Das Flat kann selber als Korrekturmuster stehen, aber auch zusätzlich mit Standard-Formen wie z.B. ein zweites Flat, Zigzag oder Triangle kombiniert werden.

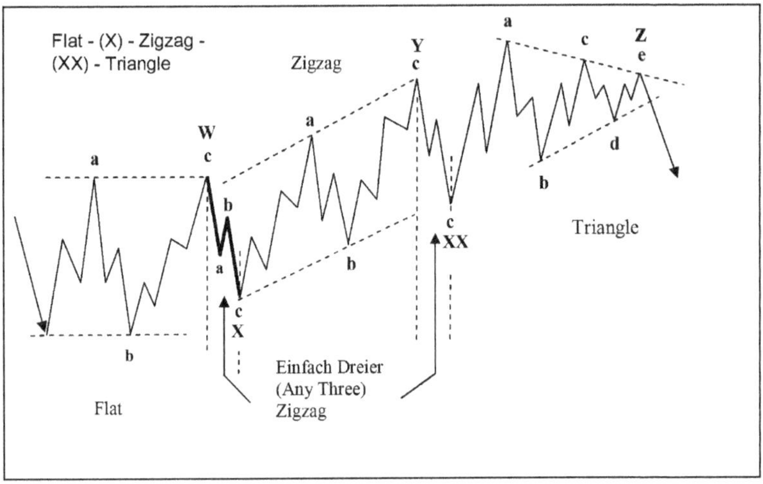

Abb. 3.52

3.5 Running Flat-Sonderformen – Beschreibung

Running Flat

Wenn die Welle b im Aufwärtstrend über das Ende der vorangegangenen Impulswelle (1 oder 3), somit über den Anfang der Welle a hinausläuft und Welle c deutlich oberhalb des Tiefs der Welle a schließt, dann spricht man vom Running Flat. Die Benennung Flat Formation trifft in diesem bestimmten Fall nicht unbedingt zu. Normale Flats korrigieren die vorangehende Impulswelle oftmals zu 38,2 % und können wie Zigzags Bestandteil gemischter Korrekturwellen sein. Bevor die Welle c sich nicht fünfgliedrig gestaltet, kann nicht eindeutig auf ein Flat geschlossen werden. Obwohl nach dem Beginn einer Korrektur durch eine dreigliedrige Welle a und einer folgenden dreigliedrigen Welle b nicht sicher ist, dass ein Flat entsteht. Ist also sehr spät im Verlauf der Korrekturwelle zu erkennen.

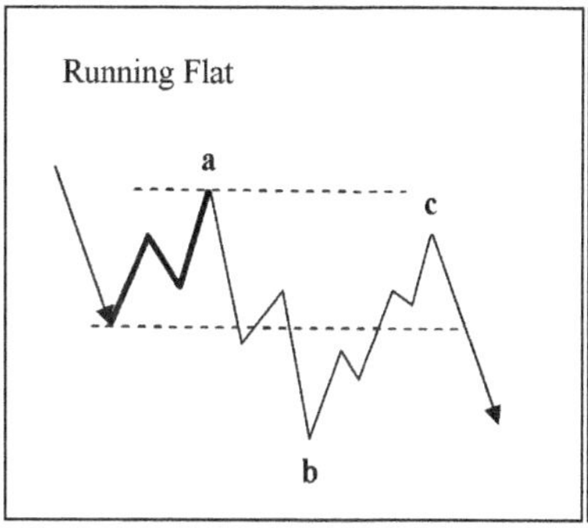

Abb. 3.53

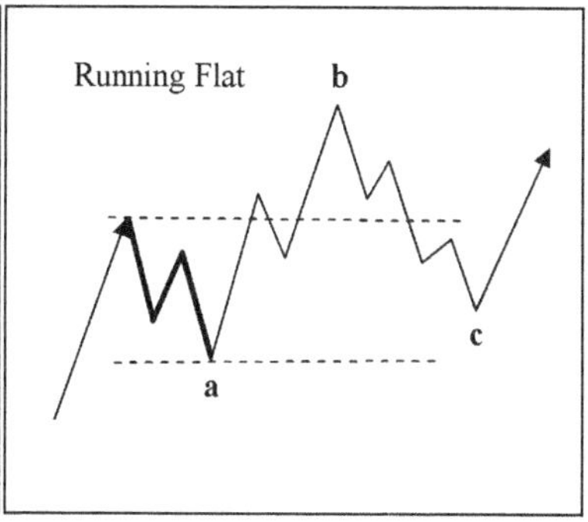

Abb. 3.54

Das Korrekturmuster Flat Running Correction kommt seltener vor und weist auf eine außergewöhnliche Trendstärke hin. Diese Korrekturen nutzen viele Marktteilnehmer sofort als Kaufgelegenheit. Wie beim normalen Flat besteht die innere Struktur der drei Wellen ebenfalls aus 3-3-5. Die erste Welle a und die zweite Welle b sind dreigliedrig. Welle c ist fünfgliederig. Nachdem sich Welle a normal entwickelt, schießt die Welle b sozusagen über den Anfang von Welle a hinaus (mind. 101 % bis maximal 161,8 %, also über- bzw. unterschießend). Die Welle c beendet die Formation durch eine fünfwellige Bewegung und muss innerhalb der Kursspanne der Welle a enden. Die Welle c schafft es aber nicht, das Ende der Welle a zu überwinden.

Running Flat

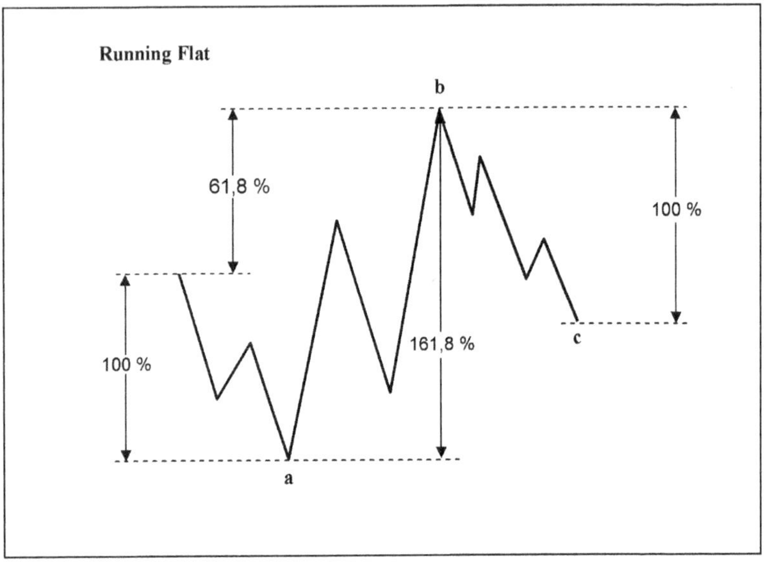

Abb. 3.55

Running Flat als Welle 2 mit überschießender b im Aufwärtstrend.

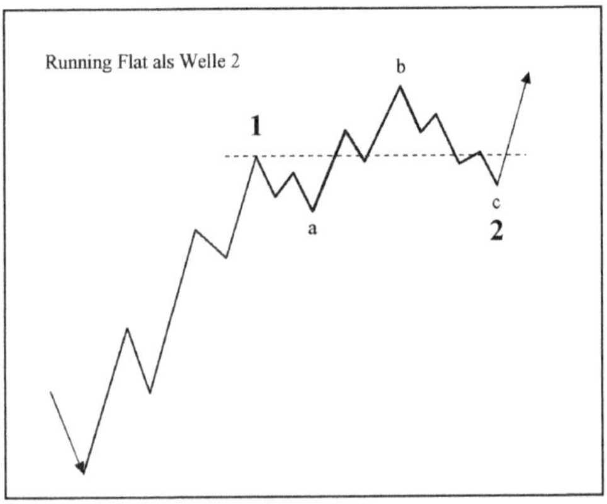

Abb. 3.56

3.6 Running Flat – Regeln und Richtlinien

Das dreiteilige Running Flat beinhaltet ebenfalls drei Wellen (a-b-c). Es existiert eine weitere Standardform mit der Bezeichnung Expanding Flat.

1. Die Welle a muss ein beliebiges Korrekturmuster aufweisen, außer einem Triangle.
2. Die Welle b muss ein beliebiges Korrekturmuster aufweisen.
3. Die Welle b ist länger als die Welle a.
4. Die Welle c ist kleiner als die Welle b.
5. Die Welle c muss ein Impuls oder ein Ending Diagonal Triangle (EDT) sein.
6. Der Endpunkt der Welle c liegt in der Preisspanne der Welle a.

Richtlinien zu dem Running Flat:

1. Die Welle a ist häufig ein Zigzag, Double- oder Triple-Zigzag.
2. Die Welle b ist oft zeitlich gesehen ca. doppelt so lang wie Welle a.
3. Die Welle b ist eine Korrekturwelle und kann sich als Zigzag, Flat, Dreieck oder als Variation dieser Muster ausbilden.
4. Die Welle b korrigiert häufig 101 % bis 161,8 % der Welle a.
5. Die Welle c erreicht häufig mindestens 61,8 % bis 100 % der Welle a.
6. Entsteht eine komplexe Welle a, so ist davon auszugehen, dass sich Welle b und c zusammen zeitlich wie Welle a ausbilden.
7. Das Running Flat steht hauptsächlich selber als Korrekturmuster, wird aber (sehr selten) zusätzlich mit Standard-Formen wie ein zweites Flat, Zigzag oder Triangle kombiniert auftreten.

Ein Running Flat tritt in folgenden Wellen auf:

Impuls:	Welle 2 und 4
EDT:	Welle 2 und 4
LDT:	Welle 2 und 4
Zigzag:	Welle b
Flat:	Welle a und b
Triangle:	Jede beliebige Welle
Doppel Zigzag:	Welle X
Triple Zigzag:	Welle X und X2
Doppel Flat:	Jede beliebige Welle
Doppel Three:	Jede beliebige Welle (Alternationen beachten)
Triple Three:	Jede beliebige Welle (Alternationen beachten)

Abb. 3.57

Innere Struktur:

Bei einem einfachen Running Flat besteht die innere Struktur aus 3 Wellen (a, b, c) 3-3-5.

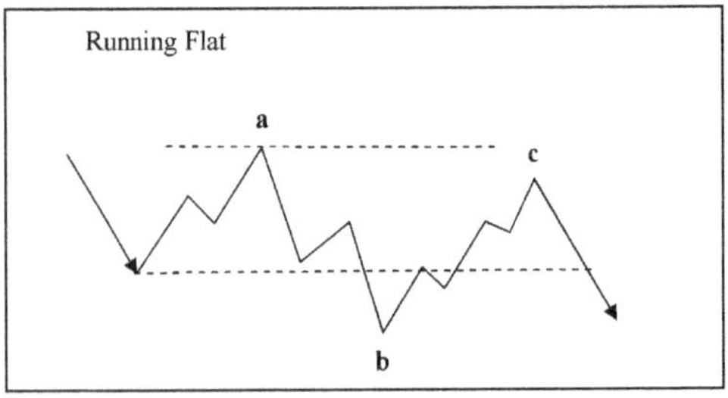

Abb. 3.58

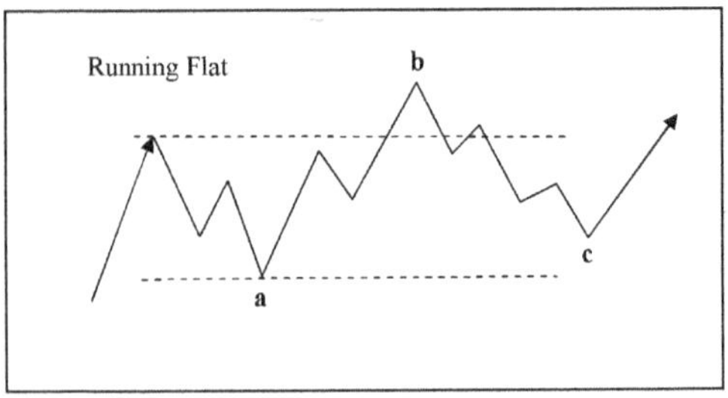

Abb. 3.59

Running Flat als Welle 2 mit überschießender b im Aufwärtstrend.

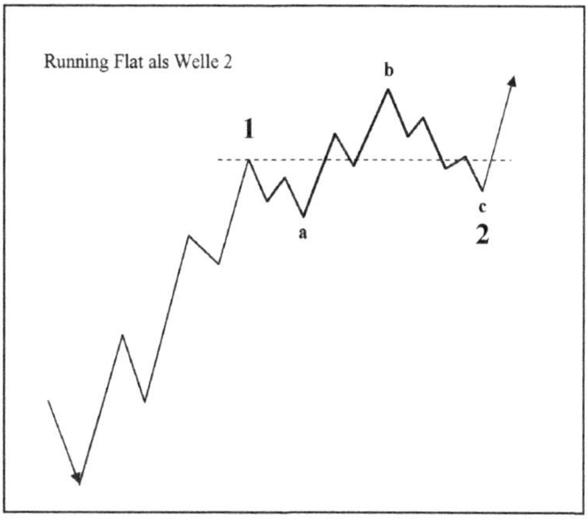

Abb. 3.60

Visuelle Darstellung:

Regeln zu dem Running Flat

1. Die Welle a muss ein beliebiges Korrekturmuster aufweisen, außer einem Triangle.

Flat als a im Running Flat

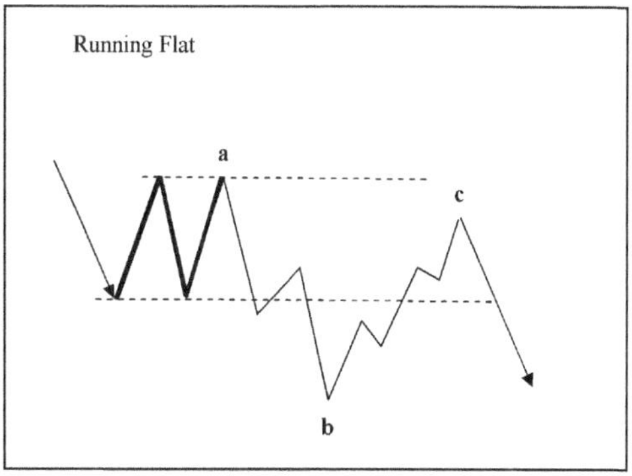

Abb. 3.61

Zigzag als a im Running Flat

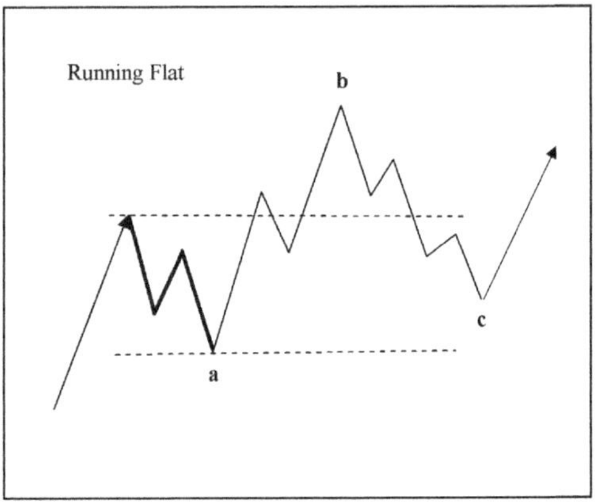

Abb. 3.62

2. Die Welle b muss ein beliebiges Korrekturmuster aufweisen.

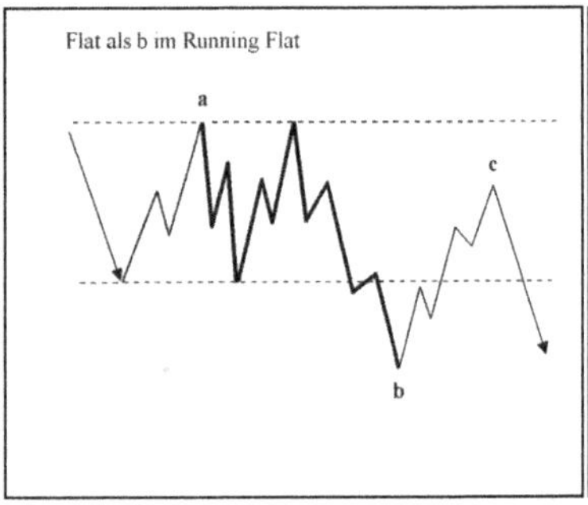

Abb. 3.63

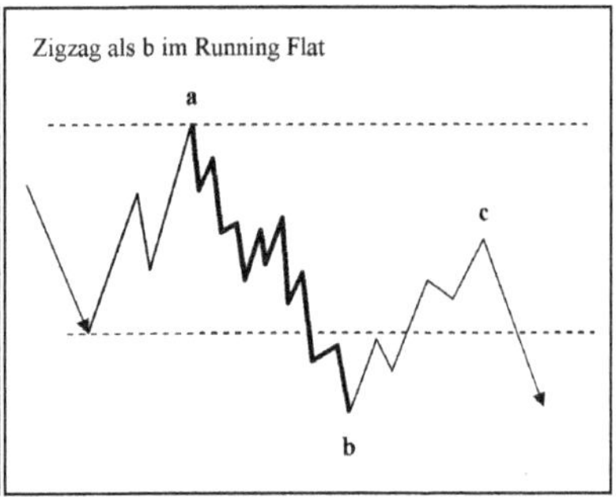

Abb. 3.64

3. Die Welle b ist länger als die Welle a.

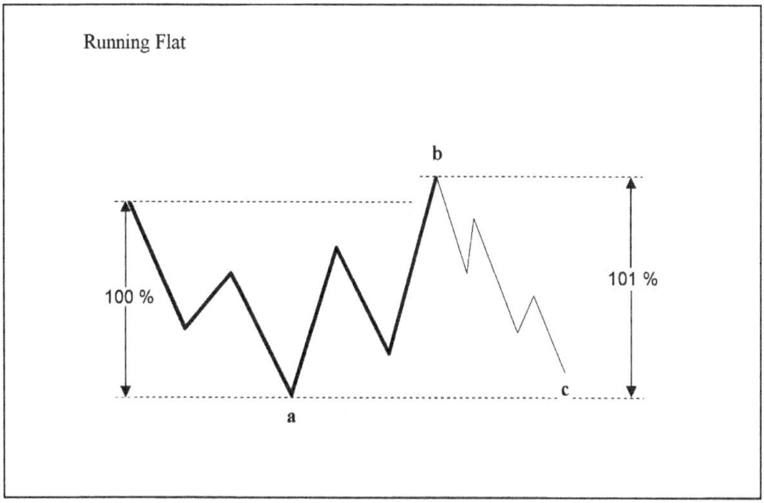

Abb. 3.65

4. Die Welle c ist kleiner als die Welle b.

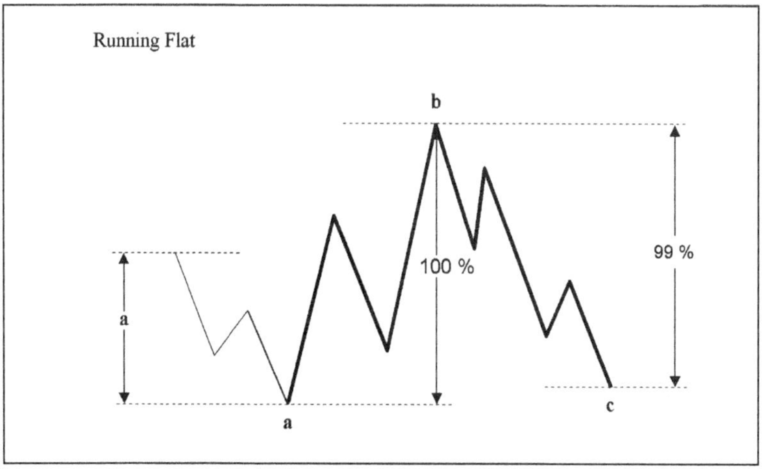

Abb. 3.66

5. Die Welle c muss ein Impuls oder ein Ending Diagonal Triangle (EDT) sein.

Running Flat: Welle c als Impuls.

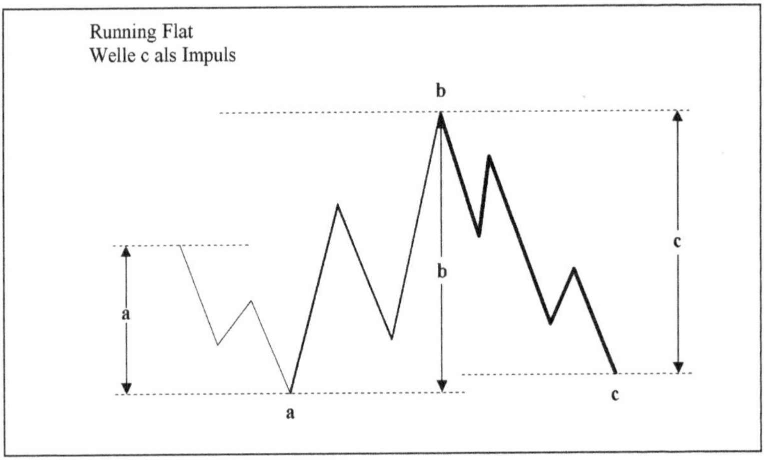

Abb. 3.67

Running Flat: Welle c als Ending Diagonal Triangle EDT.

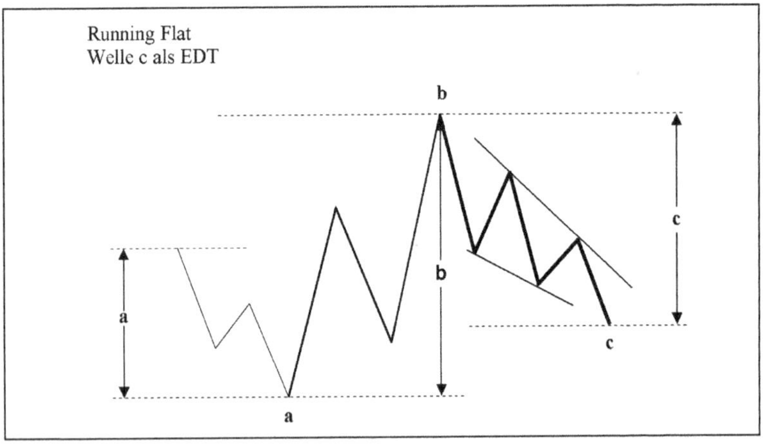

Abb. 3.68

6. Der Endpunkt der Welle c liegt in der Preisspanne der Welle a.

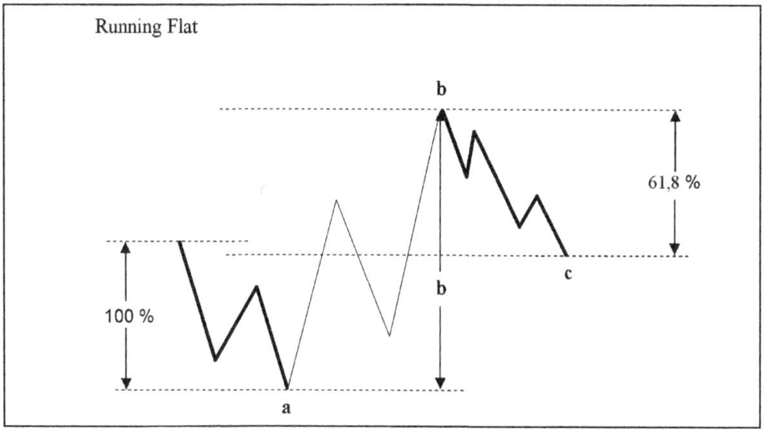

Abb. 3.69

Visuelle Darstellung:

Richtlinien zu dem Running Flat

1. Die Welle a ist häufig ein Zigzag, Double- oder Triple-Zigzag.

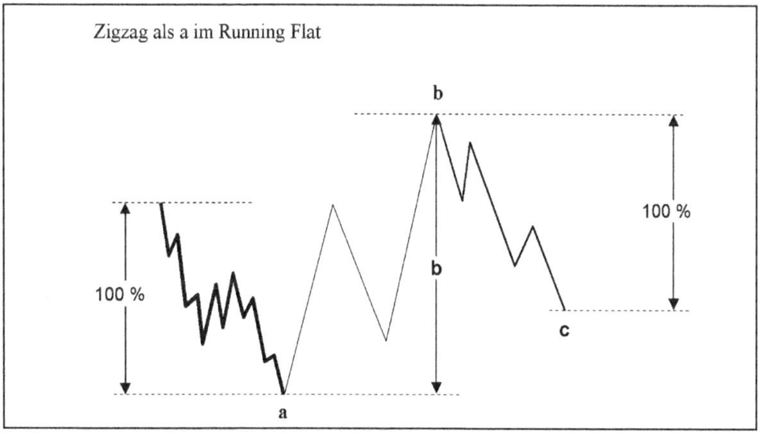

Abb. 3.70

2. Die Welle b ist oft zeitlich gesehen ca. doppelt so lang wie Welle a.

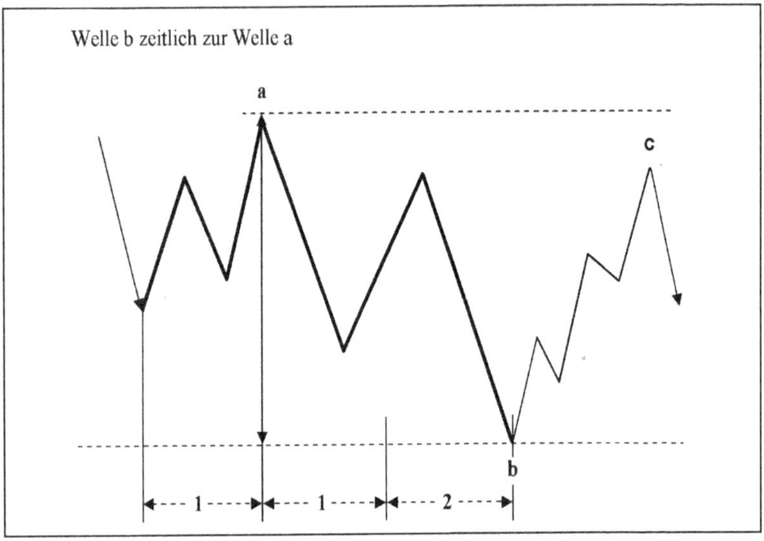

Abb. 3.71

3. Die Welle b ist eine Korrekturwelle und kann sich als Zigzag, Flat, Dreieck oder als Variation dieser Muster ausbilden.

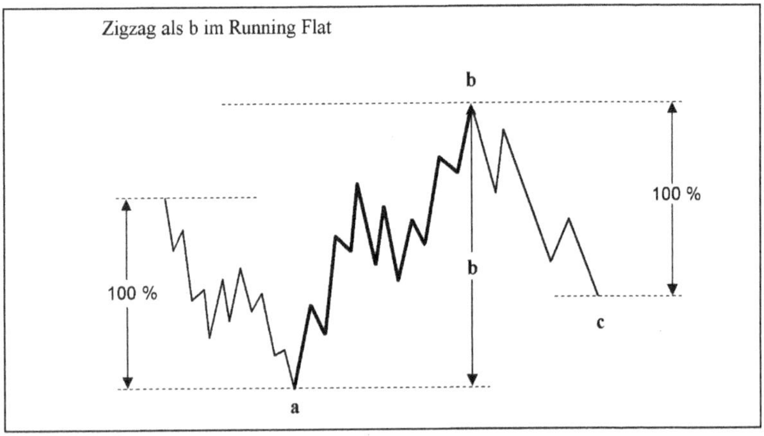

Abb. 3.72

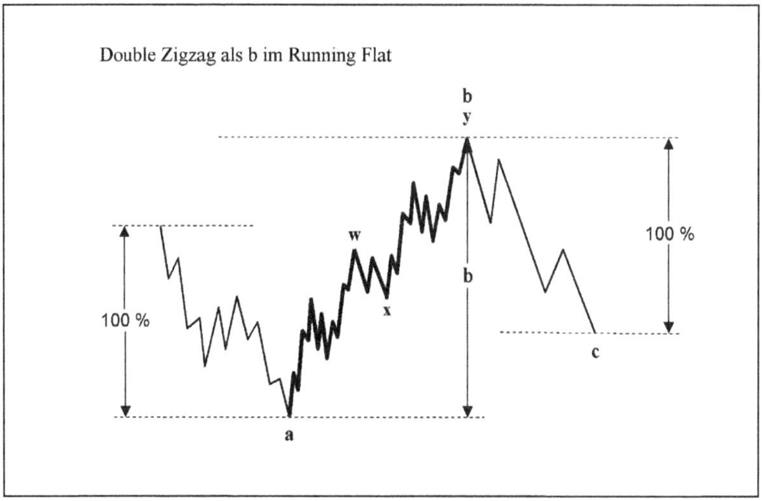

Abb. 3.73

4. Die Welle b korrigiert häufig 101 % bis 161,8 % der Welle a.

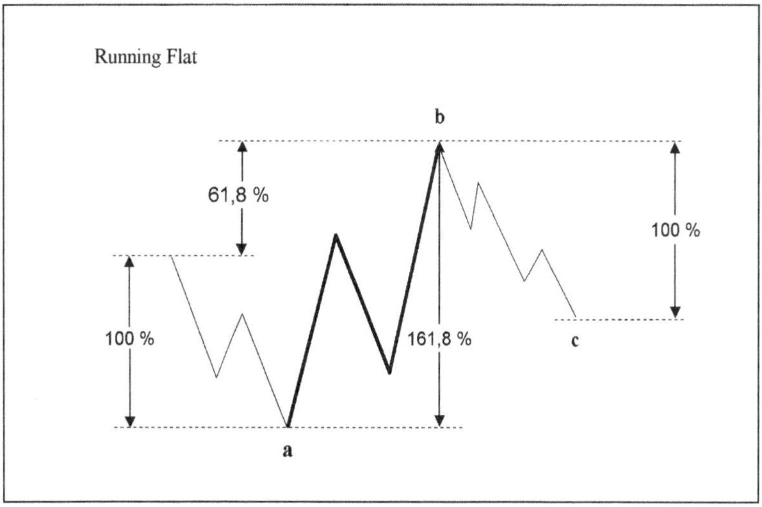

Abb. 3.74

5. Die Welle c erreicht häufig mindestens 61,8 % bis 100 % der Welle a

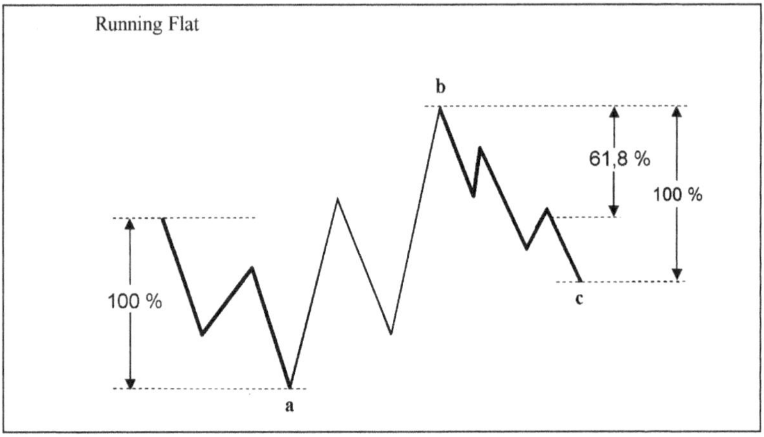

Abb. 3.75

6. Entsteht eine komplexe Welle a, so ist davon auszugehen, dass sich Welle b und c zusammen zeitlich wie Welle a ausbilden.

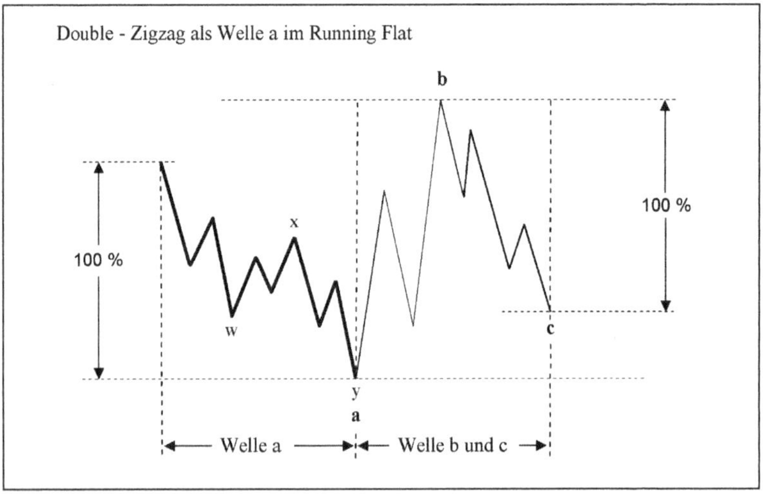

Abb. 3.76

7. Das Running Flat steht hauptsächlich selber als Korrekturmuster, wird aber (sehr selten) zusätzlich mit Standard-Formen wie ein zweites Flat, Zigzag oder Triangle kombiniert auftreten.

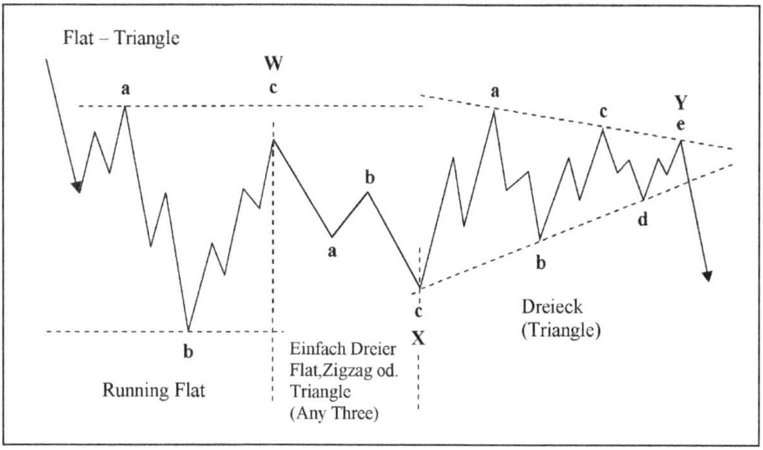

Abb. 3.77

Running Flat extrem (sehr selten) (Beschreibung)

Wie beim normalen Flat besteht die innere Struktur der drei Wellen ebenfalls aus 3-3-5. Die erste Welle a und die zweite Welle b sind dreigliedrig. Welle c ist fünfgliedrig. Nachdem sich Welle a normal entwickelt, schießt die Welle b sozusagen über den Anfang von Welle a hinaus (mind. 101 % bis maximal 161,8 %, also über- bzw. unterschießend, je nach Trendrichtung). Die Welle c beendet die Formation durch eine fünfwellige Bewegung und müsste außerhalb der Kursspanne der Welle a enden. Die Welle c schafft es beim Running Flat extrem aber nicht, in den Kursbereich der Welle a zurückzukommen und weist auf einen sehr starken vorherrschenden Trend hin.

Der Endpunkt der Welle b und Welle c liegt nicht in der Preisspanne der Welle a.

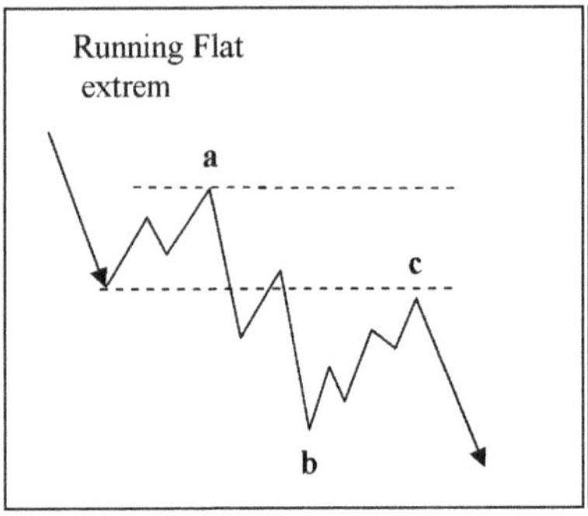

Abb. 3.78

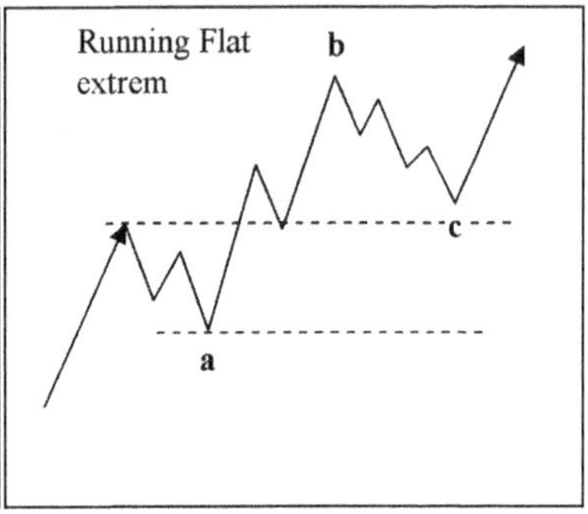

Abb. 3.79

Running Flat extrem

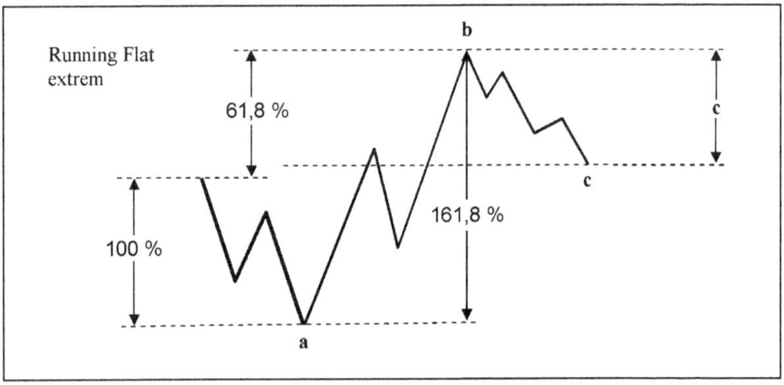

Abb. 3.80

Expanding Flat (Beschreibung)

Das Korrekturmuster Expanding Flat (Flat Irregular Correction - Expanding, unregelmäßige Flach-Korrektur) wird aufgrund seines Verlaufsmusters als ungewöhnliches Flat angesehen. Obwohl diese Flat-Formation in ihrer inneren Struktur ebenfalls aus 3,3,5 besteht, entwickelt sie sich doch entgegengesetzt zum Running Flat. Diese vorher nicht vermutete Kraft, die sich in der Welle c entfaltet, bewirkt, dass sich diese Energie nicht nur bis zum Ende der Welle a, sondern sich weit darüber hinaus auswirkt.

Die Ausdehnung (Extension) einer Welle c bestätigt die Annahme, dass man sich in einem Expanding Flat befindet. Nachdem die Kurse der vorherigen 5 expandieren und ein orthodoxes Hoch (Aufwärtstrend) ausbilden und sich die anschließende Welle a normal ausbildet, treibt die Welle b die Kurse bis auf ein ungewöhnliches ebenfalls (orthodoxes) Hoch (mind. 101 % der a, aber ideal nicht mehr als 161,8 % der a, das heißt über- bzw. unterschießend!). Die Welle c expandiert danach in die entgegengesetzte Richtung. Elliott begründete diese Erscheinung damit, dass eine Bewegung niemals mit nur einer Ausdehnung zu Ende geht, sondern mindestens eine weitere Ausdehnung folgt. Durch den sich erschöpfenden Kaufdruck wird dann der Markt verletzlich.

Die Richtungsaussagen gelten im Bärenmarkt natürlich vice versa.

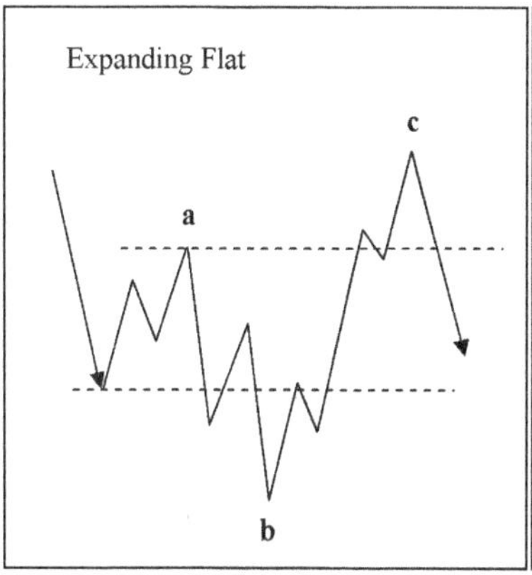

Abb. 3.81

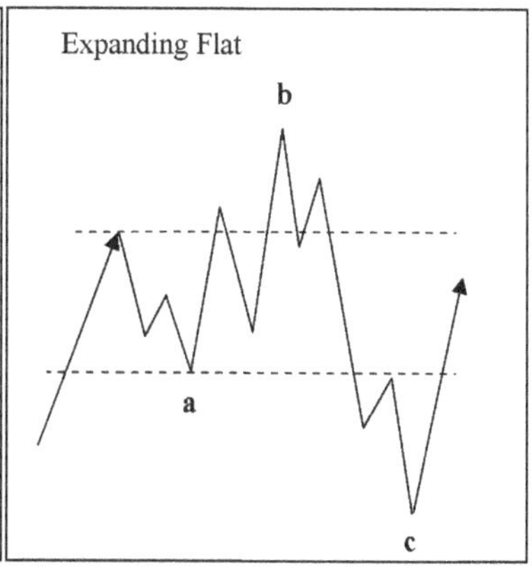

Abb. 3.82

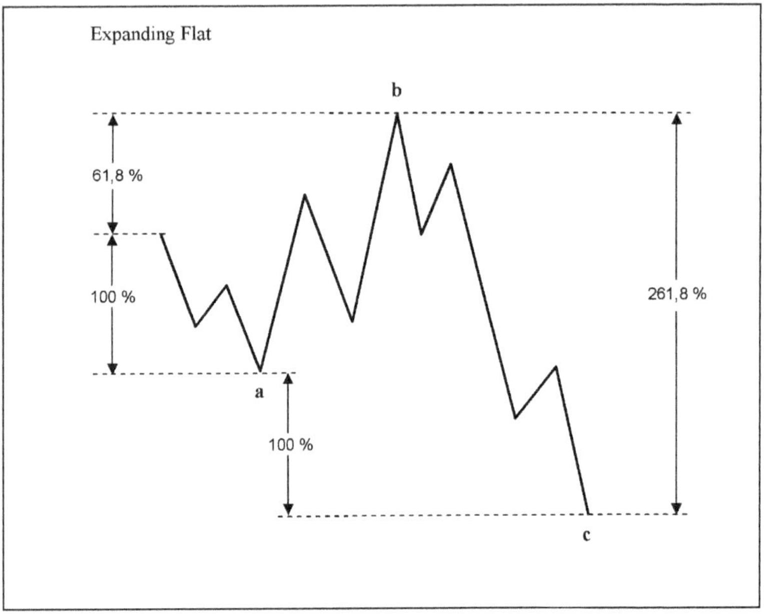

Abb. 3.83

Expanding Flat (Flat Irregular Correction)

Regeln zu dem Expanding Flat:

Das dreiteilige Expanding Flat beinhaltet ebenfalls drei Wellen (a-b-c). Es existiert eine weitere Standardform mit der Bezeichnung Running Flat.

1. Die Welle a muss ein beliebiges Korrekturmuster aufweisen, außer einem Triangle.
2. Die Welle b muss ein beliebiges Korrekturmuster aufweisen.
3. Die Welle b ist länger als die Welle a.
4. Die Welle c ist länger als die Welle b.
5. Die Welle c muss ein Impuls oder ein Ending Diagonal Triangle (EDT) sein.
6. Der Endpunkt der Welle b und c liegt nicht in der Preisspanne der Welle a.

Richtlinien zu dem Expanding Flat:

1. Die Welle a ist häufig ein Zigzag, Double- oder Triple-Zigzag.
2. Die Welle b ist oft zeitlich gesehen ca. doppelt so lang wie Welle a.
3. Die Welle b ist eine Korrekturwelle und kann sich als Zigzag, Flat, Dreieck oder als Variation dieser Muster ausbilden.
4. Die Welle b korrigiert häufig 101 % bis 161,8 % der Welle a.
5. Die Welle c erreicht häufig 161,8 % bis 261,8 % der Welle a.
6. Entsteht eine komplexe Welle a, so ist davon auszugehen, dass sich Welle b und c zusammen zeitlich wie Welle a ausbilden.
7. Das Expanding Flat steht hauptsächlich für sich selber als Korrekturmuster, wird aber (sehr selten) zusätzlich mit Standard-Formen wie ein zweites Flat, Zigzag oder Triangle kombiniert auftreten.

Ein Expanding Flat tritt in folgenden Wellen auf:

Impuls:	Welle 2 und 4
EDT:	Welle 2 und 4
LDT:	Welle 2 und 4
Zigzag:	Welle b
Flat:	Welle a und b
Triangle:	Jede beliebige Welle
Doppel - Zigzag:	Welle X
Triple - Zigzag:	Welle X und X2
Doppel - Flat:	Jede beliebige Welle
Doppel - Three:	Jede beliebige Welle (Alternationen beachten)
Triple - Three:	Jede beliebige Welle (Alternationen beachten)

Abb. 3.84

Innere Struktur:

Bei einem Irregular Flat besteht die innere Struktur aus 3 Wellen (a, b, c) 3-3-5.

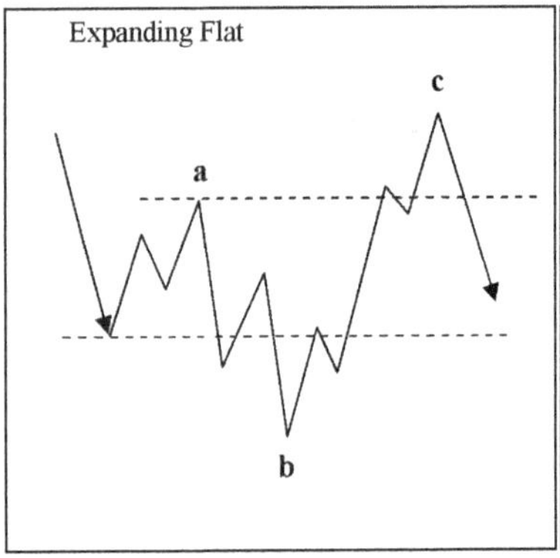

Abb. 3.85

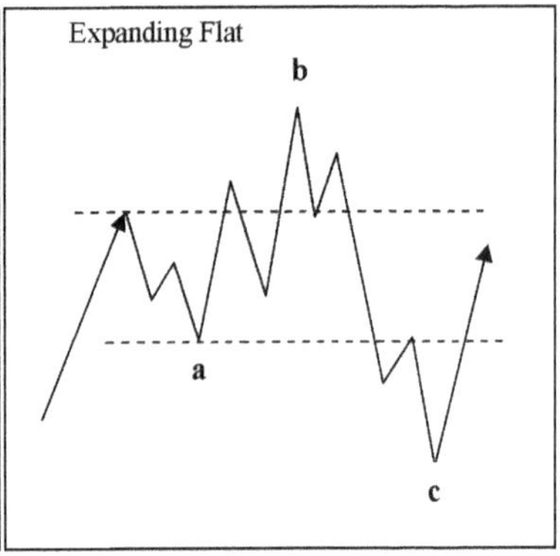

Abb. 3.86

Expanding Flat Welle c maximal z.B. 161.8 %.

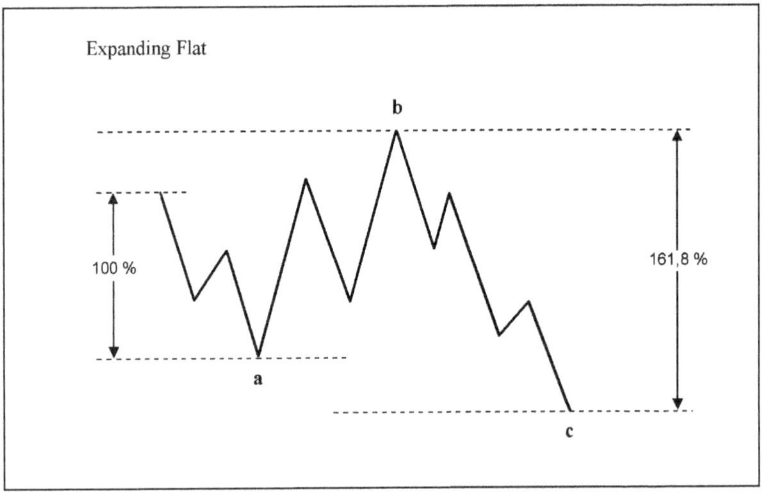

Abb. 3.87

Visuelle Darstellung:

Regeln zu dem Expanding Flat

1. Die Welle a muss ein beliebiges Korrekturmuster aufweisen, außer einem Triangle.

Flat als Welle a im Expanding Flat

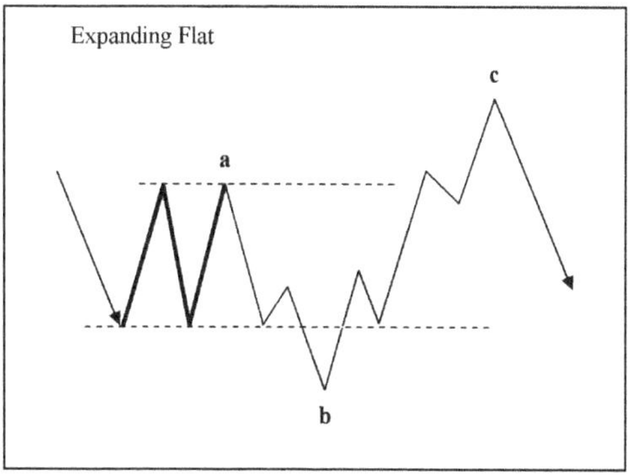

Abb. 3.88

Zigzag als Welle a im Expanding Flat

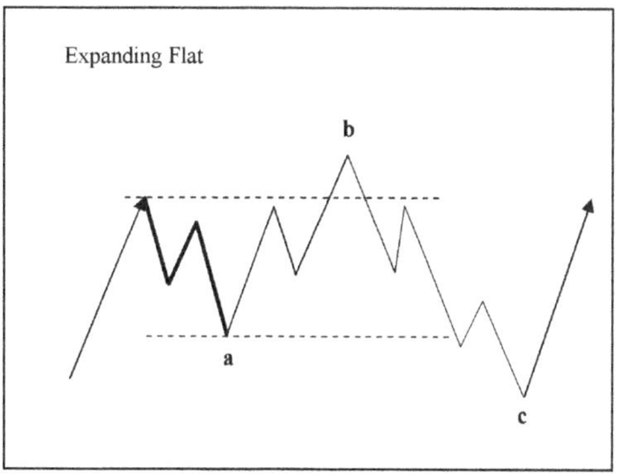

Abb. 3.89

2. Die Welle b muss ein beliebiges Korrekturmuster aufweisen.
Flat als Welle b im Expanding Flat.

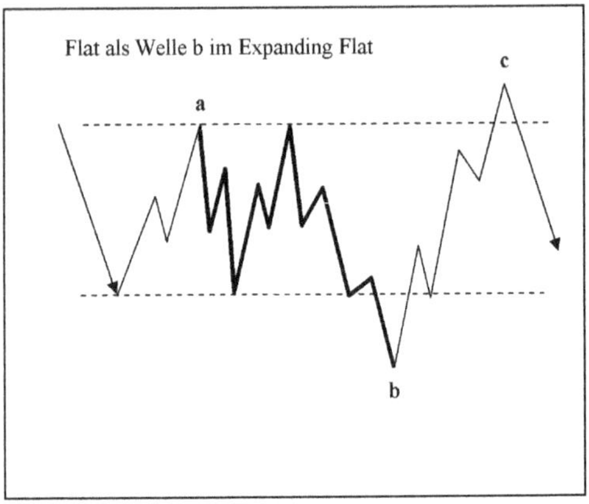

Abb. 3.90

Zigzag als Welle b im Expanding Flat

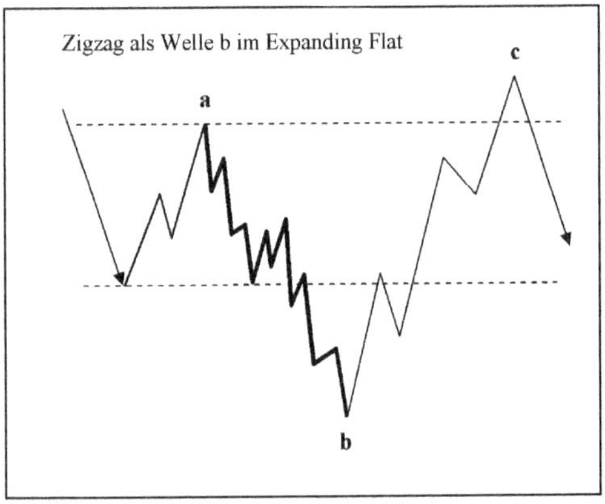

Abb. 3.91

3. Die Welle b ist länger als die Welle a.

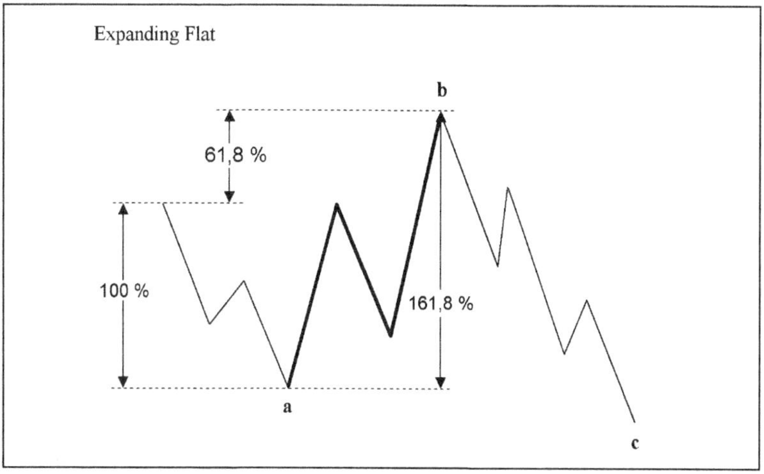

Abb. 3.92

Die Welle a muss im Irregular Flat mindestens 101 % von Welle b korrigiert werden.

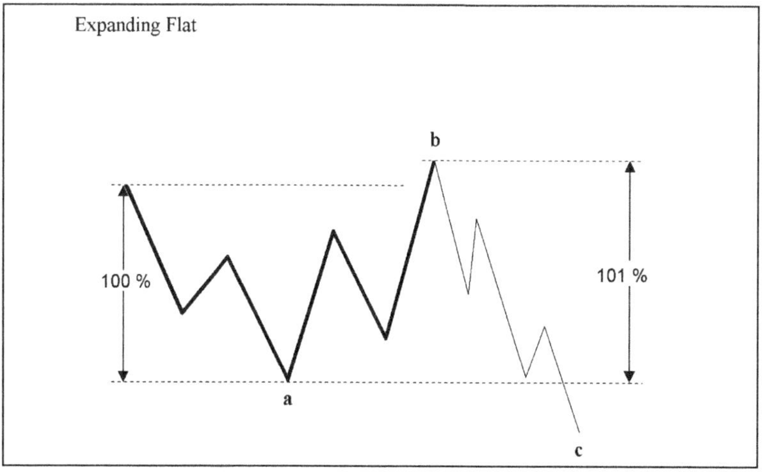

Abb. 3.93

4. Die Welle c ist länger als die Welle b.

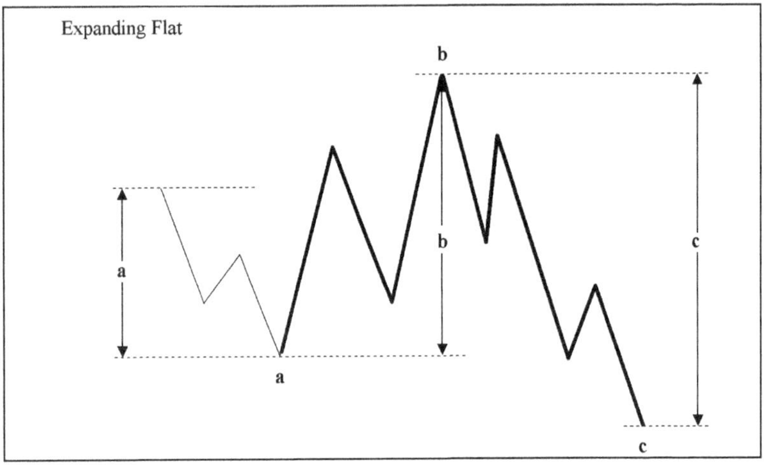

Abb. 3.94

5. Die Welle c muss ein Impuls oder ein Ending Diagonal Triangle (EDT) sein.

Welle c als Ending Diagonal Triangle EDT.

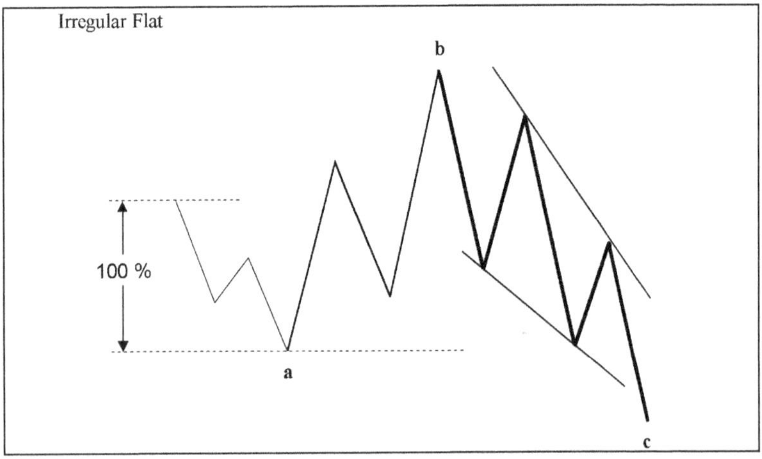

Abb. 3.95

Welle c als Impuls

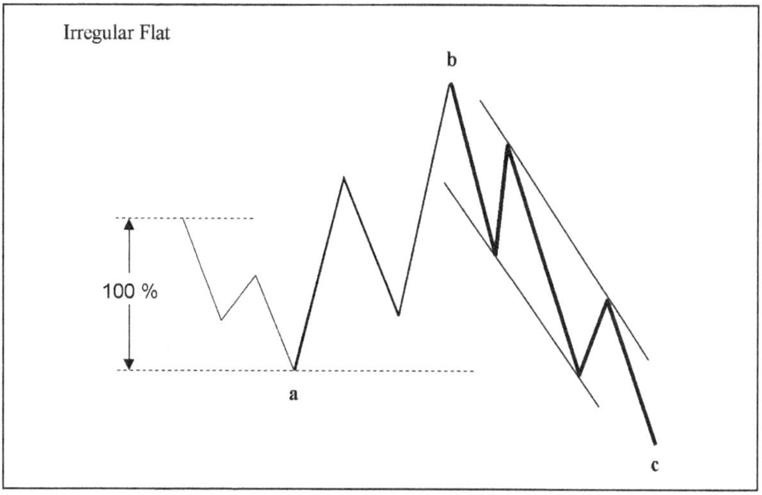

Abb. 3.96

6. Der Endpunkt der Wellen b und c liegt nicht in der Preisspanne der Welle a.

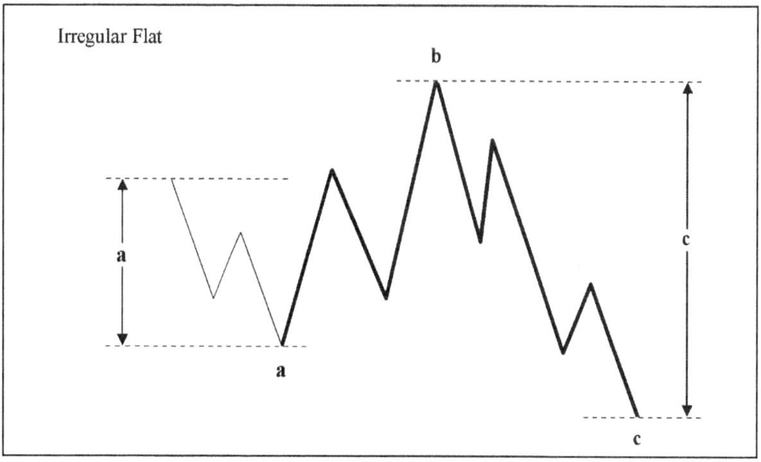

Abb. 3.97

Visuelle Darstellung: Richtlinien zu dem Expanding Flat

1. Die Welle a ist häufig ein Zigzag, Double- oder Triple-Zigzag.
2. Die Welle b ist oft zeitlich gesehen ca. doppelt so lang wie Welle a.

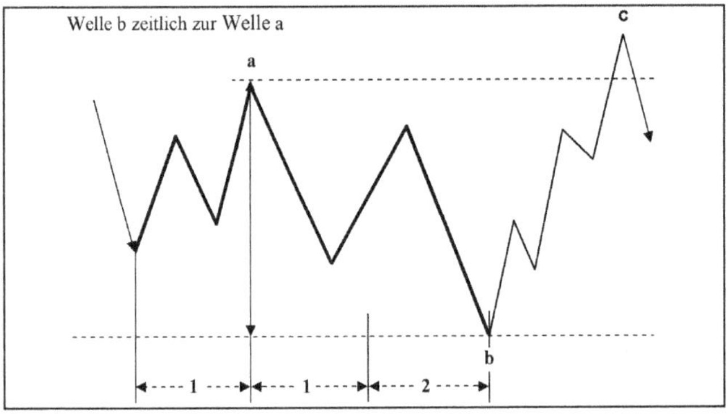

Abb. 3.98

3. Die Welle b ist eine Korrekturwelle und kann sich als Zigzag, Flat, Dreieck oder als Variation dieser Muster ausbilden.
4. Die Welle b korrigiert häufig 101 % bis 161,8 % der Welle a.
5. Die Welle c erreicht häufig 161,8 % bis 261,8 % der Welle a.

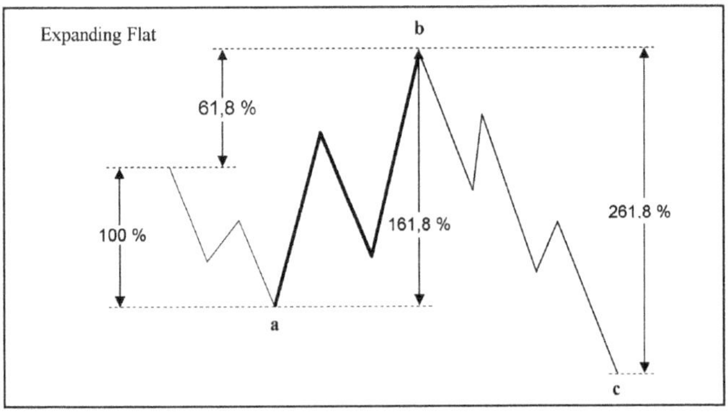

Abb. 3.99

6. Entsteht eine komplexe Welle a, so ist davon auszugehen, das sich Welle b und c zusammen, zeitlich wie Welle a ausbilden.

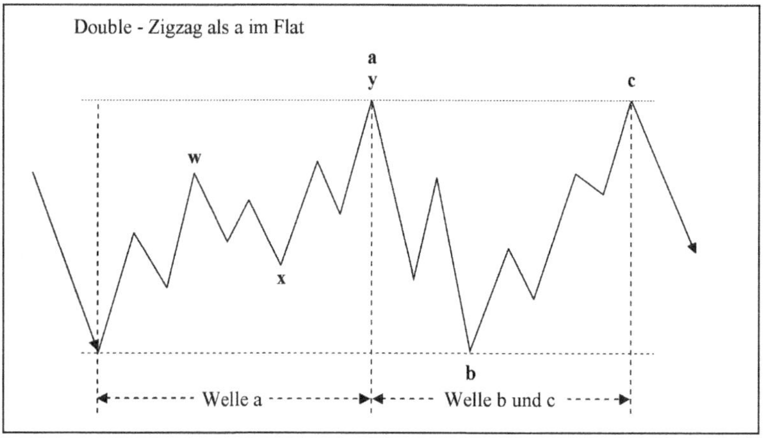

Abb. 3.100

7. Das Expanding Flat steht hauptsächlich für sich selber als Korrekturmuster, wird aber (sehr selten) zusätzlich mit Standart-Formen wie ein zweites Flat, Zigzag oder Triangle kombiniert auftreten.

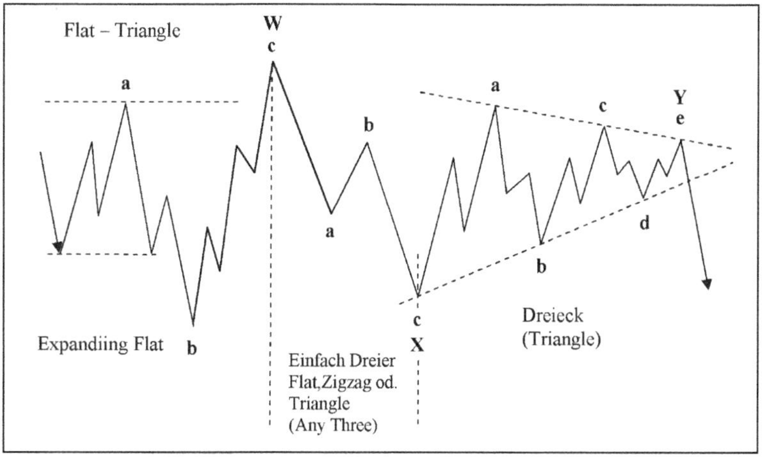

Abb. 3.101

3.7 Contracting Triangle – Beschreibung

Contracting Triangle (symmetrisches, steigendes oder fallendes Dreieck)

Die Begrenzungslinien vom Korrekturmuster Contracting Triangle (symmetrisches Dreieck) können sich zusammenziehen oder aufweiten. Die am häufigsten vorkommende Form des Triangles ist das kontrahierende symmetrische Dreieck. Des Weiteren kann es ansteigen oder abfallen. Jede der 5 Wellen in einem konvergierenden Dreieck besteht aus Korrekturwellen. In einem Dreieck vervollständigen sich die Wellen b, c, d und e überwiegend innerhalb der Preisspanne der Welle a (Ausnahme ist das Running Triangle). Das Dreieck gibt gute Auskünfte über die aktuelle Lage und die zukünftige Kursentwicklung. Nach dem meist kräftigen Ausbruch der Kurse aus der fertig gestellten Formation kann ein Kursziel von bis zu 100 % der Welle a (Amplitude) in die erwartete bzw. Trendrichtung projektiert werden. Häufig entsteht vor einer letzten Impulswelle 5 oder c ein Triangle als Einzelformation. In einer Impulswelle erscheint ein symmetrisches Dreieck nur in einer Welle 4. Außerdem in einer Welle b, Welle X, Y, X2 oder in einer Welle Z eines Korrekturmusters.

Contracting Triangle Korrektur im Aufwärtstrend

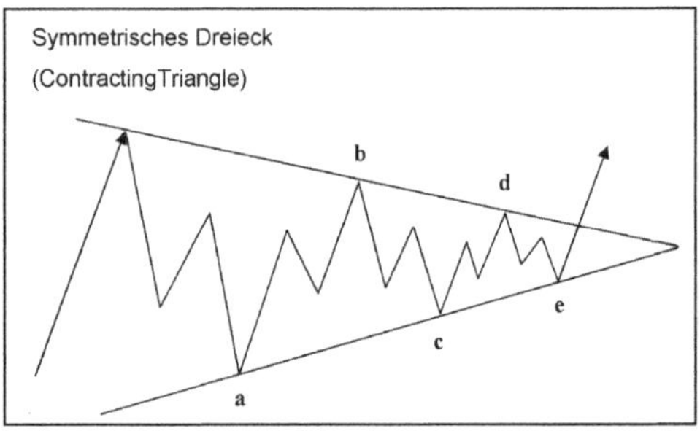

Abb. 3.102

Contracting Triangle Korrektur im Abwärtstrend

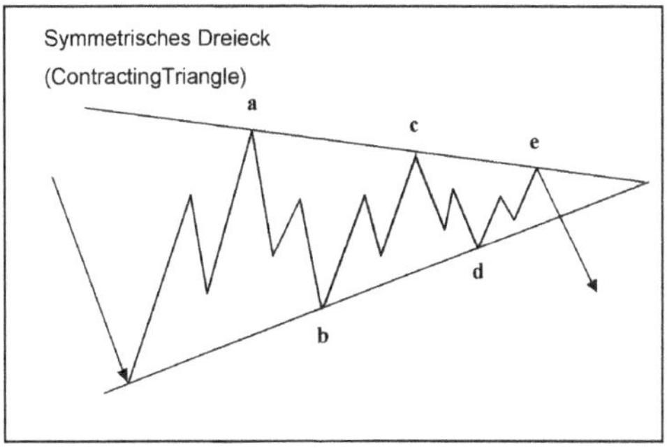

Abb. 3.103

3.8 Contracting Triangle – Regeln und Richtlinien

Regeln Contracting Triangle (CT):

1. Ein Dreieck besteht grundsätzlich aus 5 Korrekturwellen (a-b-c-d-e). Jede der ersten vier Wellen (a-b-c-d) darf aus jedem beliebigen Korrekturmuster bestehen, außer einem Triangle. Die letzte Welle (e) darf ebenfalls jedes beliebige Korrekturmuster annehmen, mit der Ausnahme, dass hier ein Triangle erlaubt ist.
2. Die Begrenzungslinien des Triangles entstehen durch die Endpunkte der Wellen a - c und b - d. Das Triangle bildet sich innerhalb dieser Begrenzungslinien. Eine Verletzung der Begrenzungslinien durch eine der Korrekturwellen sollte nicht mehr als 15 % der jeweiligen Welle betragen, maximal 100% der davorliegenden Welle erreichen. Der Schnittpunkt der Begrenzungslinien liegt außerhalb des Kursmusters.
3. Das Triangle bildet sich als symmetrisches, steigendes und als fallendes kontrahierendes Dreieck aus. Die Kursbewegung verläuft horizontal.
4. Die Welle b ist kleiner als die Welle a. Die Welle c ist kleiner als die Welle b. Die Welle d ist kleiner als die Welle c. Die Welle e ist die kleinste Welle.

5. Eine Welle korrigiert die davorliegende Welle um mindestens 50 %, darf aber maximal 99 % der Welle betragen.
6. Dreiecke kommen niemals in einer Welle a, W oder 2 vor.

Richtlinien Contracting Triangle (CT):

1. Die fünf Wellen a-b-c-d-e entwickeln sich häufig als Zigzag.
2. In einem symmetrischen, steigenden und fallenden Dreieck (Contracting Triangle) korrigiert die jeweils folgende, die vorherige Welle häufig mindestens 61,8 %.
3. Die interne Wellenstruktur sollte Alternationen aufweisen.
4. Die Entstehung eines Dreiecks kann frühestens in der Welle C erkannt werden, bis dorthin kann es sich immer noch um die Ausbildung eines Flats handeln.
5. Dreiecke bilden sich als eigenständige Korrekturformen, überwiegend in einer Welle 4. Außerdem bilden sie sich als Wellen b, X, Y, X2, Z aus und sind mit anderen Standard-Formen kombinierbar. In Kombinationen steht es aber nie an erster Stelle.
6. Als Vorläufer der letzten Impulswelle 5 oder c bildet sich sehr oft ein Triangle. Das Triangle deutet auf eine starke letzte Impulswelle (auch Thrust genannt) hin, oft erreicht die Ausbruchsbewegung die Länge der Welle a (Amplitude).
7. Das Triangle ist beendet, wenn die b - d Linie gebrochen ist.
8. Das Running Triangle ist die einzige außergewöhnliche Form des Triangles.
9. Das (symmetrische) Contracting Triangle tritt am häufigsten auf. Das Expanding Triangle äußerst selten.
10. Die Welle e muss mindestens 70 % der Welle d korrigieren. Schießt die Welle e über die a - c Linie hinaus, dann entwickelt sich ein sogenannter Throw over. Der Endpunkt der Welle c darf dabei nicht berührt werden. Die Welle e korrigiert die Welle d also niemals mehr als 99 %.

Interne Struktur:

Ein Triangle ist fünfwellig und die interne Struktur besteht aus 3-3-3-3-3. In seltenen Fällen bildet sich die Welle e ebenfalls als Dreieck.

Ein Triangle tritt in folgenden Wellen auf:

Dreiecke bilden sich als eigenständige Korrekturformen, überwiegend in einer Welle 4. Außerdem bilden sie sich als Wellen b, X, Y, X2 und Z aus. Sind mit anderen Standard-Formen kombinierbar. In Kombinationen steht es aber nie an erster Stelle. Dreiecke kommen niemals in einer Welle a, W oder 2 vor.

Impuls:	Welle 4
EDT:	Welle 4
LDT:	Welle 4
Zigzag:	Welle b
Flat:	Welle b
Triangle:	Welle e
Doppel - Zigzag:	X
Triple - Zigzag:	X (selten) und X2
Doppel - Flat:	Nur in Welle X
Doppel - Three:	X und Y
Triple - Three:	X (selten) und X2 und Z

Abb. 3.104

Visuelle Darstellung:

Regeln zu dem Contracting Triangle (CT)

1. Ein Dreieck besteht grundsätzlich aus 5 Korrekturwellen (a-b-c-d-e). Jede der ersten vier Wellen (a-b-c-d) darf aus jedem beliebigen Korrekturmuster bestehen, außer einem Triangle. Die letzte Welle (e) darf ebenfalls jedes beliebige Korrekturmuster annehmen, mit der Ausnahme, dass hier ein Triangle erlaubt ist.

Contracting Triangle - Korrektur im Aufwärtstrend

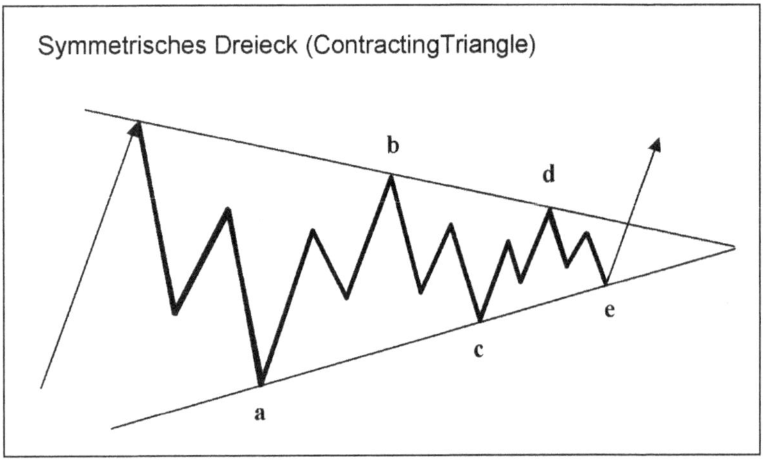

Abb. 3.104a

Contracting Triangle - Welle e als Contracting Triangle

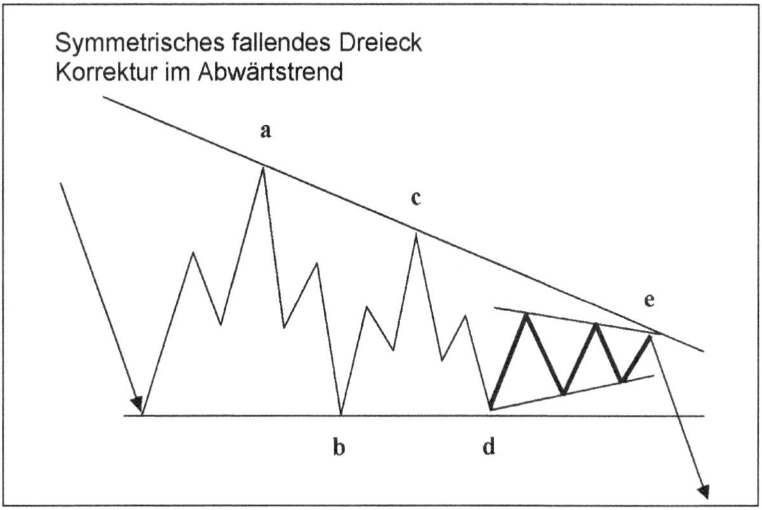

Abb. 3.105

2. Die Begrenzungslinien des Triangles entstehen durch die Endpunkte der Wellen a - c und b - d. Das Triangle bildet sich innerhalb dieser Begrenzungslinien. Eine Verletzung der Begrenzungslinien durch eine der Korrekturwellen sollte nicht mehr als 15 % der jeweiligen Welle betragen, maximal 100% der davorliegenden Welle erreichen. Der Schnittpunkt der Begrenzungslinien liegt außerhalb des Kursmusters.

Contracting Triangle: Begrenzungslinien und Schnittpunkt

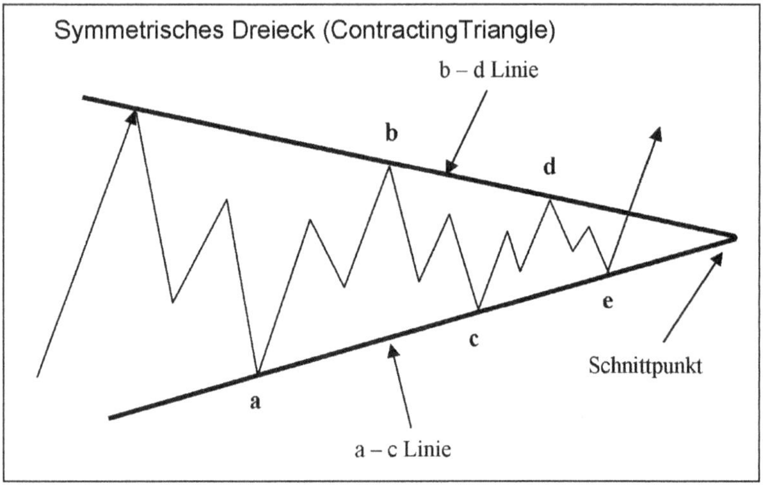

Abb. 3.105a

Contracting Triangle: Verletzung der Begrenzungslinien

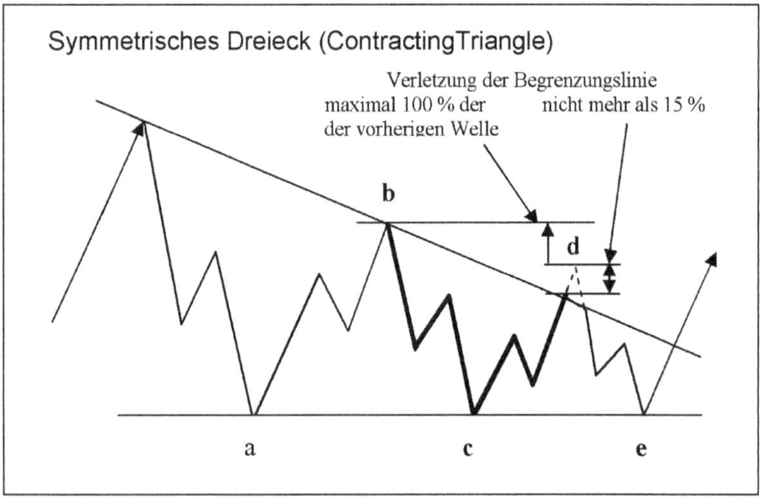

Abb. 3.106

3. Das Triangle bildet sich als symmetrisches, steigendes und als fallendes kontrahierendes Dreieck aus. Die Kursbewegung verläuft horizontal.

Symmetrisches Dreieck

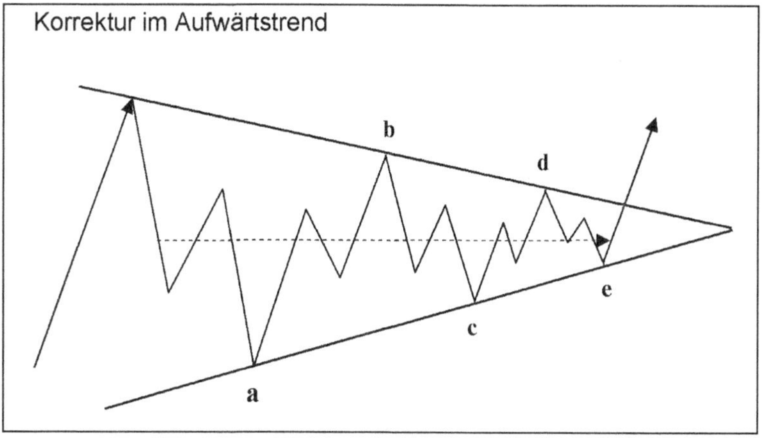

Abb. 3.107

Steigendes Dreieck

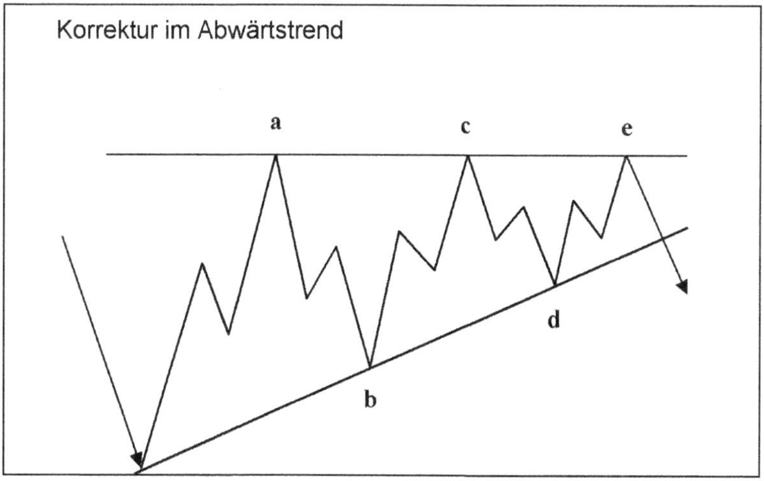

Abb. 3.108

Fallendes Dreieck

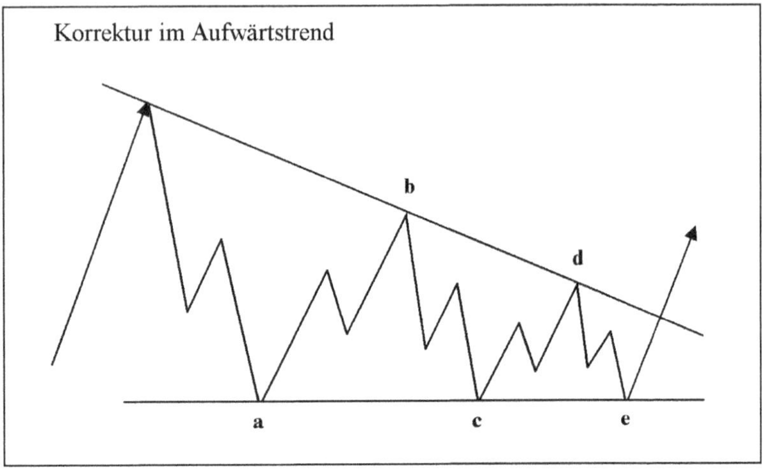

Abb. 3.109

4. Die Welle b ist kleiner als die Welle a. Die Welle c ist kleiner als die Welle b. Die Welle d ist kleiner als die Welle c. Die Welle e ist die kleinste Welle.

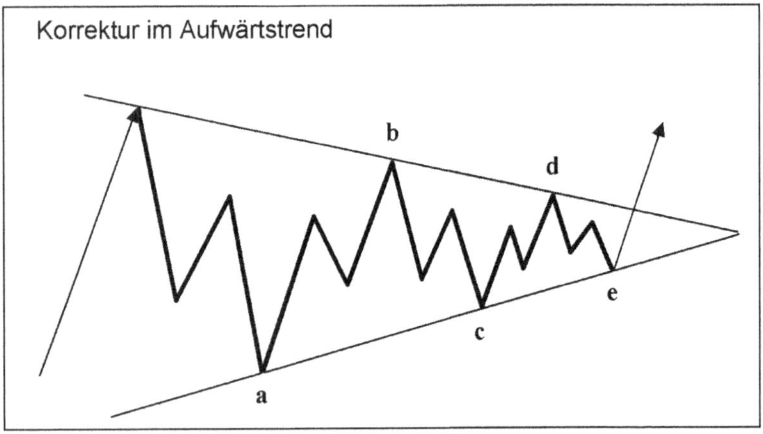

Abb. 3.110

5. Eine Welle e korrigiert die davorliegende Welle um mindestens 50 %, darf aber maximal 99 % der Welle d betragen.
6. Dreiecke kommen niemals in einer Welle a, W oder 2 vor.

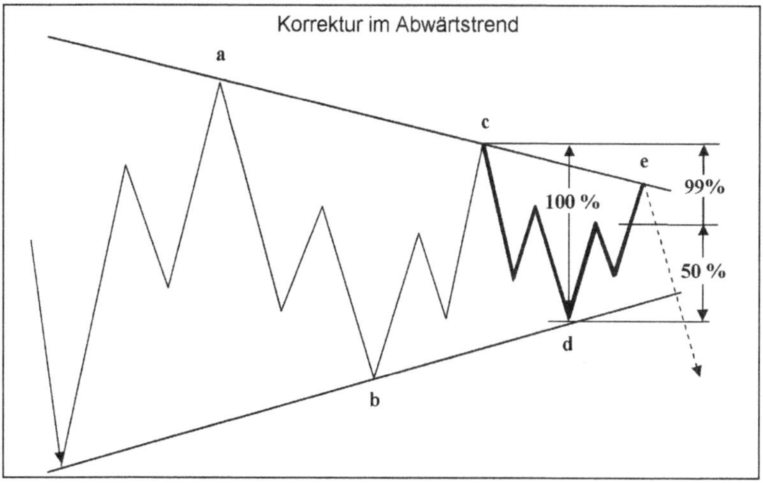

Abb. 3.111

Visuelle Darstellung: Richtlinien zu dem Contracting Triangle (CT)

1. Die fünf Wellen a-b-c-d-e entwickeln sich häufig als Zigzag.

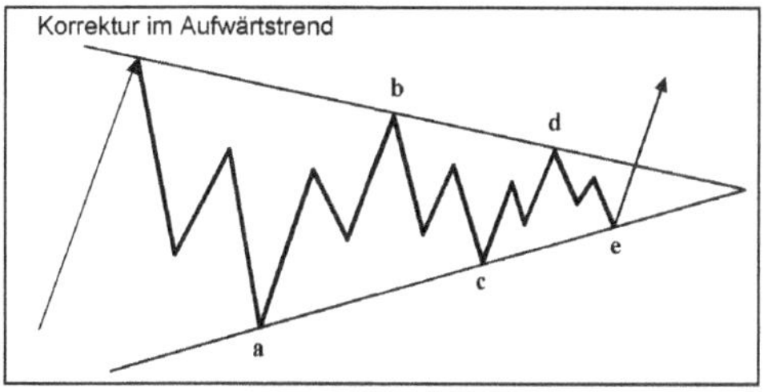

Abb. 3.112

2. In einem symmetrischen, steigenden und fallenden Dreieck (Contracting Triangle) korrigiert die jeweils folgende die vorherige Welle häufig mindestens 61,8 %.

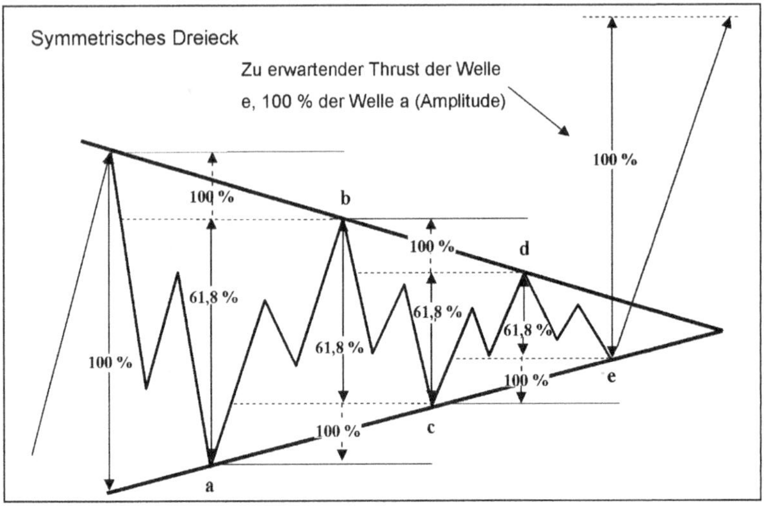

Abb. 3.113

3. Die interne Wellenstruktur sollte Alternationen aufweisen.
4. Die Entstehung eines Dreiecks kann frühestens in der Welle C erkannt werden, bis dorthin kann es sich immer noch um die Ausbildung eines Flats handeln.

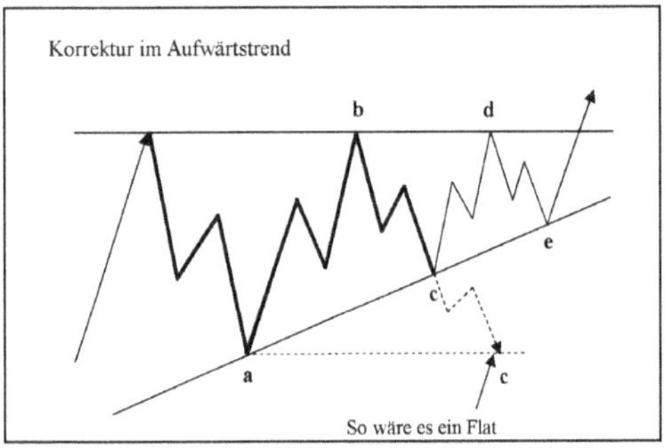

Abb. 3.114

5. Dreiecke bilden sich als eigenständige Korrekturformen überwiegend in einer Welle 4. Außerdem bilden sie sich als Wellen b, X, Y, X2 und

Z. Sind aber auch mit anderen Standard-Formen kombinierbar. In Kombinationen steht es aber nie an erster Stelle.

Contracting Triangle als Welle 4

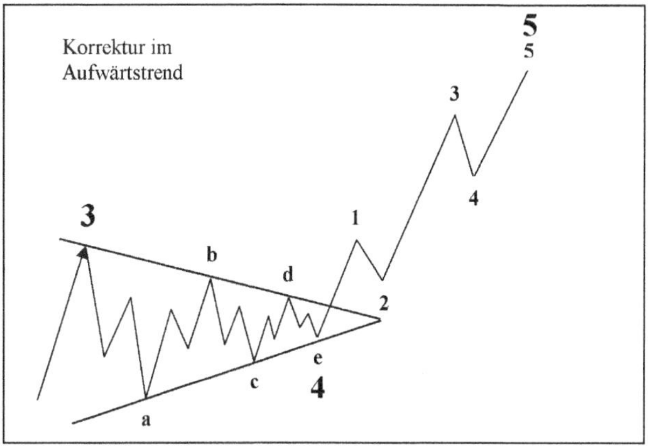

Abb. 3.115

6. Als Vorläufer der letzten Impulswelle 5 oder c bildet sich sehr oft ein Triangle aus. Das Triangle deutet auf eine starke letzte Impulswelle (auch Thrust genannt) hin.

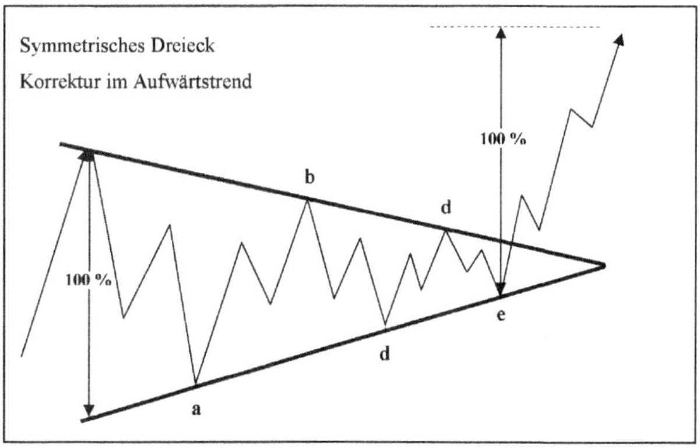

Abb. 3.116

7. Das Triangle ist beendet, wenn die b - d Linie gebrochen ist.

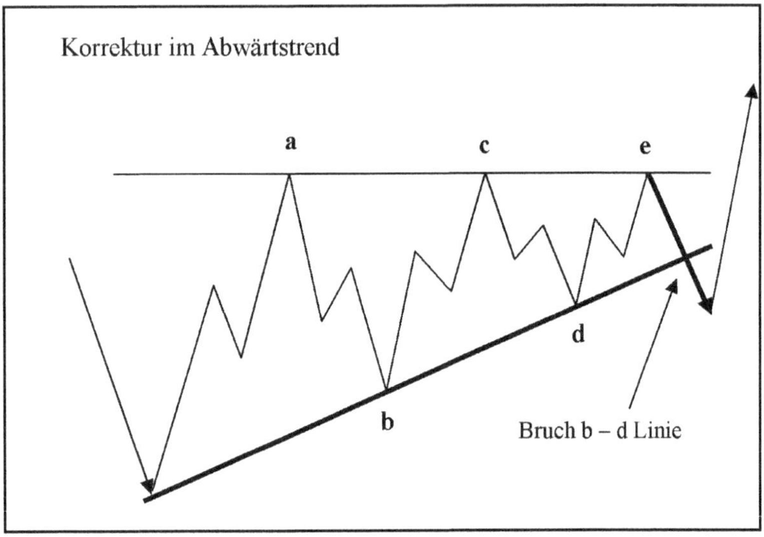

Abb. 3.117

8. Das Running Triangle ist die einzige außergewöhnliche Form des Triangles.

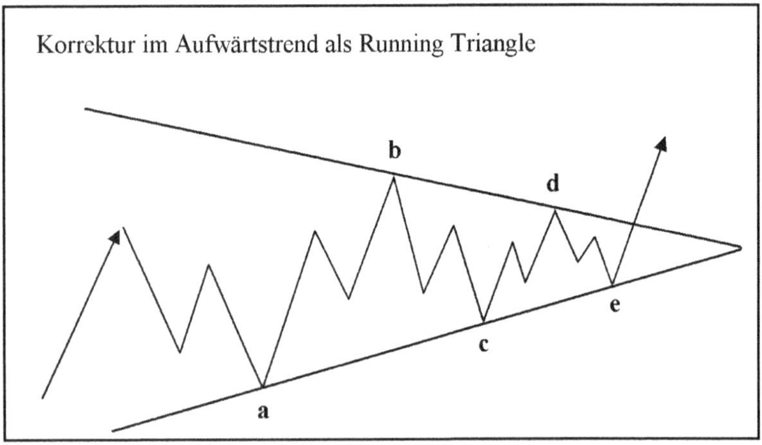

Abb. 3.118

9. Das (symmetrische Dreieck) Contracting Triangle tritt am häufigsten auf. Das Expanding Triangle äußerst selten.

Expanding Triangle

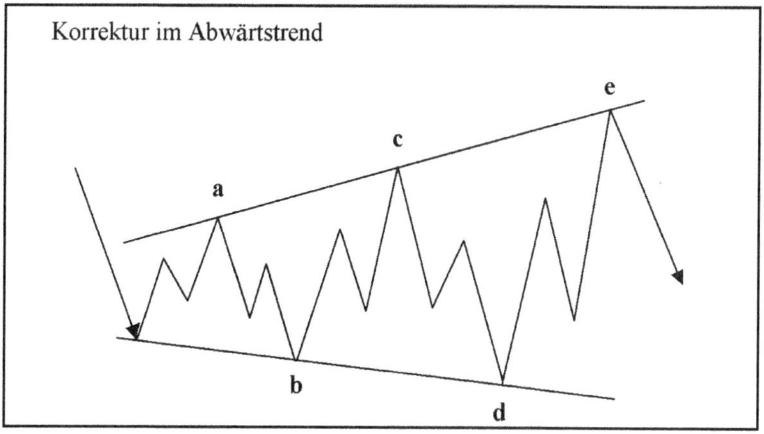

Abb. 3.119

3.9 Expanding Triangle – Beschreibung

Aufweitendes, expandierendes Dreieck (Expanding Triangle)

Die Begrenzungslinien des Expanding Triangle laufen auseinander, entgegengesetzt zum konvergierenden symmetrischen Dreieck (Contracting Triangle). Die Kurse zwischen den auseinanderlaufenden Begrenzungslinien teilen sich in fünf Wellen auf. Die Welle e ist die längste, also befinden sich die Wellen a, b, c, d im Bereich der Preisspanne der Welle e. Die Welle a ist die kürzeste. Jede der 5 Wellen sind Korrekturwellen, also dreiwellig. Welle e neigt dazu, ein False Breakout auszubilden, nachdem sie durch eine Begrenzungslinie bricht. Gewohntermaßen erfolgt eine kurze kraftvolle Kursbewegung als Auflösung der Formation, auch Thrust genannt. Selten schafft es der Thrust, sich über den Anfang von Welle e hinauszubewegen.

Extendierendes Dreieck (Expanding Triangle)

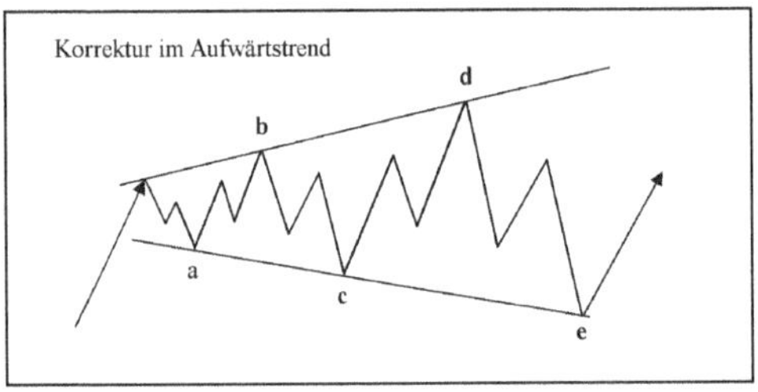

Abb. 3.120

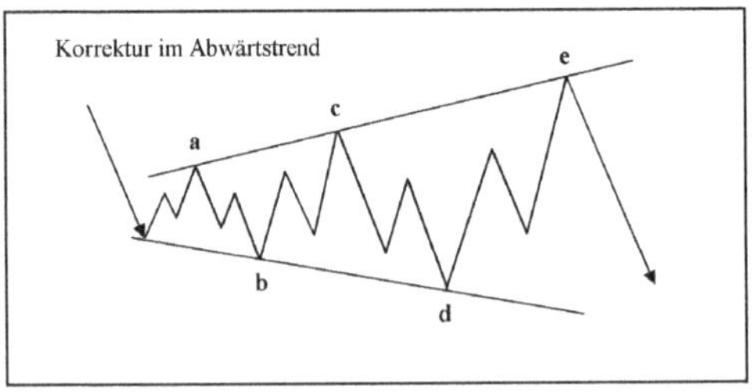

Abb. 3.121

3.10 Expanding Triangle – Regeln und Richtlinien

Regeln zum Expanding Triangle (ET):

1. Ein Dreieck besteht grundsätzlich aus 5 Korrekturwellen (a-b-c-d-e). Jede der ersten vier Wellen (a-b-c-d) darf aus jedem beliebigen Korrekturmuster bestehen, außer einem Triangle. Die letzte Welle e darf ebenfalls jedes beliebige Korrekturmuster annehmen, mit der Ausnahme, dass hier ein Triangle erlaubt ist.
2. Die Begrenzungslinien des Triangles entstehen durch die Endpunkte der Wellen a - c und b - d. Das Triangle bildet sich innerhalb dieser Begrenzungslinien. In dem Expanding Triangle existiert kein Schnittpunkt der Begrenzungslinien (divergierend, Trompete).
3. Das Triangle bildet sich als aufweitendes Kursmuster aus. Die Kursbewegung ist hochvolatil seitwärts ausgerichtet.
4. Die Welle b ist größer als die Welle a. Die Welle c ist größer als die Welle b. Die Welle d ist größer als die Welle c. Die Welle e ist oft die längste Welle.
5. Die Welle b wird nicht länger als 261,8 % der Welle a.
6. Eine Welle korrigiert die davorliegende Welle um mindestens 100 %.
7. Die Welle e sollte mindestens 70 % der Welle d erreichen.
8. Expanding Triangles kommen niemals in einer Welle 2, a oder W, X, X2 vor.
9. In einem extendierenden Dreieck (Expanding Triangle) ist Welle a die kürzeste und Welle e häufig die längste Welle.

Richtlinien zum Expanding Triangle (ET):

1. Die fünf Wellen a-b-c-d-e entwickeln sich häufig als Zigzag.
2. Die interne Wellenstruktur sollte Alternationen aufweisen.
3. Ein Expanding Triangle bildet sich als Vorläufer (Welle 4) der letzten Impulswelle
4. Im Anschluss kommt es oft zu einem heftigen Trendwechsel.
5. Sehr oft stehen die einzelnen Wellen in einem aufweitenden Dreieck (Expanding Triangle) in einem Fibonacci Verhältnis zueinander.

Welle e erreicht 161,8 % der Welle c, Welle c erreicht 161,8 % der Welle a oder Welle d erreicht 161,8 % der Welle b.
6. Welle b ist kürzer als Welle d.
7. Welle c ist nie die Kürzeste.
8. Ein Dreieck besteht grundsätzlich aus Korrekturwellen.
9. Dreiecke haben normalerweise eine Keilform.
10. Die interne Wellenstruktur sollte als Richtlinie Alternationen aufweisen.
11. In einem symmetrisch extendierenden Dreieck (Expanding Triangle) korrigiert die jeweils folgende, die vorherige Welle zu 161,8 %. Expanding Triangle kommen sehr selten vor.

Interne Struktur:

Triangles sind fünfwellig und die interne Struktur besteht aus 3-3-3-3-3. In seltenen Fällen bildet sich die Welle e ebenfalls als Dreieck.

Ein Expanding Triangle tritt in folgenden Wellen auf:

Expanding Triangles bilden sich als eigenständige Korrekturformen in den Wellen b, Y, Z und 4 aus. Sind mit anderen Standard-Formen kombinierbar. In Kombinationen steht es aber nie an erster Stelle. Als allein stehende Korrekturform tritt das Dreieck öfter in einer Welle 4 auf. Expanding Triangles kommen niemals in einer Welle 2, a oder W, X, X2 vor.

Impuls:	Welle 4
EDT:	Welle 4
LDT:	Welle 4
Zigzag:	Welle b
Flat:	Welle b
Triangle:	Welle e
Doppel - Zigzag:	
Triple - Zigzag:	
Doppel - Flat:	
Doppel - Three:	WelleY
Triple - Three:	Welle Z

Abb. 3.122

Visuelle Darstellung: Regeln zu dem Expanding Triangle (ET) (Aufweitendes Dreieck, extendierend)

1. Ein Dreieck besteht grundsätzlich aus 5 Korrekturwellen (a-b-c-d-e). Jede der ersten vier Wellen (a-b-c-d) darf aus jedem beliebigen Korrekturmuster bestehen, außer einem Triangle. Die letzte Welle e darf ebenfalls jedes beliebige Korrekturmuster annehmen, mit der Ausnahme, dass hier ein Triangle erlaubt ist.

Ein Dreieck besteht aus 5 Korrekturwellen.

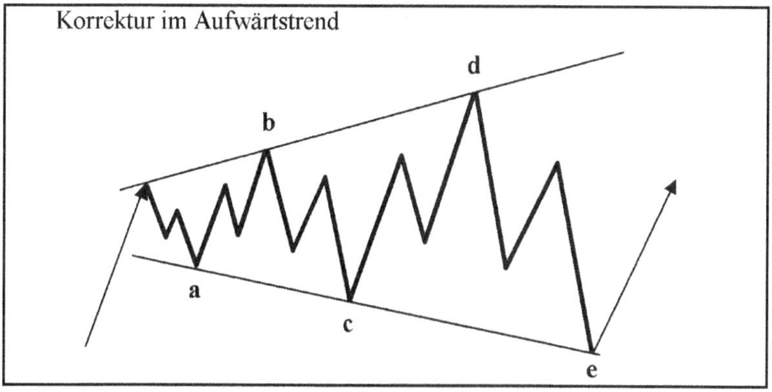

Abb. 3.123

Welle e als fallendes Dreieck.

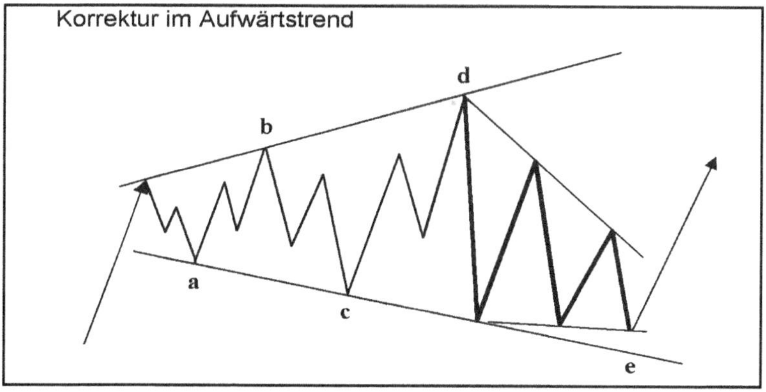

Abb. 3.124

2. Die Begrenzungslinien des Triangles entstehen durch die Endpunkte der Wellen a - c und b - d. Das Triangle bildet sich innerhalb dieser Begrenzungslinien. In dem Expanding Triangle existiert kein Schnittpunkt der Begrenzungslinien (divergierend, Trompete).

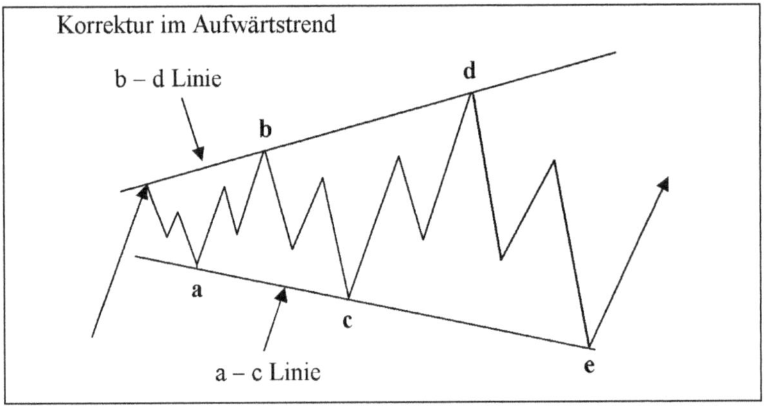

Abb. 3.125

3. Das Triangle bildet sich als aufweitendes Kursmuster aus. Die Kursbewegung ist hochvolatil seitwärts ausgerichtet.

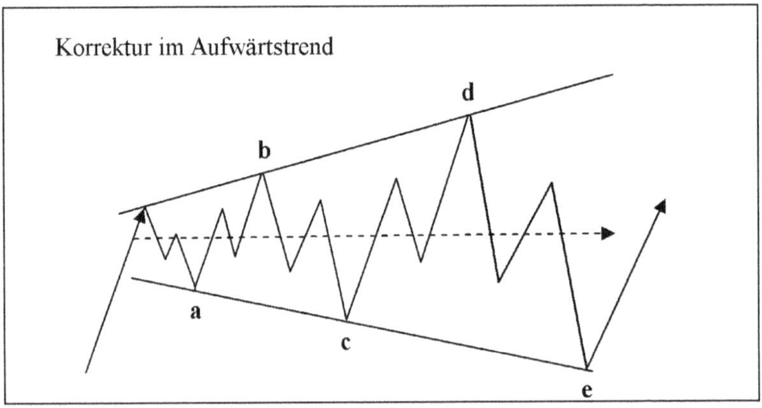

Abb. 3.126

4. Die Welle b ist größer als die Welle a. Die Welle c ist größer als die Welle b. Die Welle d ist größer als die Welle c. Die Welle e ist oft die längste Welle (ET).

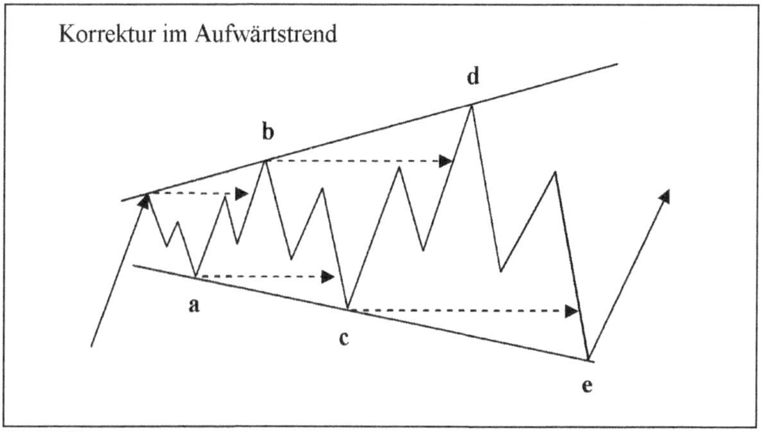

Abb. 3.127

5. Die Welle b wird nicht länger als 261,8 % der Welle a.
6. Eine Welle korrigiert die davorliegende Welle um mindestens 100 %, bevorzugt wird 161,8 %.

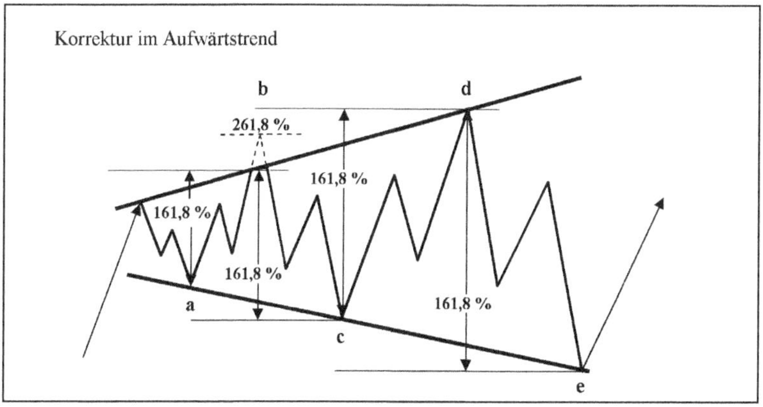

Abb. 3.128

7. Die Welle e sollte mindestens 70 % der Welle d erreichen.

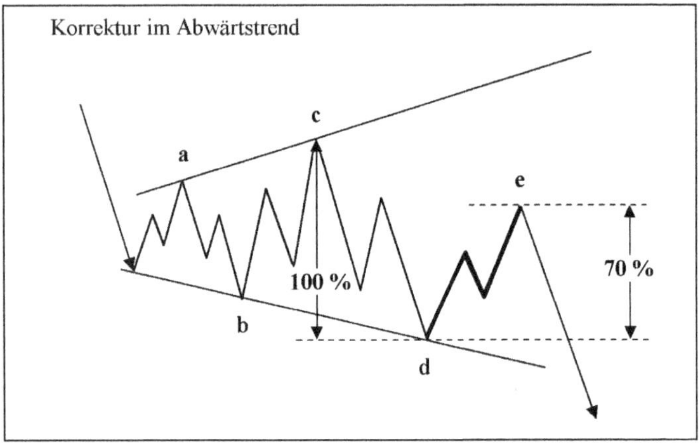

Abb. 3.129

8. Expanding Triangles kommen niemals in einer Welle 2, a oder W, X, X2 vor.
9. In einem extendierenden Dreieck (Expanding Triangle) ist Welle a die kürzeste und Welle e häufig die längste Welle.

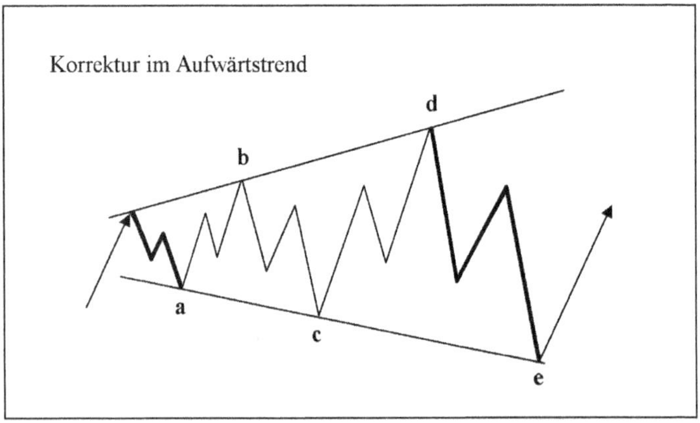

Abb. 3.130

Visuelle Darstellung: Richtlinien zu dem Expanding Triangle (ET)

1. Die fünf Wellen a-b-c-d-e entwickeln sich häufig als Zigzag.

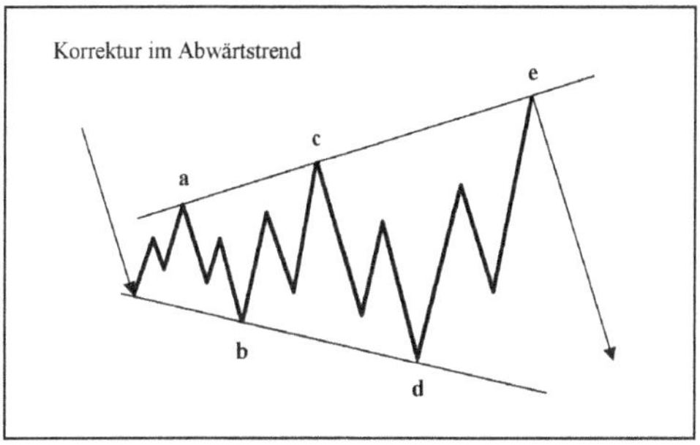

Abb. 3.131

2. Die interne Wellenstruktur sollte Alternationen aufweisen.
3. Ein Expanding Triangle bildet sich als Vorläufer (Welle 4) der letzten Impulswelle.
4. Im Anschluss kommt es oft zu einem heftigen Trendwechsel.

Contracting Triangle als Welle 4

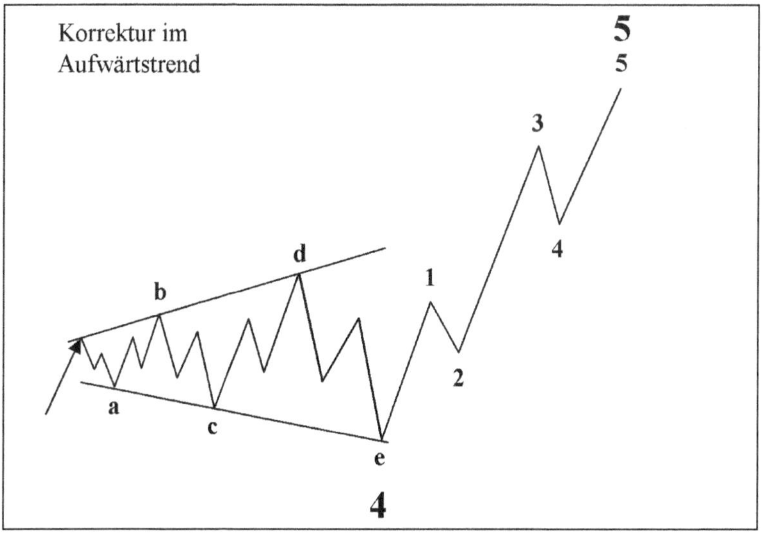

Abb. 3.132

5. Sehr oft stehen die einzelnen Wellen in einem aufweitenden Dreieck (Expanding Triangle) in einem Fibonacci Verhältnis zueinander. Welle e erreicht 161,8 % der Welle c, Welle c erreicht 161,8 % der Welle a oder Welle d erreicht 161,8 % der Welle b.

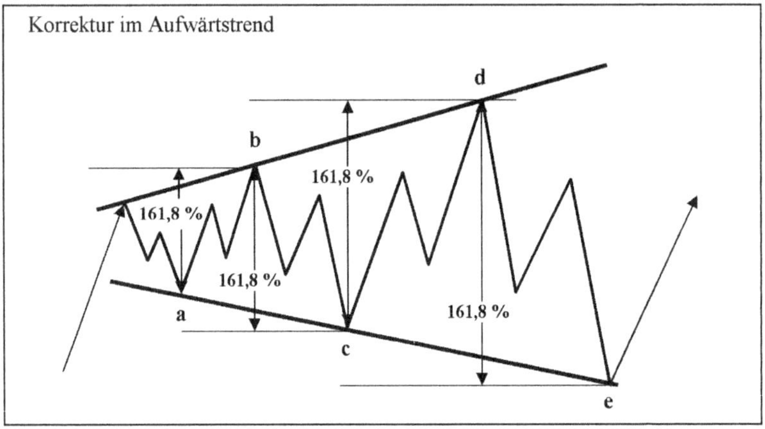

Abb. 3.133

6. Welle b ist kürzer als Welle d.

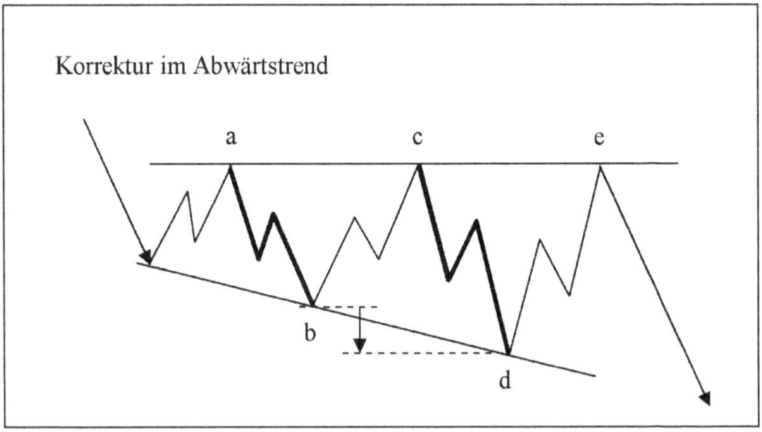

Abb. 3.134

7. Welle c ist nie die kürzeste.

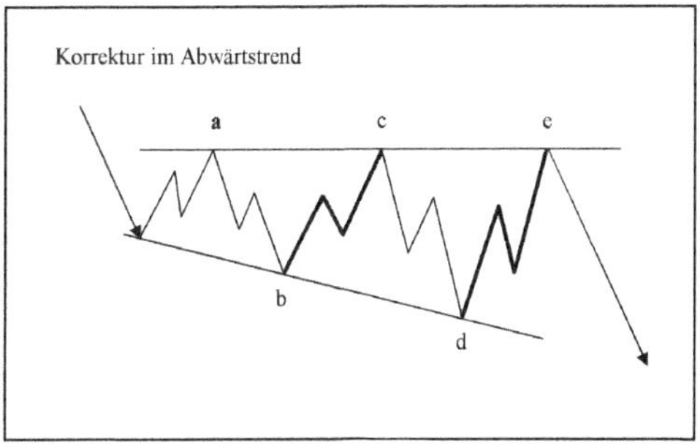

Abb. 3.135

8. Ein Dreieck besteht grundsätzlich aus Korrekturwellen.

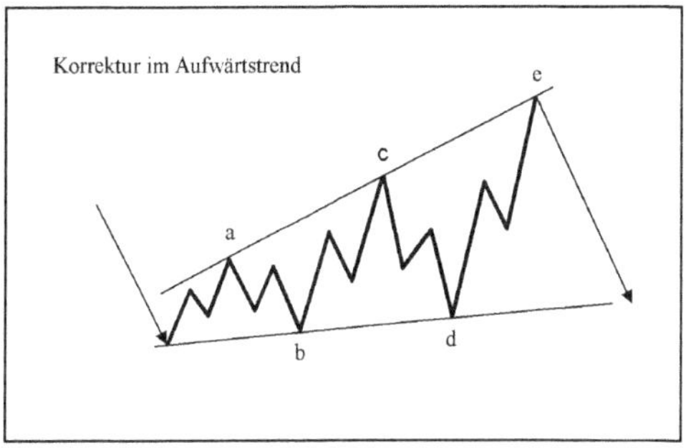

Abb. 3.136

9. Dreiecke haben normalerweise eine Keilform.

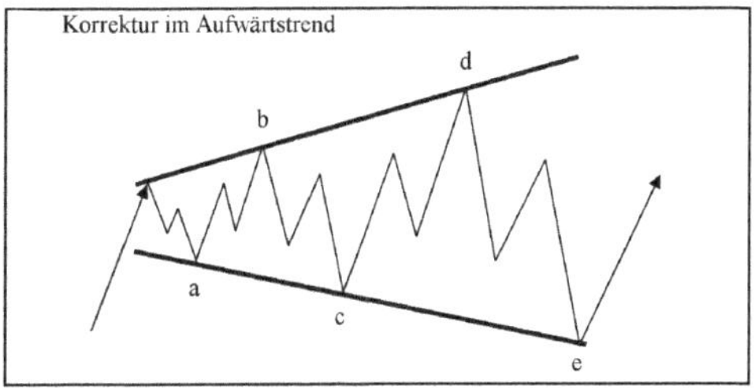

Abb. 3.137

10. Die interne Wellenstruktur sollte als Richtlinie Alternationen aufweisen.

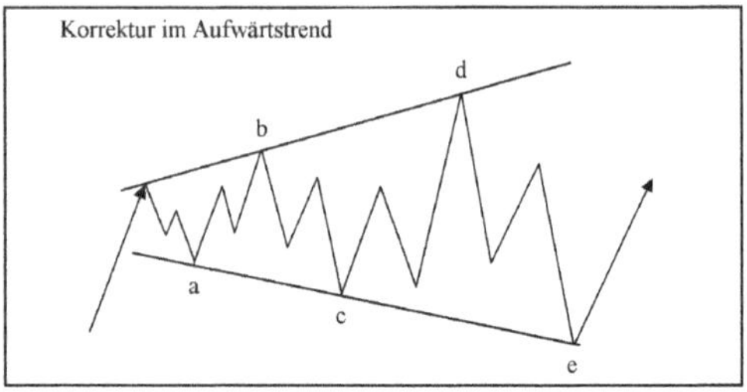

Abb. 3.138

11. In einem symmetrisch extendierenden Dreieck (Expanding Triangle) korrigiert die jeweils folgende, die vorherige Welle zu 161,8 %.

Expanding Triangle kommen sehr selten vor.

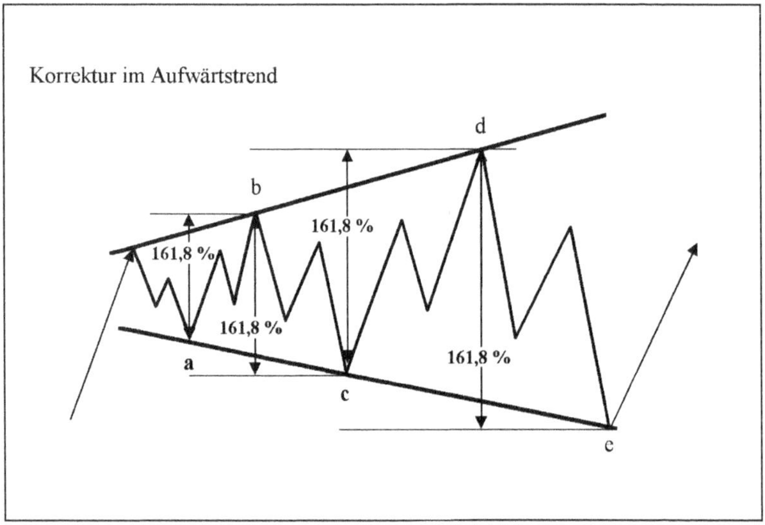

Abb. 3.139

3.11 Running Triangle - Beschreibung

Die Begrenzungslinien vom Korrekturmuster (Running Triangle) konvergieren. Die am häufigsten vorkommende Form des Triangles ist das kontrahierende symmetrische Dreieck. Jede der 5 Wellen in einem konvergierenden Dreieck stellen eine Korrekturwelle dar. In einem Running Triangle vervollständigen sich die Wellen c, d und e innerhalb der Preisspanne der Welle b. Die Welle a ist in diesen besonderen Fall kürzer als die Welle b. Im normalen Contracting Triangle ist die Welle a immer die längste. Das Dreieck gibt gute Auskünfte über die aktuelle Lage und die zukünftige Kursentwicklung. Nach dem meist kräftigen Ausbruch der Kurse aus der fertig gestellten Formation kann ein Kursziel von bis zu 100 % und mehr der Welle a (Amplitude) in die erwartete bzw. Trendrichtung projektiert werden. Häufig entsteht vor einer letzten Impulswelle 5 oder c ein Triangle als Einzelformation. In einer Impulswelle erscheint ein symmetrisches Dreieck nur in einer Welle 4.

Außerdem taucht es in einer Welle b, Welle X, X2, Y oder in einer Welle Z eines Korrekturmusters auf.

Running Triangle im Aufwärtstrend.

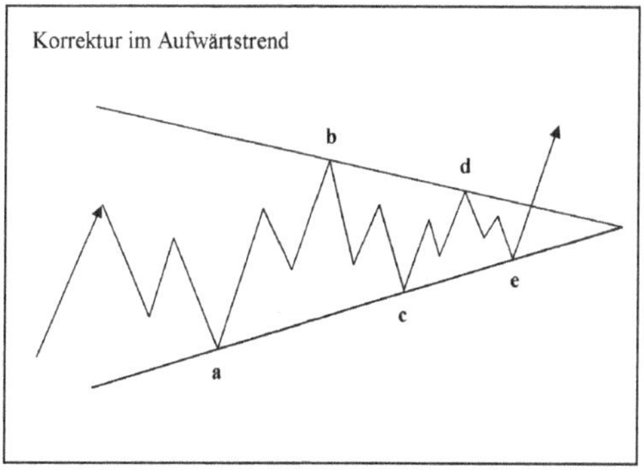

Abb. 3.140

Running Triangle im Abwärtstrend.

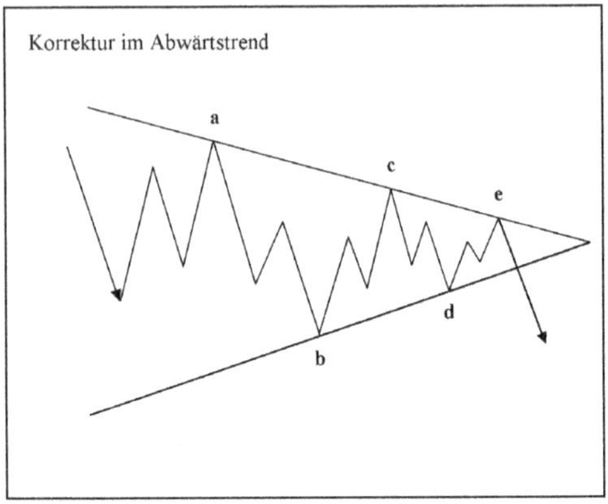

Abb. 3.141

3.12 Running Triangle – Regeln und Richtlinien

1. Ein Triangle (Dreieck) besteht grundsätzlich aus 5 Korrekturwellen (a-b-c-d-e). Jede der ersten vier Wellen a-b-c-d darf aus jedem beliebigen Korrekturmuster bestehen, außer einem Triangle. Die letzte Welle e darf ebenfalls jedes beliebige Korrekturmuster annehmen, mit der Ausnahme, dass hier ein Triangle erlaubt ist.
2. Die Begrenzungslinien des Triangles entstehen durch die Endpunkte der Wellen a - c und b - d. Das Triangle bildet sich innerhalb dieser Begrenzungslinien. Eine Verletzung der Begrenzungslinien durch eine der Korrekturwellen sollte nicht mehr als 15 % der jeweiligen Welle betragen, maximal 100% der davorliegenden Welle erreichen. Der Schnittpunkt der Begrenzungslinien liegt außerhalb des Kursmusters.
3. Das Running Triangle bildet sich nur als symmetrisches kontrahierendes Dreieck. Die Kursbewegung verläuft horizontal.
4. Die Welle b wird nicht länger als 161,8 % der Welle a.
5. Eine Welle e korrigiert die davorliegende Welle um mindestens 50 %, darf aber maximal 99 % der Welle d betragen.

6. Die Welle c muss mindestens die Preisspanne der Welle a erreichen.
7. Dreiecke kommen niemals in einer Welle a, W oder 2 vor.

Richtlinien Running Contracting Triangle:

1. Die fünf Wellen a-b-c-d-e entwickeln sich häufig als Zigzag.
2. Die Welle a ist kleiner als die Welle b. Die Welle b erreicht häufig nicht mehr als 161,8 % der Welle a. Die Welle c ist kleiner als die Welle b. Die Welle d ist kleiner als die Welle c. Die Welle e ist die kleinste Welle.
3. Die interne Wellenstruktur sollte Alternationen aufweisen.
4. Die Entstehung eines Dreiecks kann frühestens in der Welle c erkannt werden, bis dorthin kann es sich immer noch um die Ausbildung eines Flats handeln.
5. Running Triangle bilden sich als eigenständige Korrekturformen, überwiegend in einer Welle 4 und b. Seltener bilden sie sich wie beim normalen (CT) als Wellen X, Y, X2 und Z aus und sind mit anderen Standard-Formen kombinierbar. In Kombinationen steht es aber nie an erster Stelle. Ein noch stärkerer Thrust ist beim Running Triangle zu erwarten. Eine versagende Welle 5 wird eher nicht entstehen.
6. Als Vorläufer der letzten Impulswelle 5 oder c bildet sich sehr oft ein Triangle. Das Triangle deutet auf eine starke letzte Impulswelle (auch Thrust genannt) hin, oft erreicht die Ausbruchsbewegung die Länge der Amplitude des Triangles und mehr.
7. Das Running Triangle ist beendet, wenn die b - d Linie gebrochen ist.
8. Das Running Triangle ist die einzige außergewöhnliche Form des Triangles.
9. Das (symmetrische) Contracting Triangle tritt am häufigsten auf. Das Running Triangle äußerst selten.
10. Die Welle e sollte mindestens 70 % der Welle d korrigieren. Schießt die Welle e über die a - c Linie hinaus, dann entwickelt sich ein sogenannter Throw over. Der Endpunkt der Welle c darf dabei nicht berührt werden. Die Welle e korrigiert die Welle d also nie mehr als 99 %.

Interne Struktur:
Triangles sind fünfwellig und die interne Struktur besteht aus 3-3-3-3-3.
Contracting Running Triangle (zusammenziehend)

Ein Running Triangle tritt in folgenden Wellen auf:

Dreiecke bilden sich als eigenständige Korrekturformen überwiegend in einer Welle 4. Außerdem bilden sie sich als Wellen b, X, Y, X2 und Z aus. Sind mit anderen Standard-Formen kombinierbar. In Kombinationen steht es aber nie an erster Stelle. Dreiecke kommen niemals in einer Welle a, W oder 2 vor.

Impuls:	Welle 4
EDT:	Welle 4
LDT:	Welle 4
Zigzag:	Welle b
Flat:	Welle b
Triangle:	Welle e
Doppel - Zigzag:	Welle X
Triple - Zigzag:	Welle X (selten) und X2
Doppel - Flat:	Welle X
Doppel - Three:	Welle X und Y
Triple - Three:	Welle X (selten) und X2 und Z

Abb. 3.142

Visuelle Darstellung: Regeln zu dem Running Contracting Triangle (RT)

1. Ein Dreieck besteht grundsätzlich aus 5 Korrekturwellen (a-b-c-d-e). Jede der ersten vier Wellen a-b-c-d darf aus jedem beliebigen Korrekturmuster bestehen, außer einem Triangle. Die letzte Welle e darf ebenfalls jedes beliebige Korrekturmuster annehmen, mit der Ausnahme, dass hier ein Triangle erlaubt ist.

Running Contracting Triangle

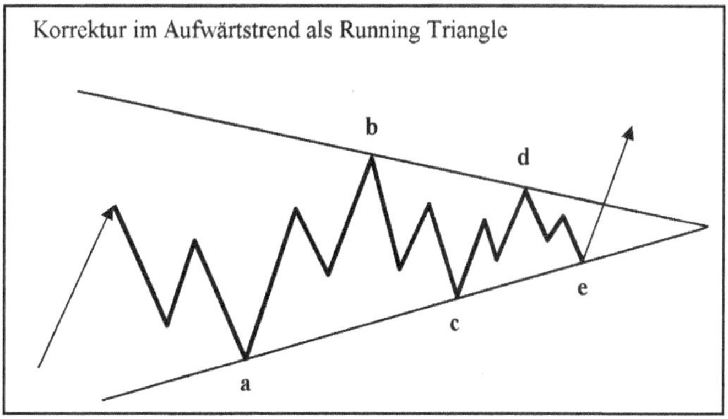

Abb. 3.143

Running Triangle: Welle e als Contracting Triangle

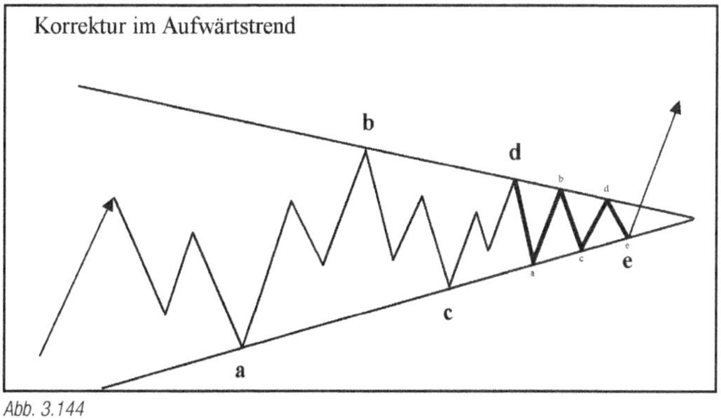

Abb. 3.144

2. Die Begrenzungslinien des Triangles entstehen durch die Endpunkte der Wellen a - c und b - d. Das Triangle bildet sich innerhalb dieser Begrenzungslinien. Eine Verletzung der Begrenzungslinien durch eine der Korrekturwellen sollte nicht mehr als 15 % der jeweiligen Welle betragen, maximal 100% der davorliegenden Welle erreichen. Der Schnittpunkt der Begrenzungslinien liegt außerhalb des Kursmusters.

Contracting Running Triangle: Begrenzungslinien und Schnittpunkt

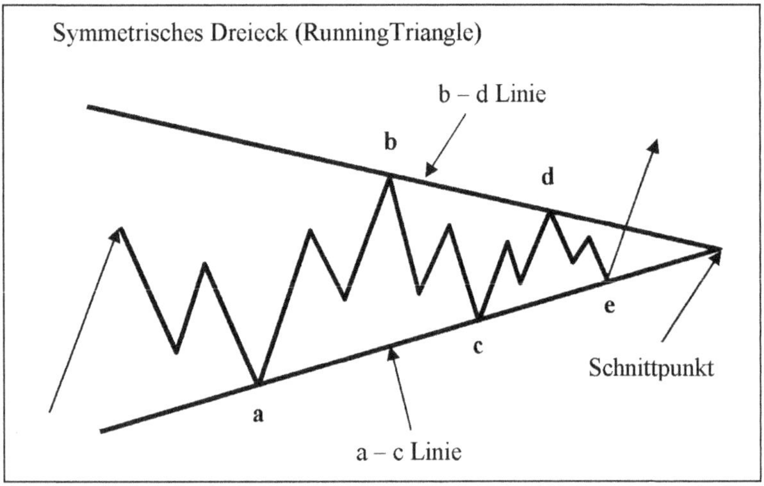

Abb. 3.145

Running Triangle: Verletzung der Begrenzungslinien

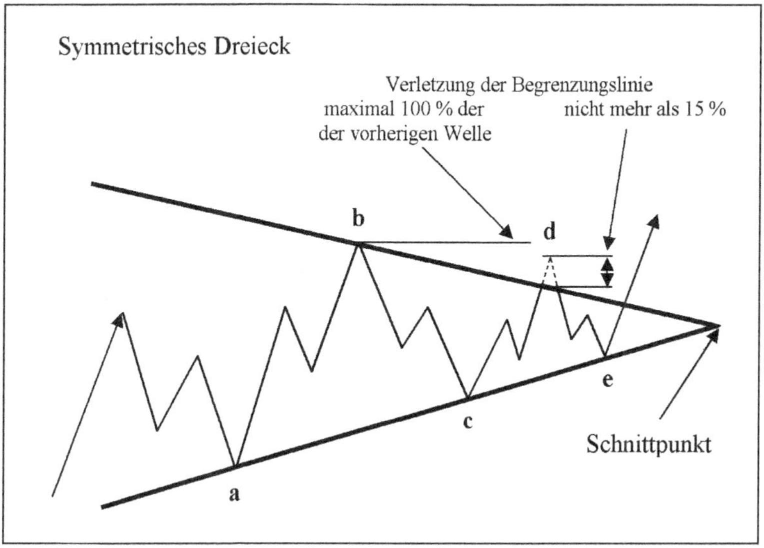

Abb. 3.146

3. Das Contracting Running Triangle bildet sich nur als symmetrisches kontrahierendes Dreieck aus. Die Kursbewegung verläuft horizontal.

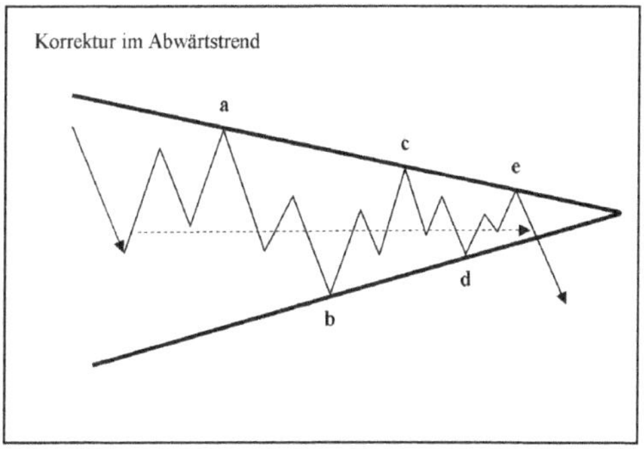

Abb. 3.147

4. Die Welle b wird nicht länger als 161,8 % der Welle a.

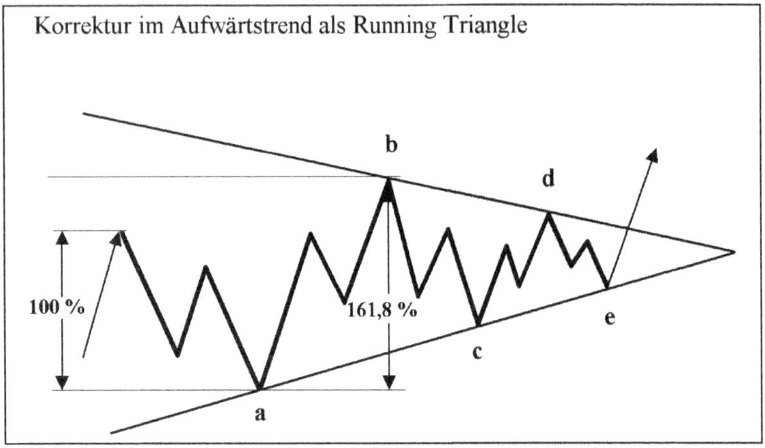

Abb. 3.148

5. Eine Welle e korrigiert die davorliegende Welle um mindestens 50 %, darf aber maximal 99 % der Welle d betragen.

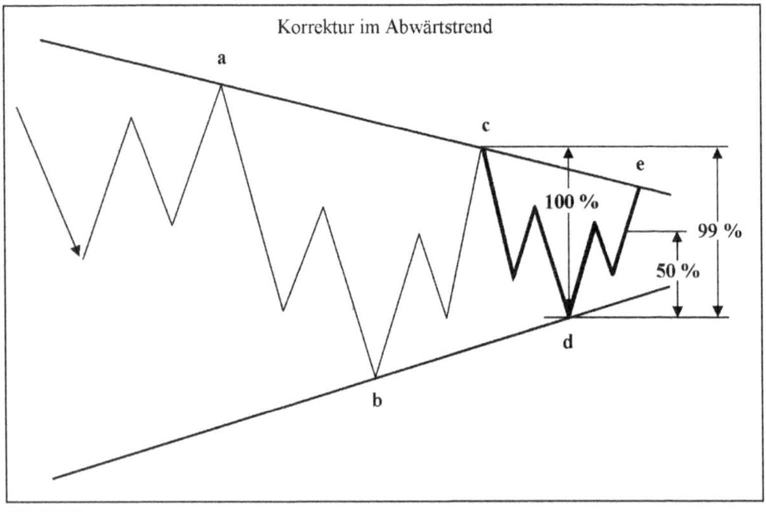

Abb. 3.149

6. Die Welle c muss mindestens die Preisspanne der Welle a erreichen.

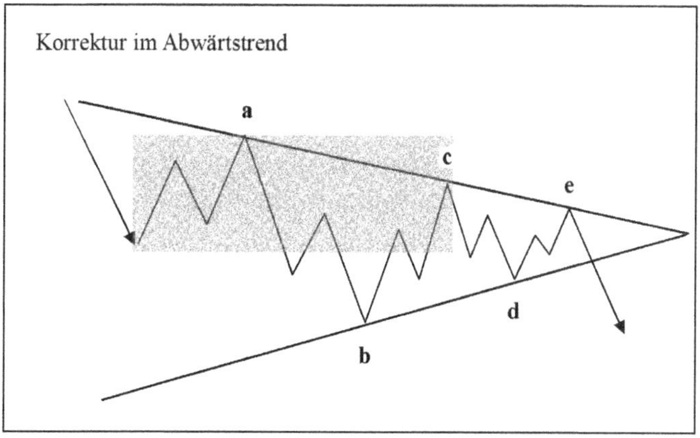

Abb. 3.150

7. Dreiecke kommen niemals in einer Welle a, W oder 2 vor.

Visuelle Darstellung: Richtlinien zu dem Running Triangle

1. Die fünf Wellen a-b-c-d-e entwickeln sich häufig als Zigzag.

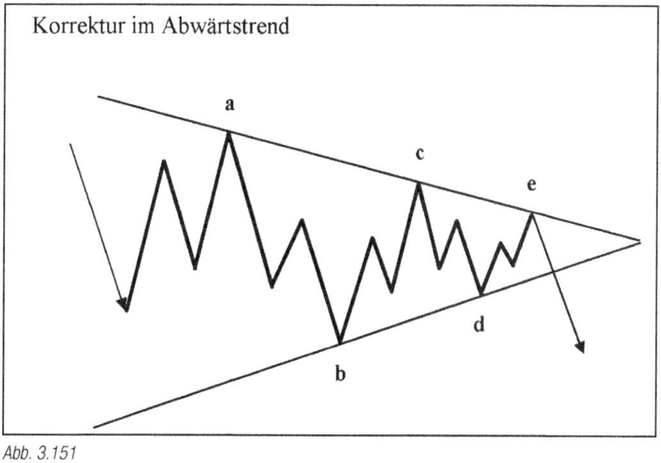

Abb. 3.151

2. Die Welle a ist kleiner als die Welle b. Die Welle b erreicht häufig nicht mehr als 161,8 % der Welle a. Die Welle c ist kleiner als die Welle b. Die Welle d ist kleiner als die Welle c. Die Welle e ist die kleinste Welle.

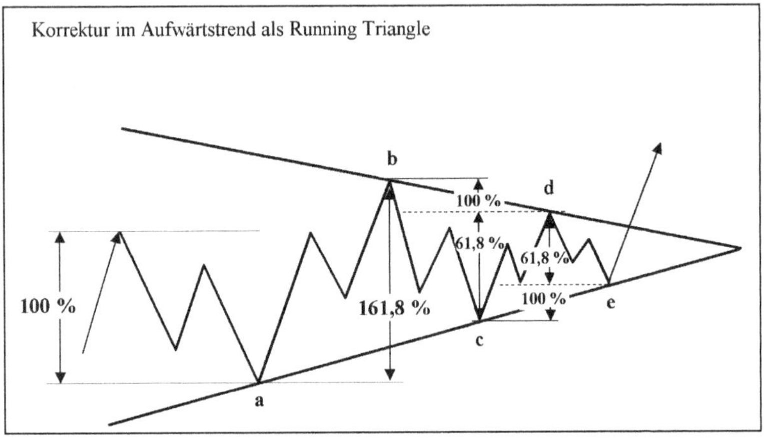

Abb. 3.152

3. Die interne Wellenstruktur sollte Alternationen aufweisen.
4. Die Entstehung eines Triangles kann frühestens in der Welle c erkannt werden, bis dorthin kann es sich immer noch um die Ausbildung eines Flats handeln.

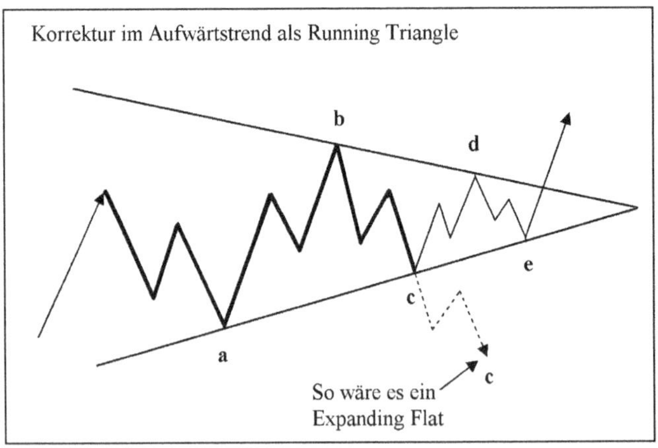

Abb. 3.153

5. Running Triangle bilden sich als eigenständige Korrekturformen, überwiegend in einer Welle 4 und b. Seltener bilden sie sich wie beim normalen (CT) als Wellen X, Y, X2 und Z aus. Sind mit anderen Standard-Formen kombinierbar. In Kombinationen steht es aber nie an erster Stelle. Ein noch stärkerer (Thrust) ist bei einem Running Triangle zu erwarten. Eine versagende Welle 5 wird eher nicht entstehen.

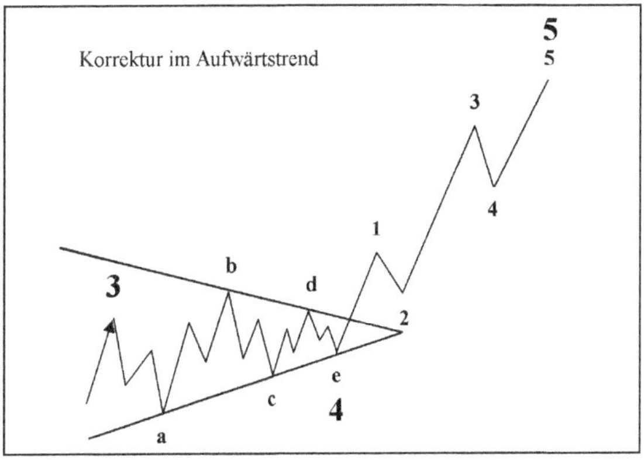

Abb. 3.154

6. Als Vorläufer der letzten Impulswelle 5 oder c, bildet sich sehr oft ein Triangle. Das Triangle deutet auf eine starke letzte Impulswelle (auch Thrust genannt) hin, oft erreicht die Ausbruchsbewegung die Länge der Amplitude des Triangles und mehr.

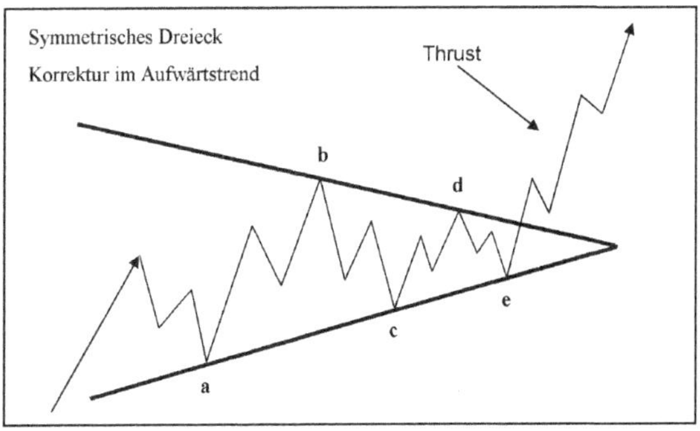

Abb. 3.155

7. Das Triangle ist beendet, wenn die b - d Linie gebrochen ist.

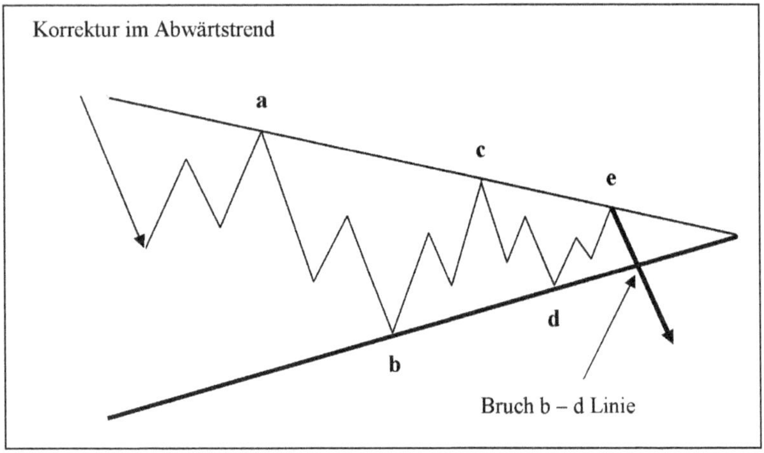

Abb. 3.156

8. Das Running Triangle ist die einzige außergewöhnliche Form des Triangles.
9. Das (symmetrische) Contracting Triangle tritt am häufigsten auf. Das Running Triangle äußerst selten.

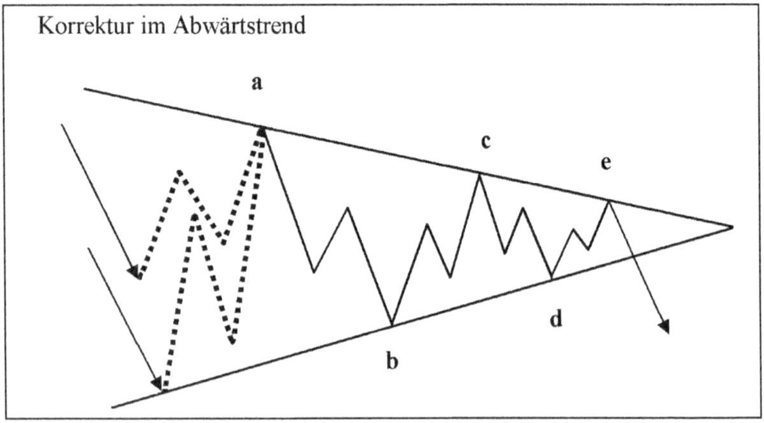

Abb. 3.157

simplified

4 Korrekturbewegungen - Sonder-Formen

4.1 Double-Zigzag – Beschreibung

Das dreiteilige Double-Zigzag als Korrekturformation ist oft anzutreffen und wird aus zwei einfachen Zigzags (Welle W und Welle Y) zusammengesetzt. Diese beiden Formationen werden durch ein weiteres Korrekturmuster, die Welle X, miteinander verbunden. Welle X sollte die Welle W mindestens 23,6 % korrigieren.

In den Abb. 4.1 und 4.2 ist zu erkennen, wie die Zählung eines normalen Zigzag a, b, c sich von einem Double-Zigzag mit der Zählung W, X, Y (abc) -X- (abc) unterscheidet.

Ein Double-Zigzag besteht aus 7 Wellen und wird zwischen beiden Zigzags durch eine X Welle verbunden (siehe Abb. 4.3). In den drei folgenden Grafiken wird verdeutlicht, wie die Zählung eines Zigzag (a, b, c) sich von einem Double-Zigzag mit der Zählung W, X, Y (abc) -X- (abc) unterscheidet.

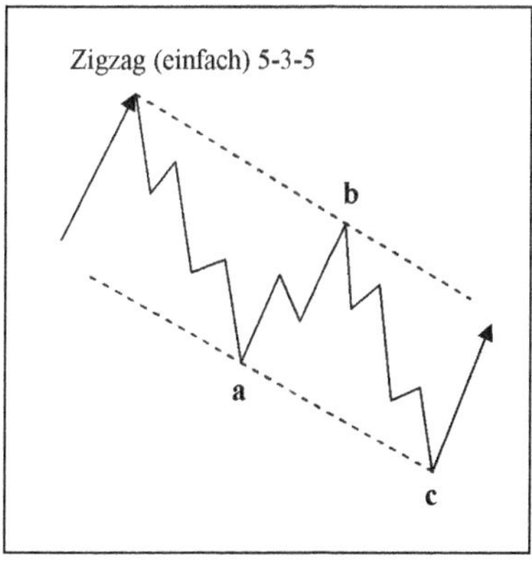

Abb. 4.1

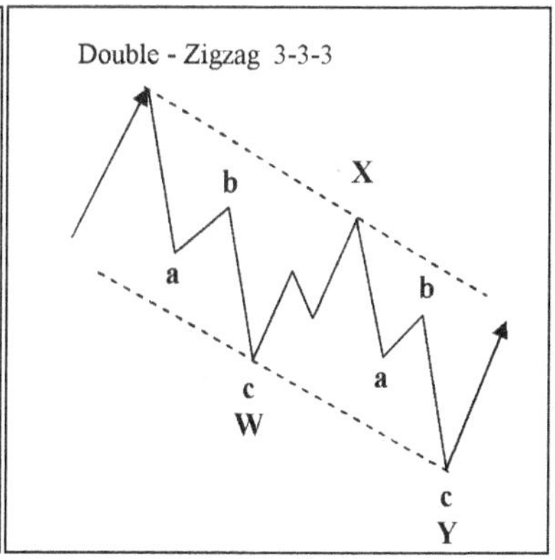

Abb. 4.2

Double-Zigzag im Abwärtstrend

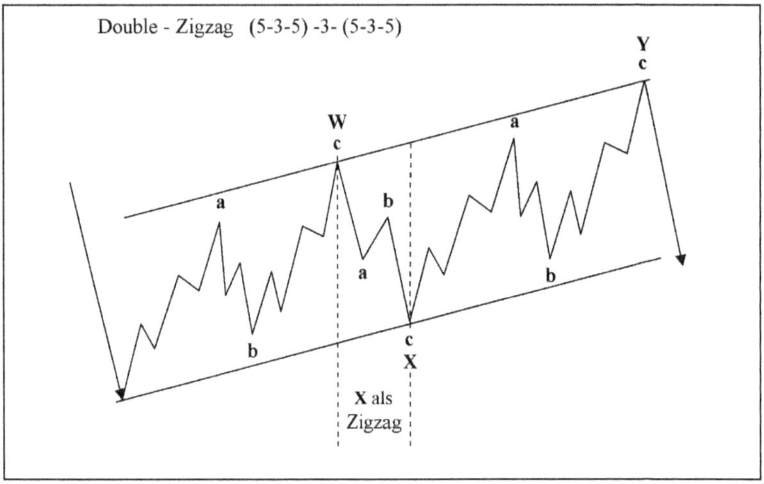

Abb. 4.3

Double-Zigzag im Aufwärtstrend

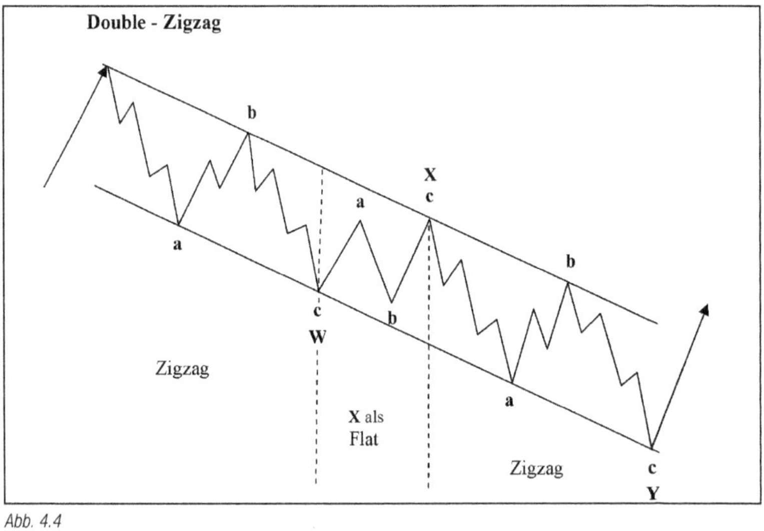

Abb. 4.4

Double-Zigzag im Abwärtstrend

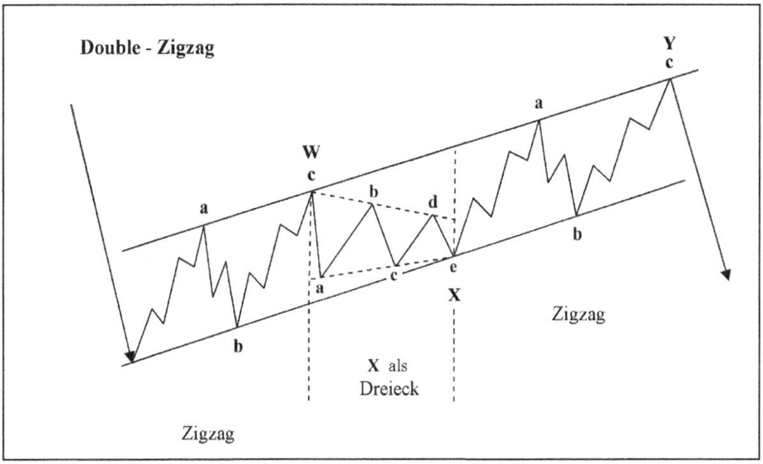

Abb. 4.5

4.2 Double-Zigzag – Regeln und Richtlinien

1. Die Welle W muss ein Zigzag sein.
2. Die Welle X kann jedes beliebige Korrekturmuster sein, außer einem Expanding Triangle.
3. Die Welle X korrigiert die Welle W nicht mehr als 99 %.
4. Die Welle Y muss ein Zigzag sein.
5. Die Welle Y muss größer sein als Welle X, zumindest gleich lang.

Richtlinien zu dem Double-Zigzag:

1. Die Korrekturrichtung des kompletten Musters wird durch die Welle W bestimmt.
2. Die Welle X sollte mindestens 23,6 % der Welle W erreichen.
3. Die Welle X korrigiert die Welle W häufig nicht mehr als 61,8 %.
4. Die Welle X ist häufig ein Zigzag, Double- oder Triple-Zigzag.

5. Die Welle Y erreicht häufig 61,8 %, 100 %, 138,2 % oder 161,8 % der Welle W, steht aber nicht zwangsläufig in einem Fibonacci-Verhältnis zu der Welle W.
6. Sehr oft entsteht eine 0 - X Linie und eine harmonische Korrektur in Form eines Trendkanals.
7. In einem Double-Zigzag kann die Welle X aus einem Flat, Zigzag, Contracting Triangle, Double-Zigzag, Triple-Zigzag, Double-Three und einem Triple-Three gebildet werden. Das Triangle darf nicht extendieren.
8. Die Welle c in der Welle W versagt nicht.
9. Die Welle c in der Welle Y darf versagen (sehr selten).

Innere Struktur:
Bei einem Double-Zigzag besteht die innere Struktur aus 7 Wellen (abc) -X- (abc) (5-3-5) -3- (5-3-5). In der modernen Schreibweise wird das erste Zigzag a-b-c als W bezeichnet und das zweite Zigzag (a-b-c) als Y. Somit ergibt sich dann eine übergeordnete, dreiteilige Korrekturwelle W - X - Y (3-3-3).

Ein Double-Zigzag tritt in folgenden Wellen auf:

Impuls:	Welle 2 und 4
EDT:	Jede beliebige Welle
LDT:	Welle 2 und 4
Zigzag:	Welle b
Flat:	Welle a und b
Triangle:	Jede beliebige Welle
Doppel - Zigzag:	Welle X
Triple - Zigzag:	Welle X und X2
Doppel - Flat:	Nur in Welle X
Doppel - Three:	Welle X
Triple - Three:	Welle X und X2

Abb. 4.6

Visuelle Darstellung: Regeln zu dem Double-Zigzag

1. Die Welle W muss ein Zigzag sein.

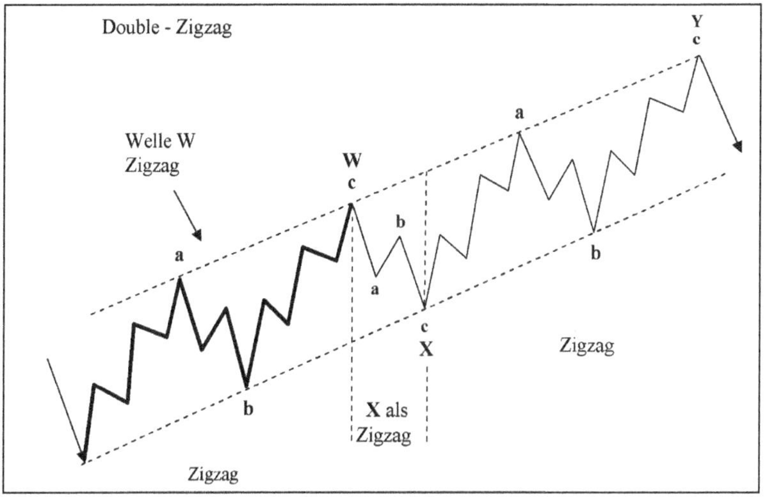

Abb. 4.7

2. Die Welle X kann jedes beliebige Korrekturmuster sein.
Welle X als Triangle

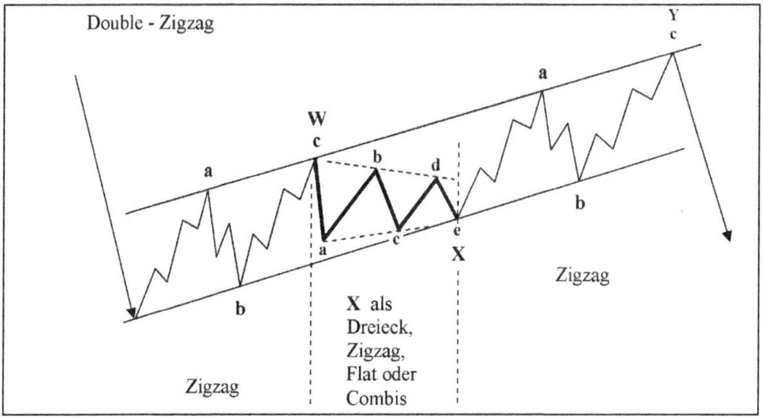

Abb. 4.8

Welle X als Zigzag

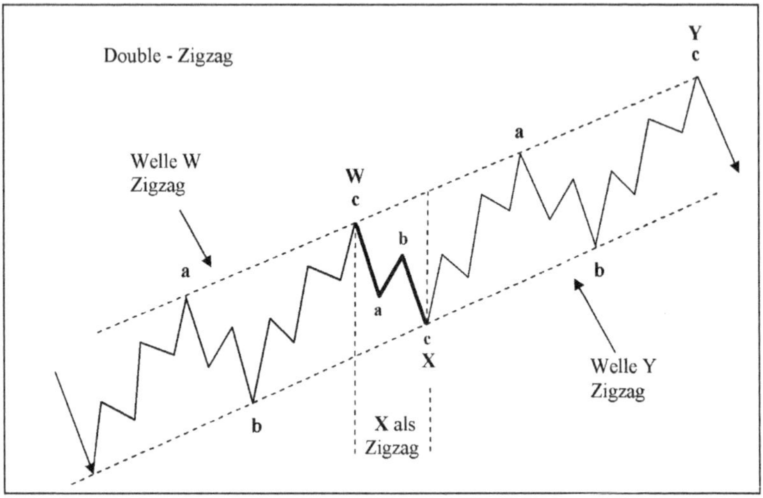

Abb. 4.9

Welle X als Flat

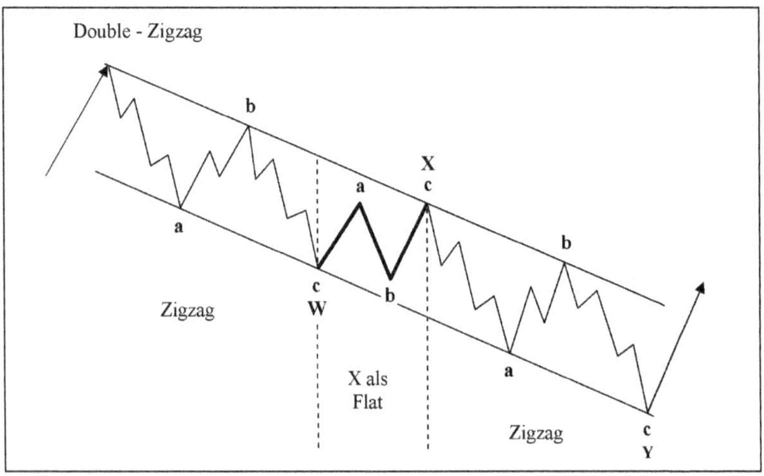

Abb. 4.10

Welle X als Triple-Zigzag mit 0 – X Linie.

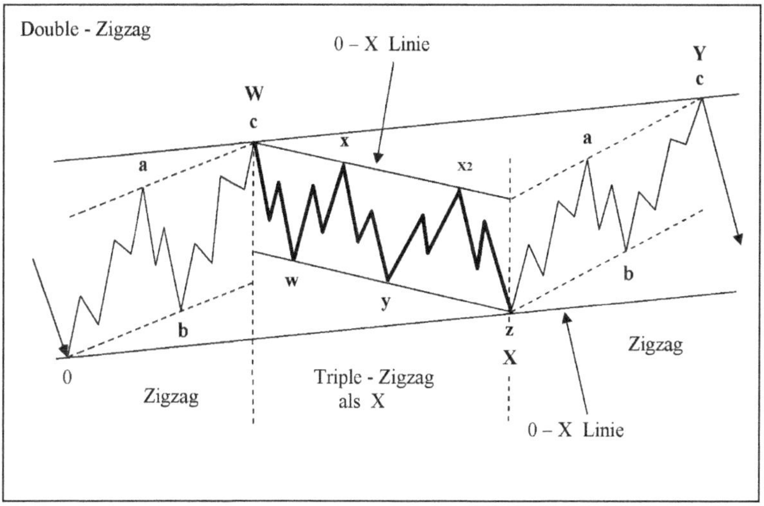

Abb. 4.11

Welle X als Double-Zigzag

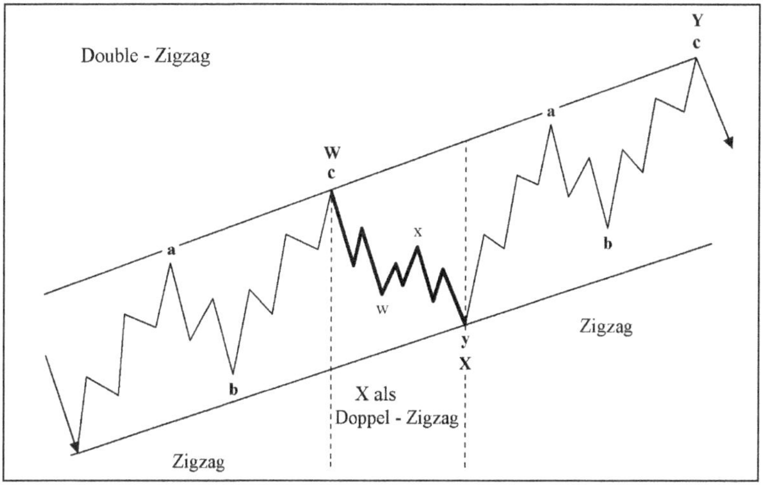

Abb. 4.12

3. Die Welle X korrigiert die Welle W nicht mehr als 99 %.

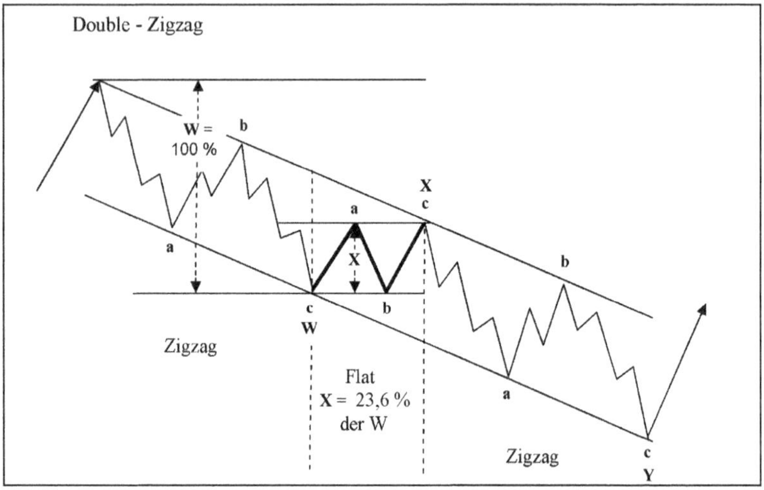

Abb. 4.13

4. Die Welle Y muss ein Zigzag sein.

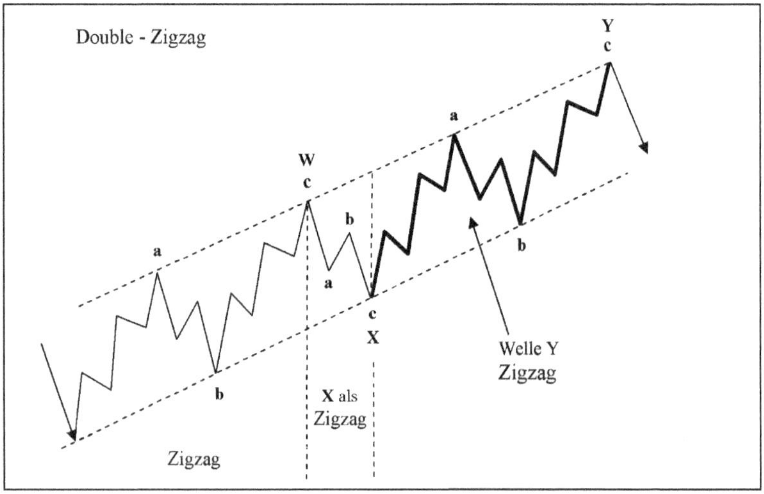

Abb. 4.14

5. Die Welle Y muss aus preislicher Sicht länger sein als Welle X, zumindest gleichlang.

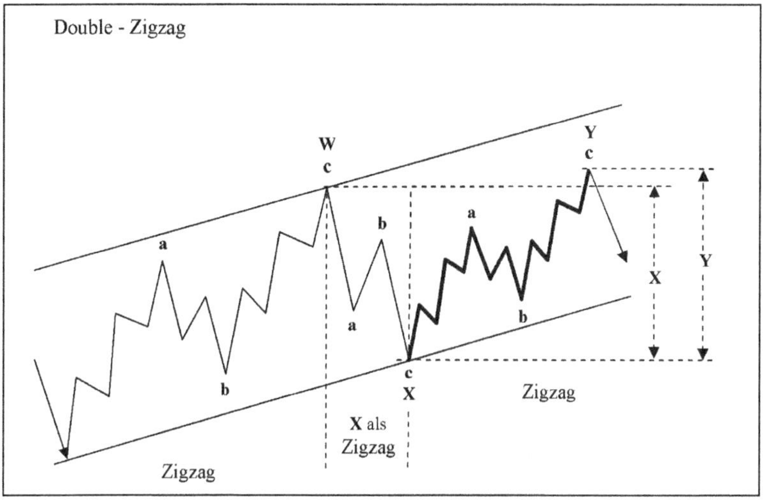

Abb. 4.15

4.3 Triple-Zigzag – Beschreibung

Die Korrekturformation Triple-Zigzag kommt eher selten vor. Die Bezeichnung Triple-Zigzag besagt schon, dass die Formation durch zwei X - Wellen drei Zigzags miteinander verbindet (Welle W, Welle Y und Welle Z).

Die ersten beiden Wellen W und Y werden durch die Welle X verbunden, die Welle W wird häufig um mindestens 23,6 % korrigiert. Die Welle X2 verbindet die Wellen Y und Z miteinander und korrigiert die Welle Y meistens um mindestens 23,6 %.

Das Zigzag ist die einzige Standardkorrekturform, die als Sonderkorrekturform als Triple auftreten kann.

Triple-Zigzag im Abwärtstrend

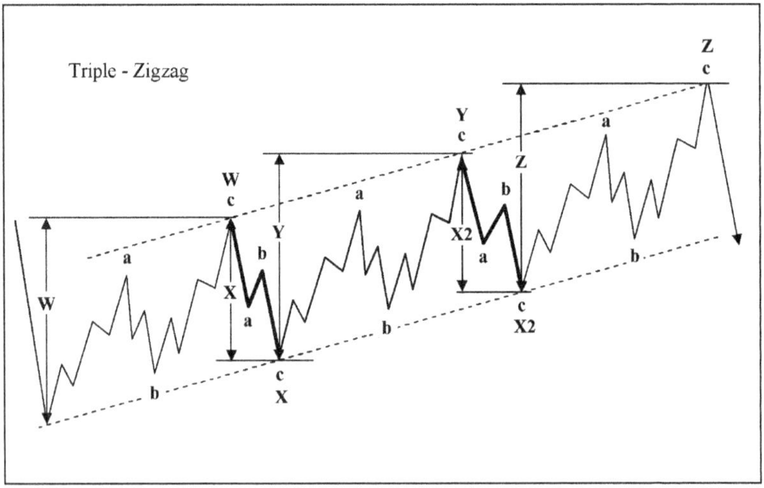

Abb. 4.16

4.4 Triple-Zigzag – Regeln und Richtlinien

Das Zigzag ist die einzige Standartkorrekturform, die als Sonderkorrekturform als Triple auftreten kann.

1. Die Welle W muss ein Zigzag sein.
2. Die Welle X kann jedes beliebige Korrekturmuster sein, sehr selten ein Triangle.
3. Die Welle X korrigiert die Welle W nicht mehr als 99 %.
4. Die Welle Y muss ein Zigzag sein.
5. Die Welle Y muss größer sein als Welle X, zumindest gleich lang.
6. Die Welle X2 kann jedes beliebige Korrekturmuster sein, außer einem Expanding Triangle.
7. Die Welle X2 korrigiert die Welle Y nicht mehr als 99 %.
8. Die Welle Z muss ein Zigzag sein.
9. Die Welle Z muss größer sein als Welle X2, zumindest gleich lang.

Richtlinien zu dem Triple-Zigzag:

1. Die Korrekturrichtung des kompletten Musters wird durch die Welle W bestimmt.
2. Die Welle X sollte mindestens 23,6 % der Welle W erreichen.
3. Die Welle X korrigiert die Welle W häufig nicht mehr als 61,8 %.
4. Die Welle X ist häufig ein Zigzag, Double- oder Tripple-Zigzag.
5. Die Welle Y erreicht häufig 61,8 %, 100 %, 138,2 % oder 161,8 % der Welle W, steht aber nicht zwangsläufig in einem Fibonacci Verhältnis zu der Welle W.
6. Die Welle X2 ist häufig ein Zigzag, Double- oder Triple-Zigzag.
7. Die Welle X2 korrigiert die Welle Y häufig nicht mehr als 61,8 %.
8. Sehr oft entsteht eine X - X2 Linie und eine harmonische Korrektur in Form eines Trendkanals.
9. In einem Triple-Zigzag kann die Welle X aus einem Flat, Zigzag, Contracting Triangle (selten), Double-Zigzag, Triple-Zigzag, Double-Three und einem Triple-Three gebildet werden. Das Triangle darf nicht extendieren.
10. Die Welle C in der Welle W versagt nicht.

11. Die Welle C in der Welle Y versagt nicht.
12. Die Welle C in der Welle Z darf versagen (sehr selten).
13. In einem Triple-Zigzag kann die Welle X2 aus einem Flat, Zigzag, Contracting Triangle, Double-Zigzag, Triple-Zigzag, Double-Three und einem Triple-Three gebildet werden. Das Triangle darf nicht extendieren.
14. Die Welle Z erreicht häufig 61,8 %, 100 %, 138,2 % oder 161,8 % der Welle Y oder W, steht aber nicht zwangsläufig in einem Fibonacci-Verhältnis zu der Welle Y oder der Welle W.

Ein Triple-Zigzag tritt in folgenden Wellen auf:

Impuls:	Welle 2 und 4
EDT:	Jede beliebige Welle
LDT:	Welle 2 und 4
Zigzag:	Welle b
Flat:	Welle a und b
Triangle:	Jede beliebige Welle
Doppel - Zigzag:	Welle X
Triple - Zigzag:	Welle X und X2
Doppel - Flat:	Nur in Welle X
Doppel - Three:	Welle X
Triple - Three:	Welle X und X2

Abb. 4.17

Innere Struktur:

Das Triple-Zigzag besteht aus 11 Wellen, die drei Zigzag werden wiederum durch je eine X Welle verbunden. Bei einem Triple-Zigzag besteht die innere Struktur der 11 Wellen aus (5-3-5)-3-(5-3-5)-3-(5-3-5) = (abc)-X-(abc)-X2-(abc), (W)-X-(Y)-X2-(Z).

Visuelle Darstellung: Regeln zu dem Triple-Zigzag

1. Die Welle W muss ein Zigzag sein.

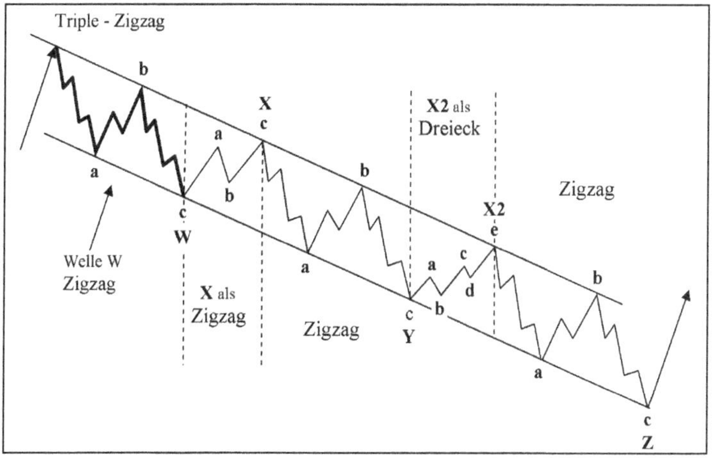

Abb. 4.18

2. Die Welle X kann jedes beliebige Korrekturmuster sein, nur selten ein Triangle.

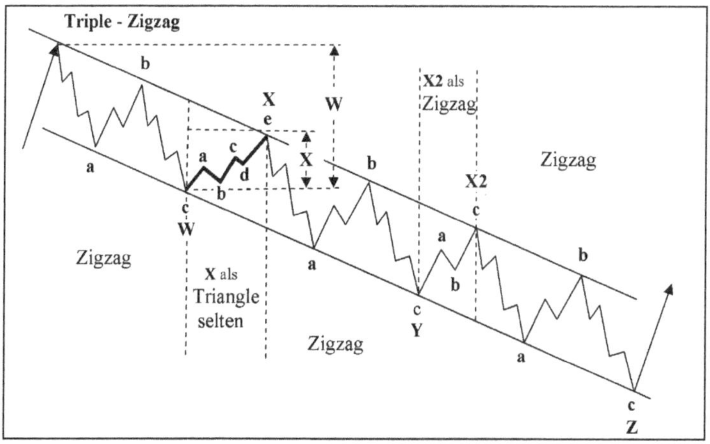

Abb. 4.19

3. Die Welle X korrigiert die Welle W nicht mehr als 99 %.

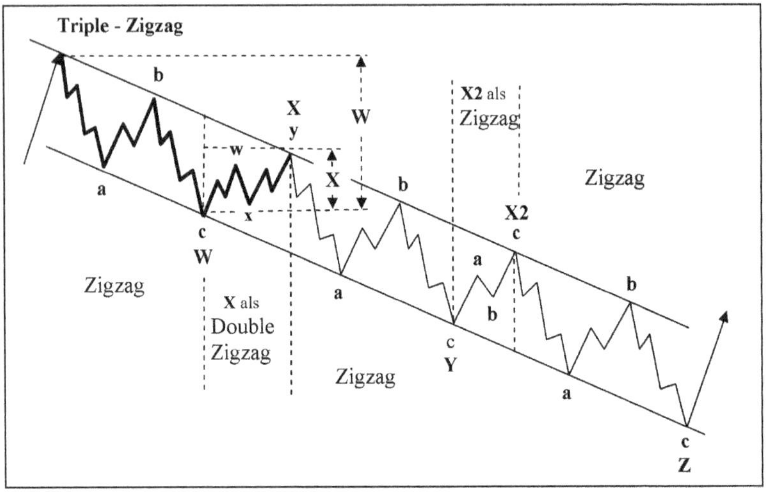

Abb. 4.20

4. Die Welle Y muss ein Zigzag sein.

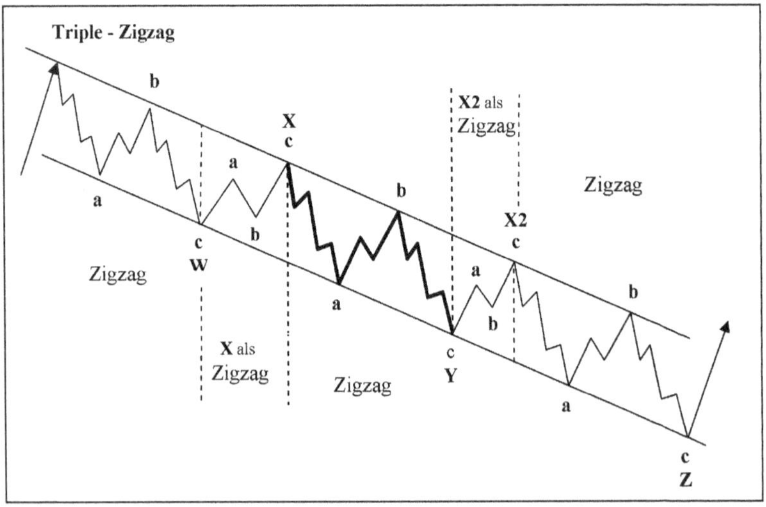

Abb. 4.21

5. Die Welle Y muss größer sein als Welle X, zumindest gleichlang.

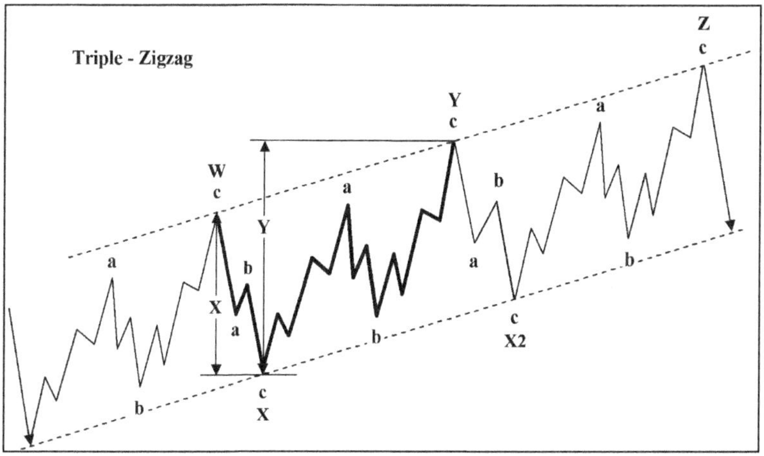

Abb. 4.22

6. Die Welle X2 kann jedes beliebige Korrekturmuster sein.
Welle X als Zigzag

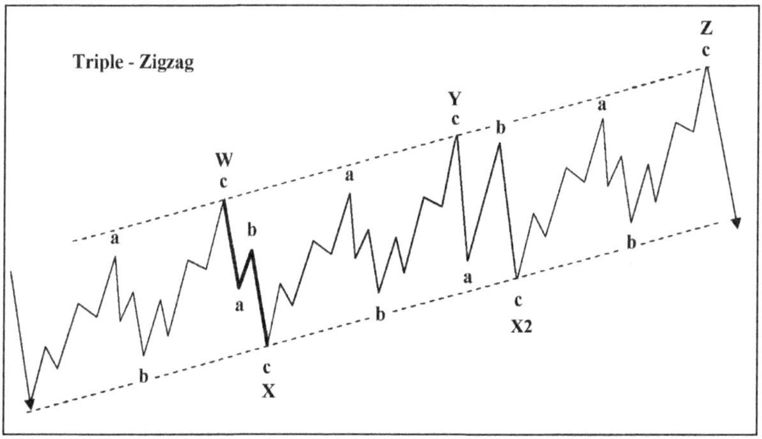

Abb. 4.23

Welle X2 als Double-Zigzag.

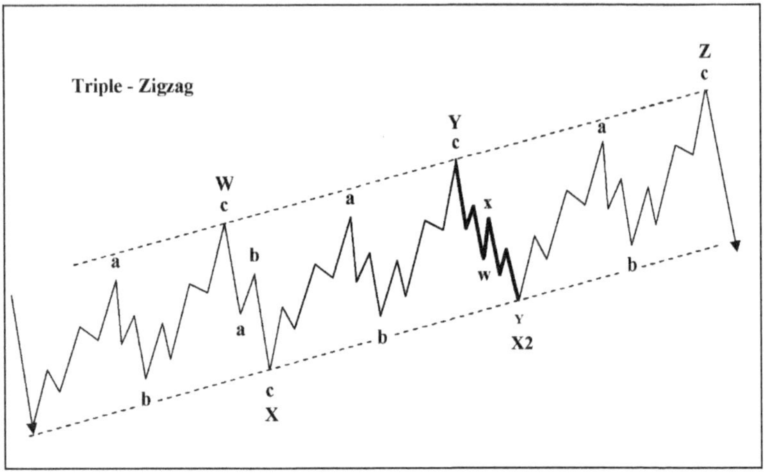

Abb. 4.24

Welle X als Double-Zigzag.

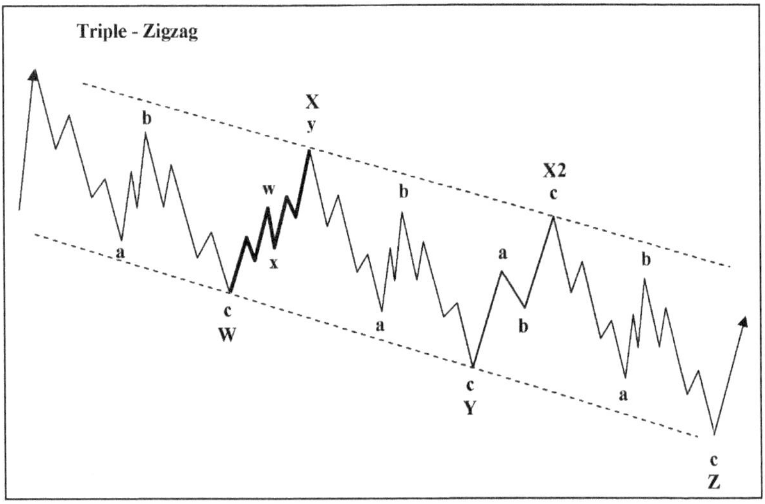

Abb. 4.25

Welle X als Flat.

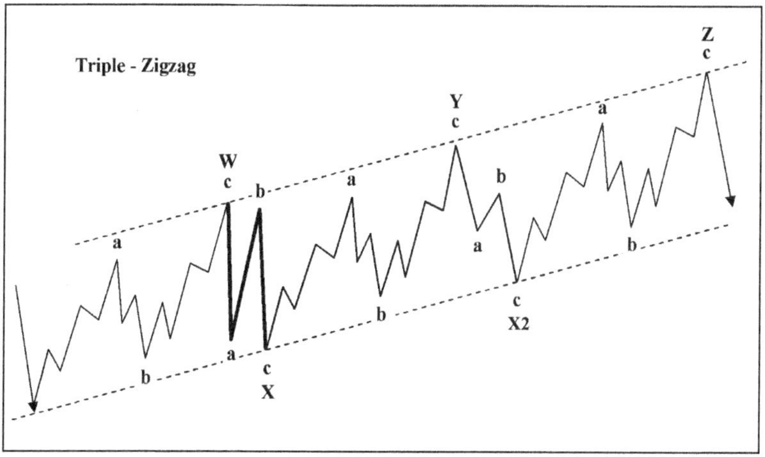

Abb. 4.26

Welle X2 als Flat.

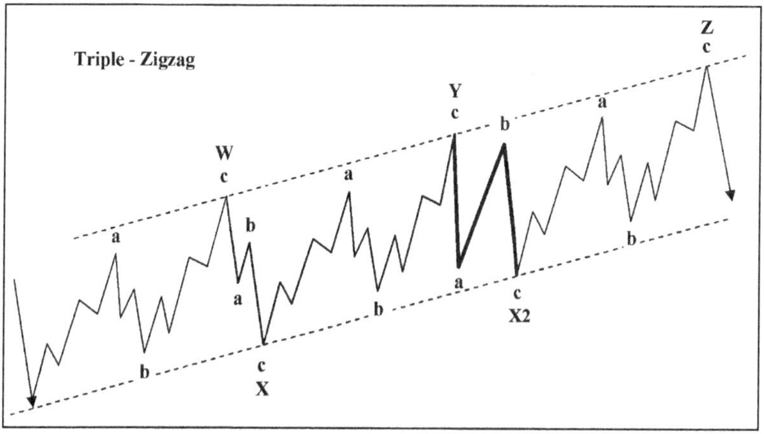

Abb. 4.27

Welle X2 als Triangle.

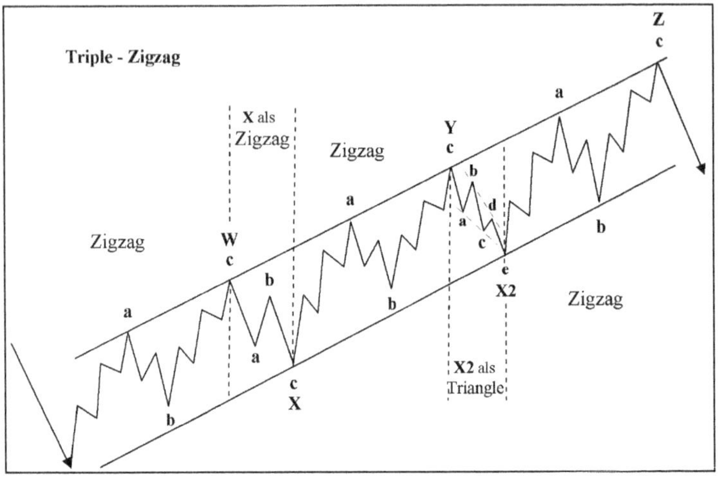

Abb. 4.28

Welle X als Triangle.

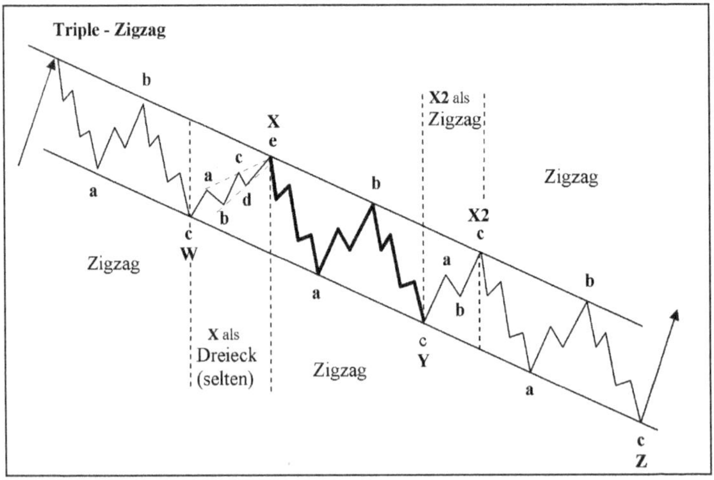

Abb. 4.29

7. Die Welle X2 korrigiert die Welle Y nicht mehr als 99 %.

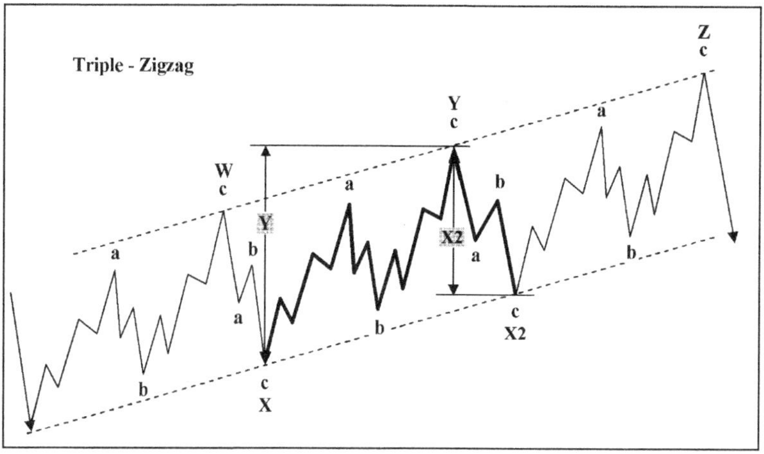

Abb. 4.30

8. Die Welle Z muss ein Zigzag sein.

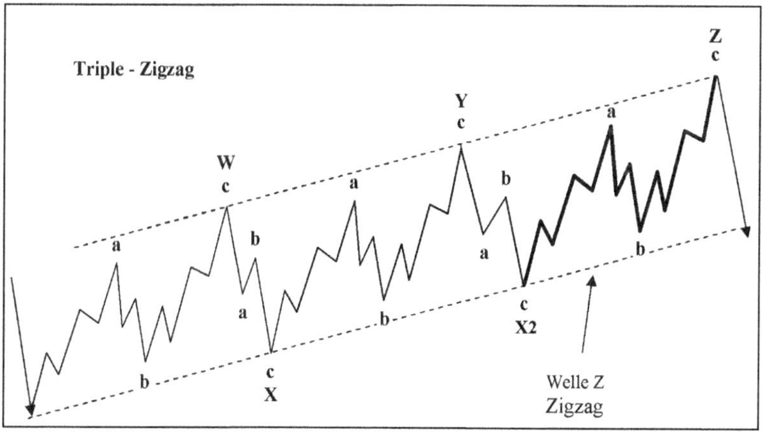

Abb. 4.31

9. Die Welle Z muss größer sein als Welle X2, zumindest gleichlang.

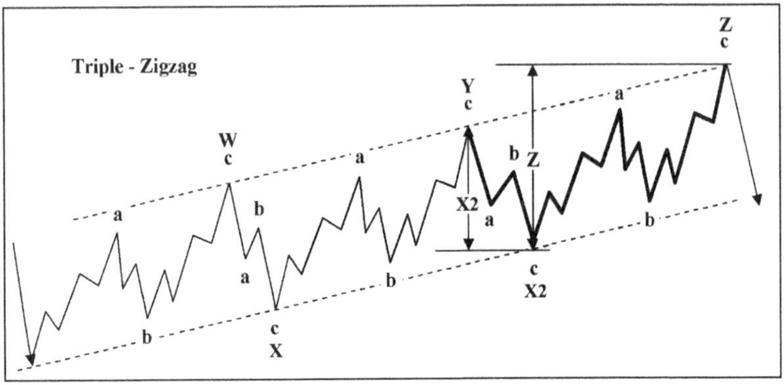

Abb. 4.32

Visuelle Darstellung:

Richtlinien zu dem Triple-Zigzag

1. Die Korrekturrichtung des kompletten Musters wird durch die Welle W bestimmt.
2. Die Welle X sollte mindestens 23,6 % der Welle W erreichen.
3. Die Welle X korrigiert die Welle W häufig nicht mehr als 61,8 %.
4. Die Welle X ist häufig ein Zigzag, Double- oder Tripple-Zigzag.

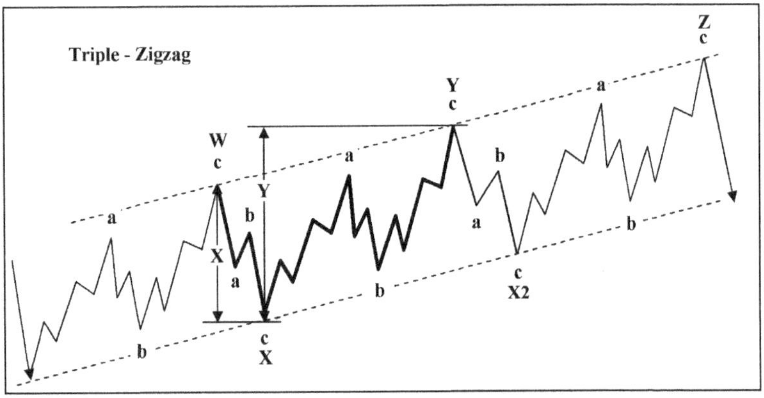

Abb. 4.33

5. Die Welle Y erreicht häufig 61,8 %, 100 %, 138,2 % oder 161,8 % der Welle W, steht aber nicht zwangsläufig in einem Fibonacci-Verhältnis zu der Welle W.
6. Die Welle X2 ist häufig ein Zigzag, Double- oder Triple-Zigzag.
7. Die Welle X2 korrigiert die Welle Y häufig nicht mehr als 61,8 %.

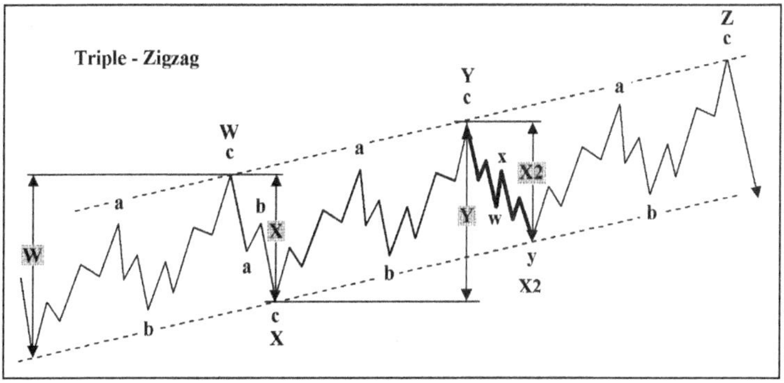

Abb. 4.34

8. Sehr oft entsteht eine X - X2 Linie und eine harmonische Korrektur in Form eines Trendkanals.

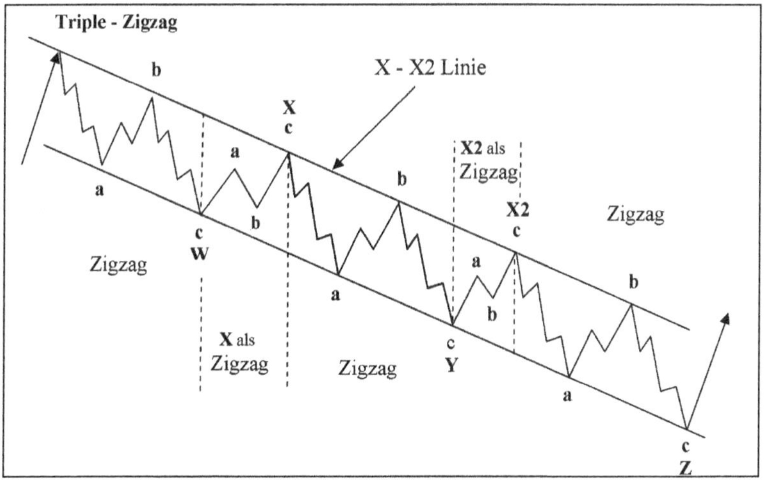

Abb. 4.35

9. In einem Triple-Zigzag kann die Welle X aus einem Flat, Zigzag, Contracting Triangle (selten), Double-Zigzag, Triple-Zigzag, Double-Three und einem Triple-Three gebildet werden. Das Triangle darf nicht extendieren.

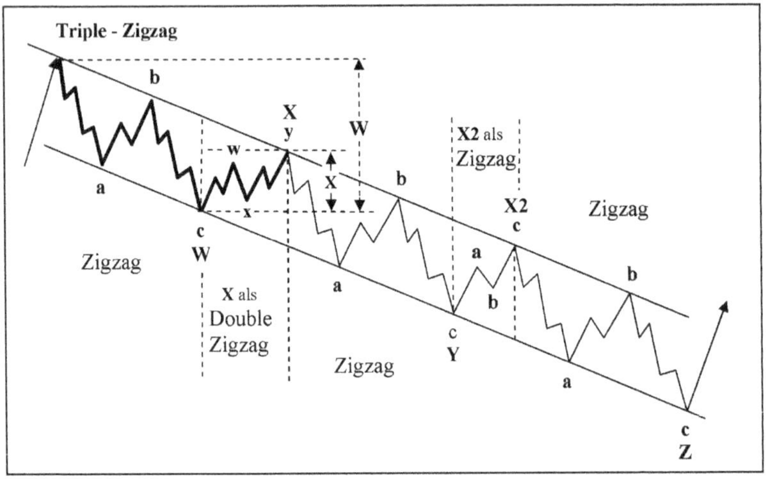

Abb. 4.36

10. Die Welle C in der Welle W versagt nicht.
11. Die Welle C in der Welle Y versagt nicht.
12. Die Welle C in der Welle Z darf versagen (sehr selten).

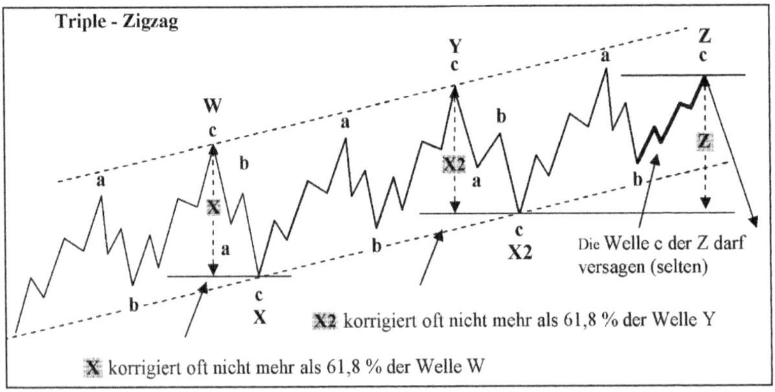

Abb. 4.37

13. In einem Triple-Zigzag kann die Welle X2 aus einem Flat, Zigzag, Contracting Triangle, Double-Zigzag, Triple-Zigzag, Double-Three und einem Triple-Three gebildet werden. Das Triangle darf nicht extendieren.
14. Die Welle Z erreicht häufig 61,8 %, 100 %, 138,2 % oder 161,8 % der Welle Y oder W, steht aber nicht zwangsläufig in einem Fibonacci-Verhältnis zu der Welle Y oder der Welle W.

4.5 Double-Flat – Beschreibung

Die aus zwei Flat-Standardmuster bestehende, aneinandergereihte Formation tritt oft nach langen Marktzyklen, bevorzugt als Welle 4 in einer eher seitwärts ausgerichteten Korrektur auf. Eine sich aus zwei einfachen Flat- Korrekturmustern bildende Korrekturformation, bezeichnet man als Doppel-Dreier. Die zwei Einfach-Dreier werden dann wieder wie beim Double-Zigzag mit einer Welle X verbunden. Die verbindende X Welle darf sich aus den Standardkorrekturformen (Einfach – Dreiern) Flat, Zigzag oder Triangle oder deren Kombinationen ausbilden. Die Kennzeichnung kann aus den zwei nachstehenden Möglichkeiten bestehen, (abc)-x-(abc) / (3-3-5)-3-(3-3-5) oder W - X - Y (3-3-3).

Ein Double-Flat tritt in folgenden Wellen auf:

Impuls:	Welle 2 und 4
EDT:	Welle 2 und 4
LDT:	Welle 2 und 4
Zigzag:	Welle b
Flat:	Welle a (selten) und b
Triangle:	Jede beliebige Welle (selten)
Doppel - Zigzag:	Welle X
Triple - Zigzag:	Welle X und X2
Doppel - Flat:	Nur in Welle X (selten)
Doppel - Three:	Welle X
Triple - Three:	Welle X und X2

Abb. 4.38

Double-Flat

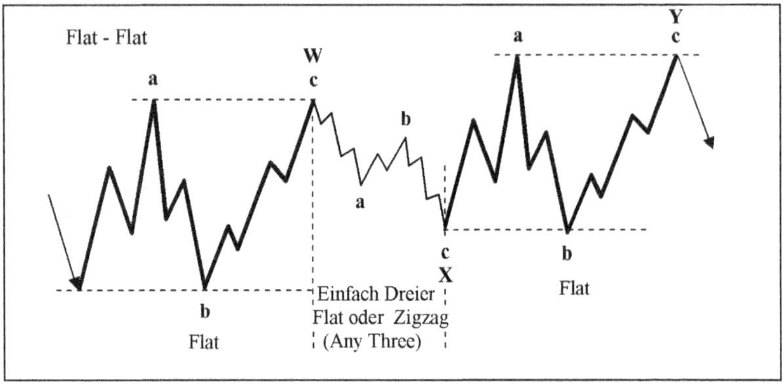

Abb. 4.39

Double-Flat

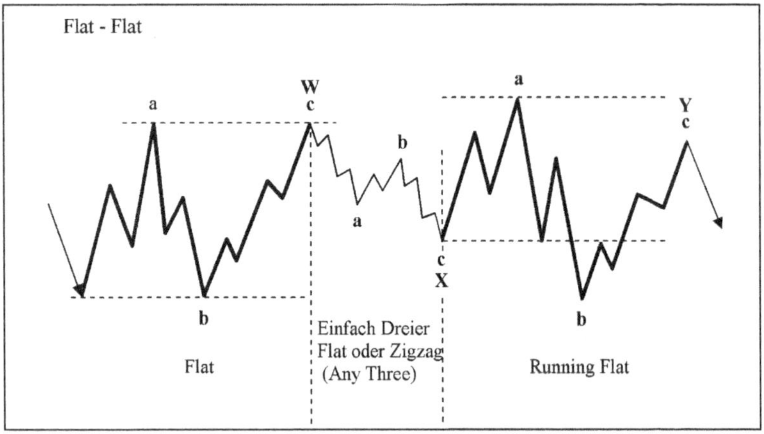

Abb. 4.40

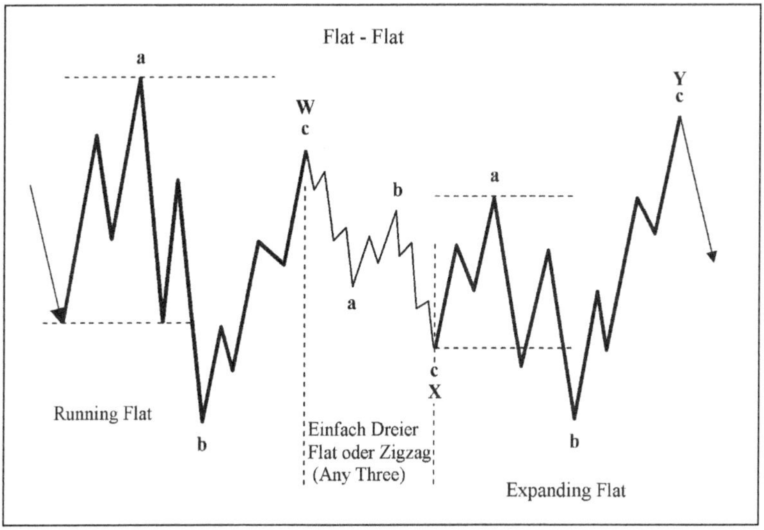

Abb. 4.41

4.6 Double-Flat - Regeln und Richtlinien

1. Die Welle W muss ein Flat sein.
2. Die Welle X kann jede beliebige Korrekturform sein, außer einem Expanding Triangle.
3. Die Welle X sollte mindestens 38,2 % der Welle W erreichen.
4. Die Welle Y muss ein Flat sein.

Richtlinien zu dem Double - Flat:

1. Die Korrekturrichtung des kompletten Musters ist eher seitwärts (Flaggenform).
2. Eine 0 - X Linie kann nicht gebildet werden.
3. Die Welle X ist häufig ein Zigzag, Double- oder Triple-Zigzag.
4. Die Welle X korrigiert oft mindestens 61,8 % der Welle W.
5. Die Welle X korrigiert die Welle W häufig nicht mehr als 161,8 %.

6. Die beiden Flats können sich als normales, expandierendes oder als Running Flat ausbilden.
7. Die beiden Flats bzw. Welle W und Welle Y stehen in keinem Fibonacci-Verhältnis zueinander.
8. Die Welle c in der Welle W versagt nicht.
9. Die Welle c in der Welle Y darf versagen (sehr selten).
10. Es gibt kein Dreifach (Triple–Flat).

Innere Struktur:

Bei einem Double-Flat besteht die innere Struktur aus 7 Wellen (abc) -x- (abc) (3-3-5) -3- (3-3-5). In der modernen Schreibweise wird das erste Flat (a-b-c) als W bezeichnet und das zweite Zigzag (a-b-c) als Y. Somit ergibt sich dann eine übergeordnete, dreiteilige Korrekturwelle W-X-Y (3-3-3).

Ein Double-Flat tritt in folgenden Wellen auf:

Impuls:	Welle 2 und 4
EDT:	Welle 2 und 4
LDT:	Welle 2 und 4
Zigzag:	Welle b
Flat:	Welle a (selten) und b
Triangle:	Jede beliebige Welle (selten)
Doppel - Zigzag:	Welle X
Triple - Zigzag:	Welle X und X2
Doppel - Flat:	Nur in Welle X (selten)
Doppel - Three:	Welle X
Triple - Three:	Welle X und X2

Abb. 4. 42

Visuelle Darstellung: Regeln zu dem Double-Flat

1. Die Welle W muss ein Flat sein.

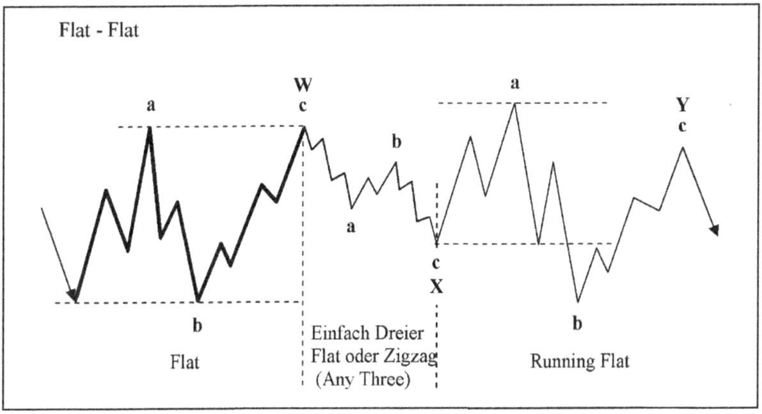

Abb. 4.43

2. Die Welle X kann jede beliebige Korrekturform sein, außer einem Expanding Triangle.

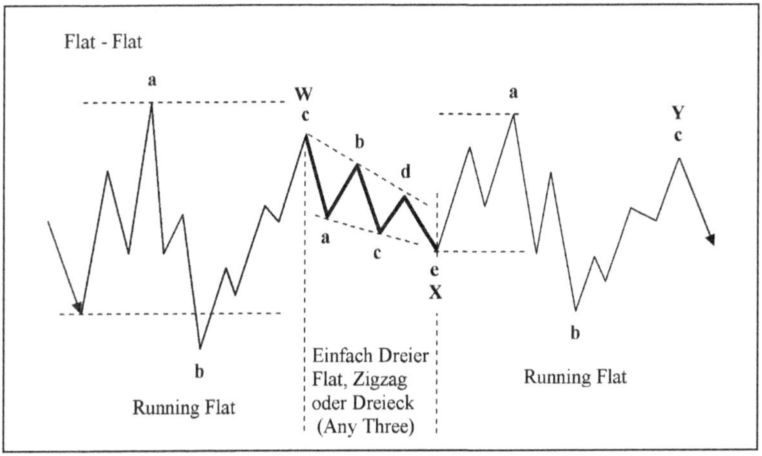

Abb. 4.44

3. Die Welle X sollte mindestens 38,2 % der Welle W erreichen

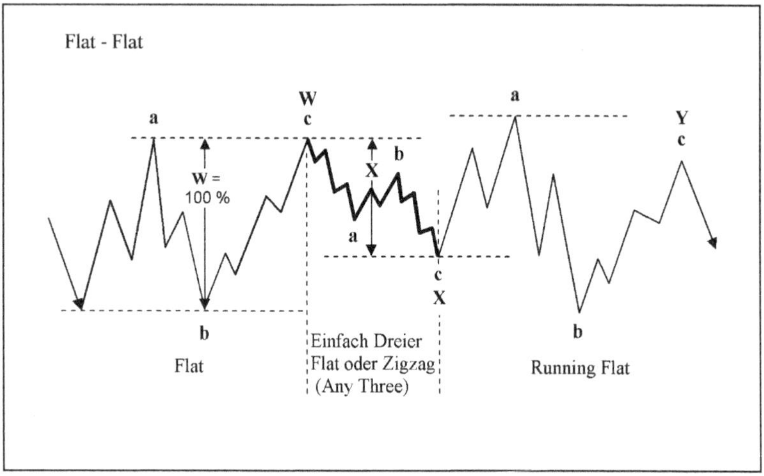

Abb. 4.45

4. Die Welle X sollte maximal 161,8 % des ersten Flat erreichen.

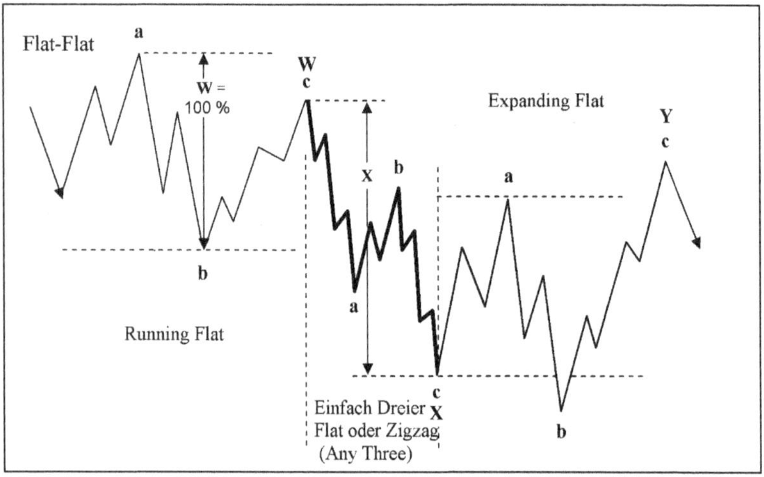

Abb. 4.46

5. Die Welle Y muss ein Flat sein.

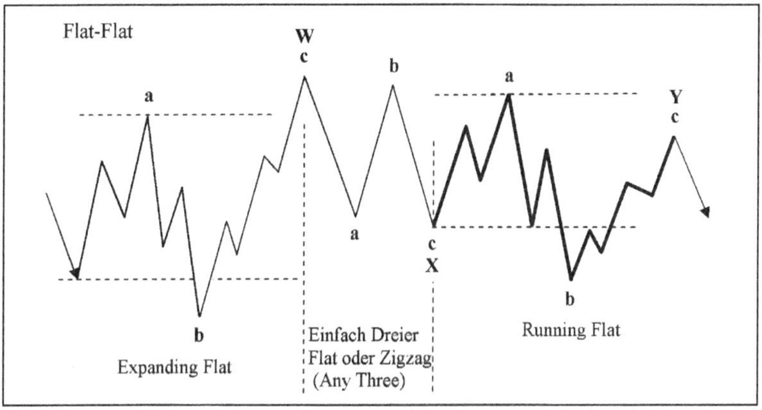

Abb. 4.47

Visuelle Darstellung: Richtlinien zu dem Double-Flat

1. Die Korrekturrichtung des kompletten Musters ist eher seitwärts (Flaggenform).
2. Eine 0 - X Linie kann nicht gebildet werden.
3. Die beiden Flats können sich als normales, expandierendes oder als Running Flat ausbilden.

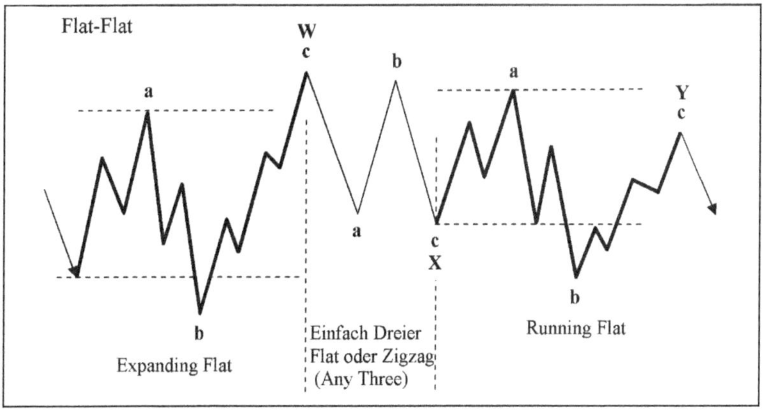

Abb. 4.48

4. Die beiden Flats bzw. Welle W und Welle Y stehen in keinem Fibonacci-Verhältnis zueinander.

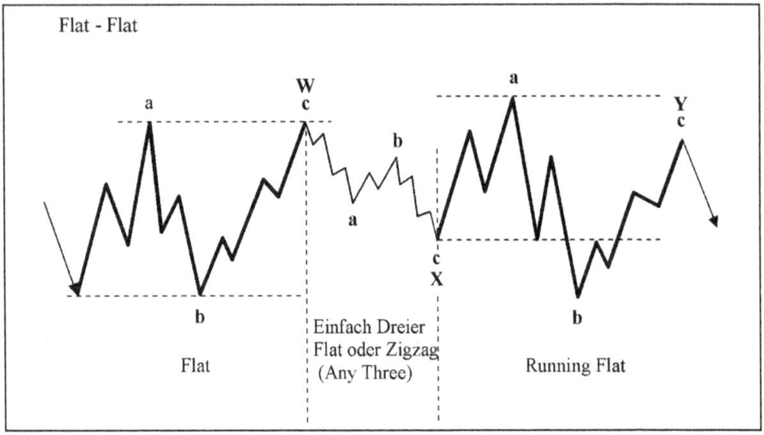

Abb. 4.49

5. Die Welle c in der Welle W versagt nicht.

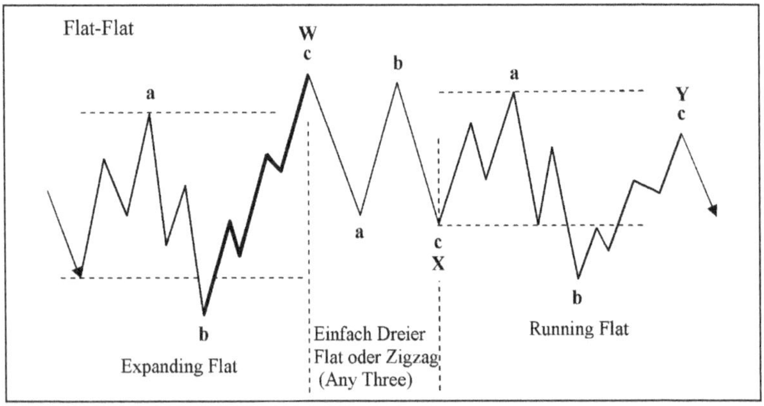

Abb. 4.50

6. Die Welle c in der Welle Y darf versagen (sehr selten).
7. Es gibt kein Dreifach (Triple-Flat).

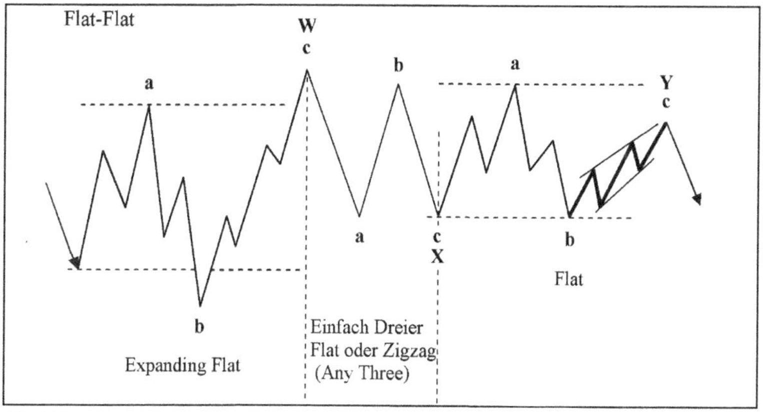

Abb. 4.51

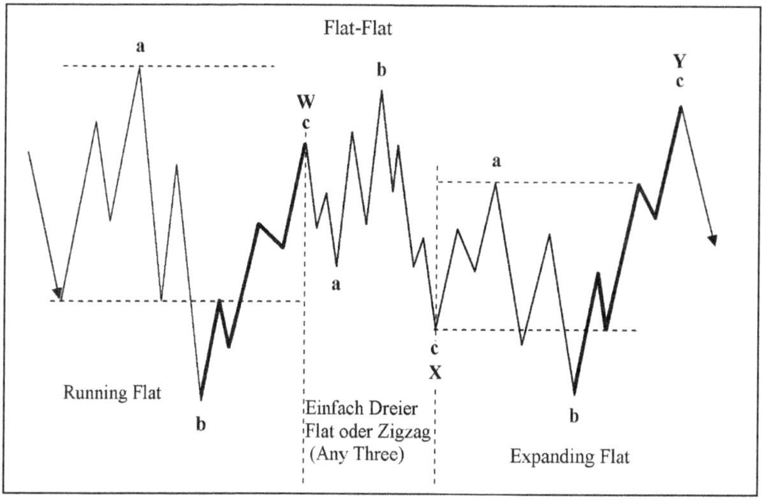

Abb. 4.52

4.7 Double-Three – Beschreibung

Doppel-Dreier Kombinationen (Double-Three)

Diese Kombinationen aus verschiedenen Standardmustern aneinandergereiht, treten oft nach langen Marktzyklen, meist als Welle 4 in einer eher seitwärts verlaufenden, umfangreichen Korrektur auf. Ein, sich aus zwei unterschiedlichen, einfachen Korrekturmustern Einfach-Dreier (Flat, Zigzag und Dreieck) bildenden Korrektur bezeichnet man als Doppel-Dreier. Die zwei Einfach-Dreier werden dann wieder wie beim Double-Zigzag mit einer Welle X verbunden. Während einer Ausdehnung der Formation, das heißt, es entsteht im direkten Anschluss ein zusätzlicher Dreier, welcher auch aus einem Dreieck bestehen darf und dann trotzdem als Dreifach - Dreier bezeichnet wird. Auch hier werden die drei Einzelformationen, wie beim Triple-Zigzag durch zwei X-Wellen verbunden. Die verbindenden X-Wellen dürfen sich ebenfalls aus den Einfach-Dreiern (Flat, Zigzag oder Triangle) ausbilden. Es können unterschiedliche Korrektur - Kombinationen entstehen. Die Three Kombinationen sind dafür geeignet, eine zeitliche Korrekturausdehnung zu eruieren und dabei überschießende Teilwellen zuzulassen.

Zigzag -X- Flat

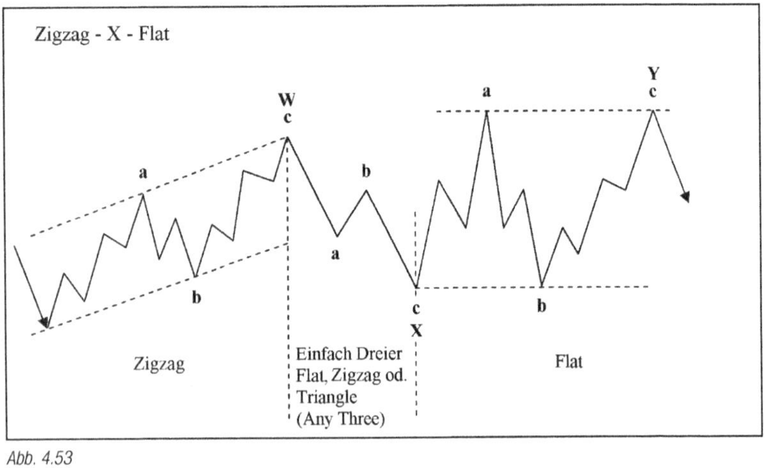

Abb. 4.53

Zigzag -X- Triangle

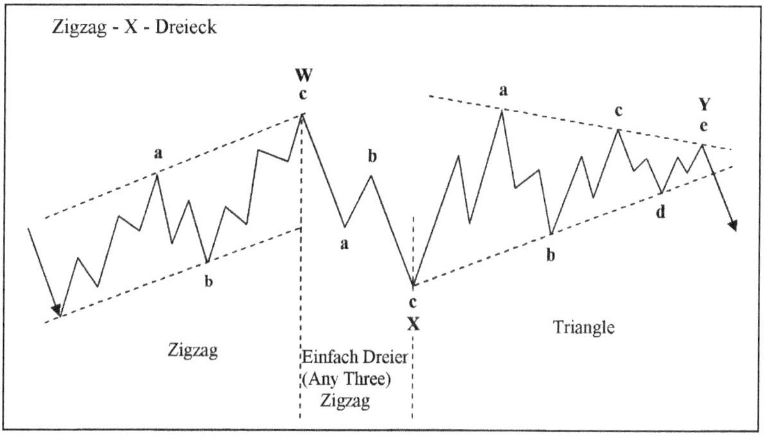

Abb. 4.54

Flat -X- Zigzag

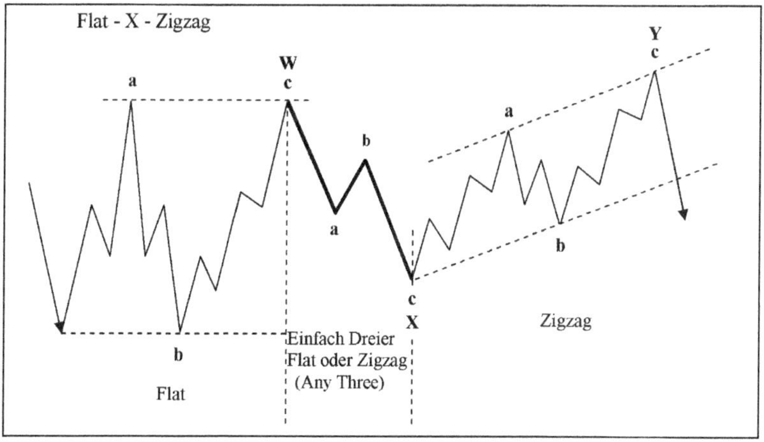

Abb. 4.55

Flat -X- Triangle

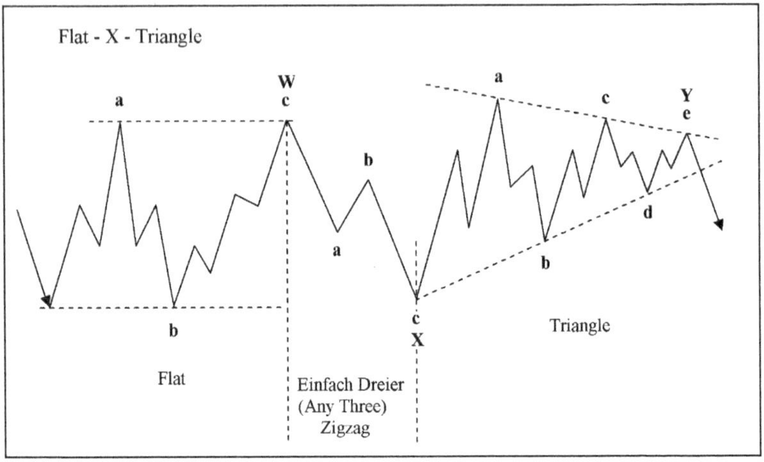

Abb. 4.56

4.8 Double-Three – Regeln und Richtlinien

Doppel - Dreier Kombinationen (Double - Three)

1. Die Welle W muss aus einer Zigzag- oder Flat-Korrektur bestehen und nicht aus einem Triangle, Double- oder Triple-Zigzag oder einer Double- und Triple-Three-Kombination.
2. Die Welle X kann jedes beliebige Korrekturmuster sein, außer einem Expanding Triangle.
3. Die Welle X darf größer sein als die Welle W.
4. Die Welle Y muss aus einem Flat, Zigzag oder Triangle gebildet werden.
5. Die Welle Y muss preislich größer sein als die Welle X, außer sie besteht aus einem Dreieck (Triangle).

Richtlinien zu dem Double-Three (Doppel-Dreier):

Combi-Korrekturen (Double-Kombination)

1. Die Welle X überschießt seltener, wenn die Welle W (erster Dreier) ein Zigzag ist.
2. Die Welle X sollte mindestens 23,6 % der Welle W erreichen.
3. Die Welle X korrigiert die Welle W häufig nicht mehr als 161,8 %. (überschießend).
4. Die Welle X ist häufig ein Zigzag, Double- oder Triple-Zigzag.
5. Die Korrekturrichtung ist eher seitwärts angelegt.
6. Die Welle X erreicht häufig mindestens 61,8 % der Welle W.
7. Die Welle Y erreicht häufig 61,8 %, 100 %, 138,2 % oder 161,8 % der Welle W, steht aber nicht zwangsläufig in einem Fibonacci-Verhältnis zu der Welle W.
8. Es entsteht keine aussagekräftige 0 - X Linie.
9. Die Welle c in der Welle W versagt nicht.
10. Die Welle c in der Welle Y darf versagen (selten).

Innere Struktur:

Das Double - Three besteht aus 7 Wellen. Bei einem Double-Three besteht die innere Struktur der 7 Wellen, (abc)-X-(abc) aus z. B. (3-3-5) - 3 - (5-3-5). Wird das Double-Three mit einem Triangle beendet, besteht die innere Struktur (5-3-5) - 3 - (3-3-3-3-3) sogar aus 9 Wellen (abc) - X - (abcde) (W - X - Y).

Kombinationsmöglichkeiten: Double-Three: (Zweifach-Dreier)

Zigzag -X- Flat	(5-3-5) - 3 - (3-3-5)	(W - X - Y)
Zigzag -X- Triangle	(5-3-5) - 3 - (3-3-3-3-3)	(W - X - Y)
Flat -X- Zigzag	(3-3-5) - 3 - (5-3-5)	(W - X - Y)
Flat -X- Triangle	(3-3-5) - 3 - (3-3-3-3-3)	(W - X - Y)

Ein Double-Three tritt in folgenden Wellen auf:

Impuls:	Welle 2 und 4
EDT:	Welle 2 und 4
LDT:	Welle 2 und 4
Zigzag:	Welle b
Flat:	Welle a und b
Triangle:	Jede beliebige Welle
Doppel - Zigzag:	Welle X
Triple - Zigzag:	Welle X und X2
Doppel - Flat:	Nur in Welle X
Doppel - Three:	Welle X
Triple - Three:	Welle X und X2

Abb. 4.57

Visuelle Darstellung: Regeln zu dem Double-Three

1. Die Welle W muss aus einer Zigzag- oder Flat-Korrektur bestehen und nicht aus einem Triangle, Double- oder Triple-Zigzag oder einer Double- und Triple- Three-Kombination.

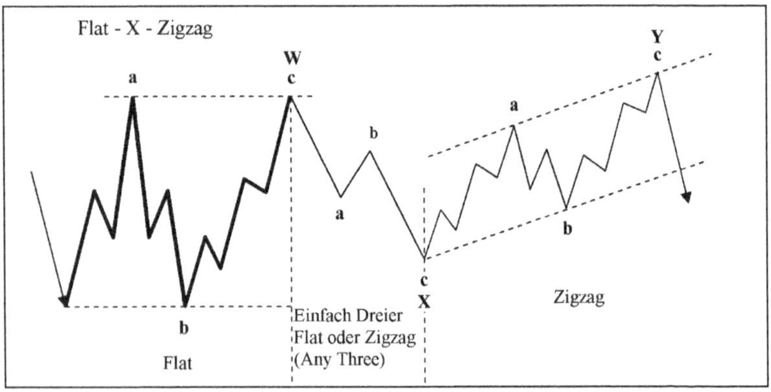

Abb. 4.58

2. Die Welle X kann jedes beliebige Korrekturmuster sein, außer einem Expanding Triangle.

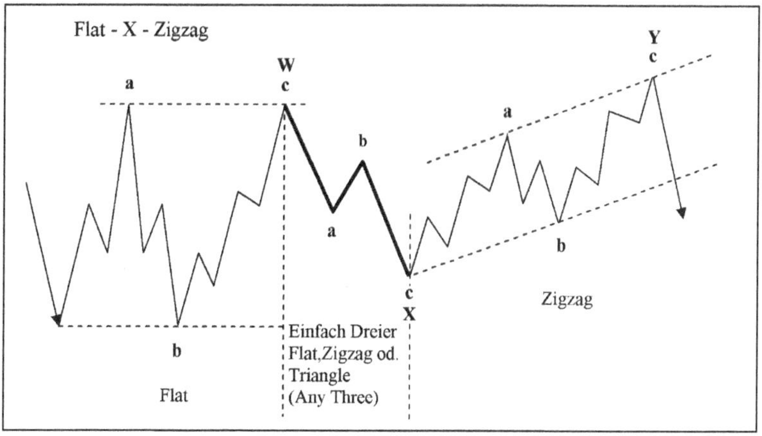

Abb. 4.59

3. Die Welle X darf größer sein als die Welle W.

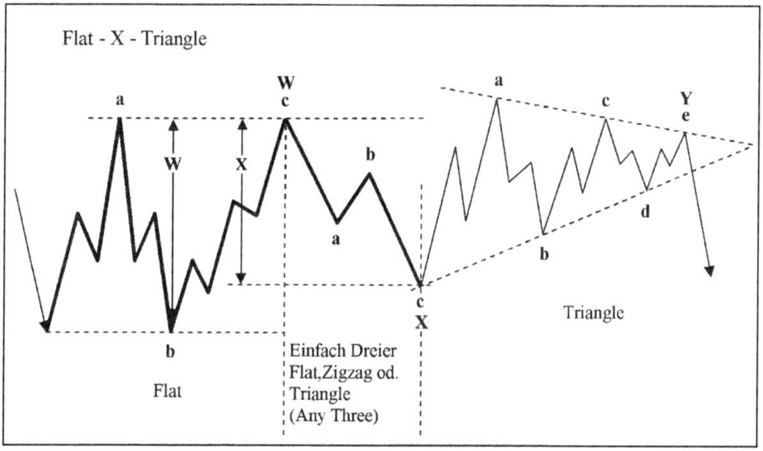

Abb. 4.60

4. Die Welle Y muss aus einem Flat, Zigzag oder Triangle gebildet werden.

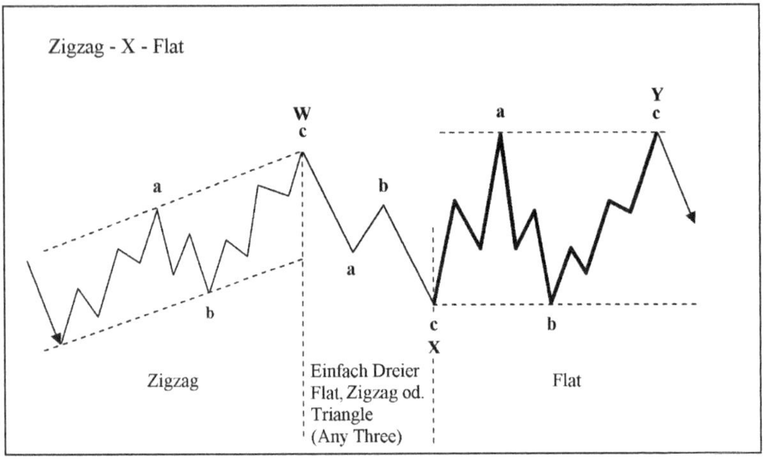

Abb. 4.61

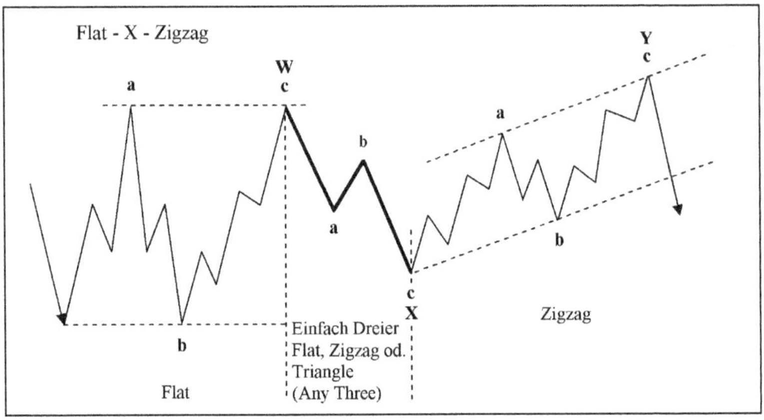

Abb. 4.62

5. Die Welle Y muss preislich größer sein als die Welle X, außer sie besteht aus einem Dreieck (Triangle).

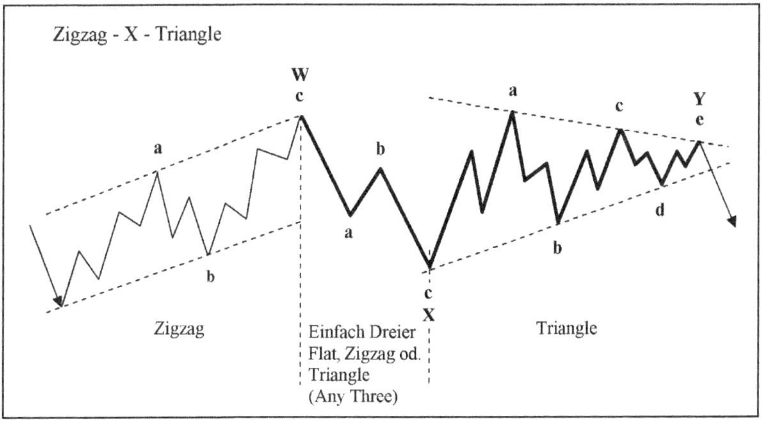

Abb. 4.63

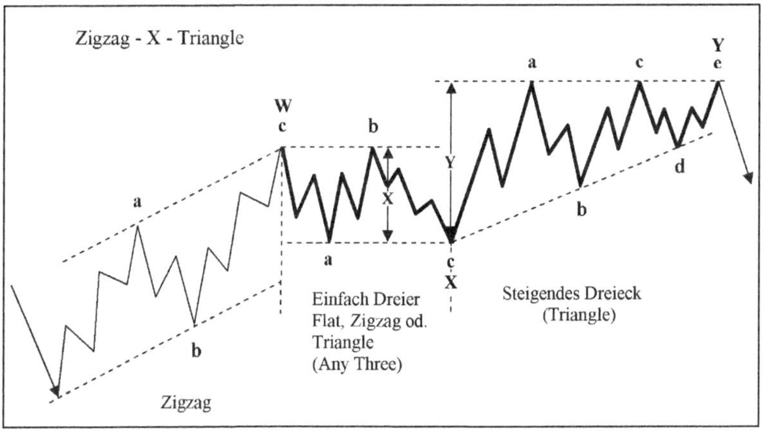

Abb. 4.64

Visuelle Darstellung: Richtlinien zu dem Double-Three

Combi Korrekturen (Double-Kombination)

1. Die Welle X überschießt seltener, wenn die Welle W (erster Dreier) ein Zigzag ist.

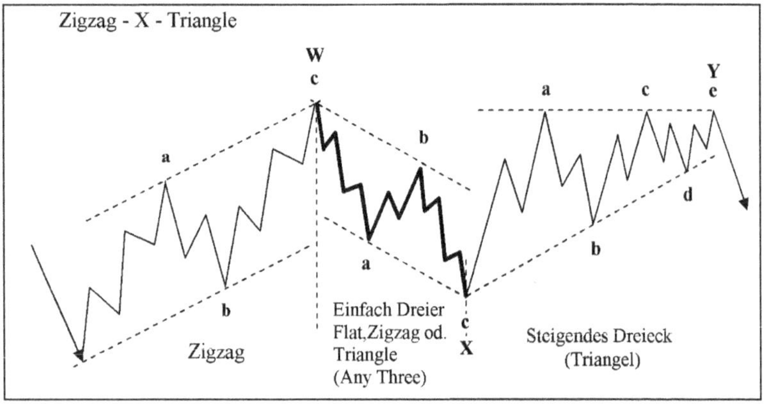

Abb. 4.65

2. Die Welle X sollte mindestens 23,6 % der Welle W erreichen.

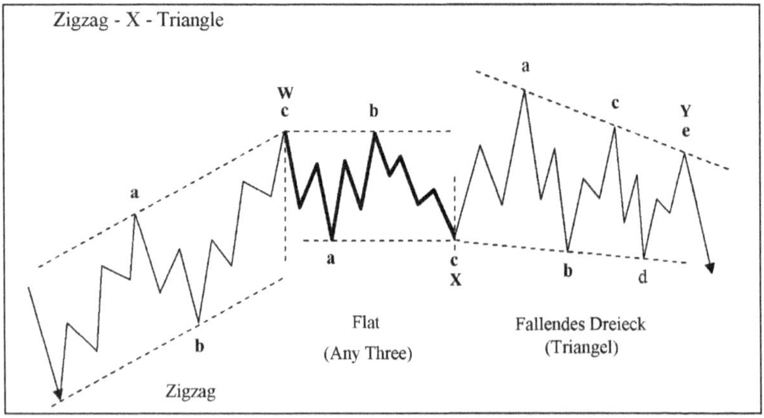

Abb. 4.66

3. Die Welle X korrigiert die Welle W häufig nicht mehr als 161,8 % (überschießend).

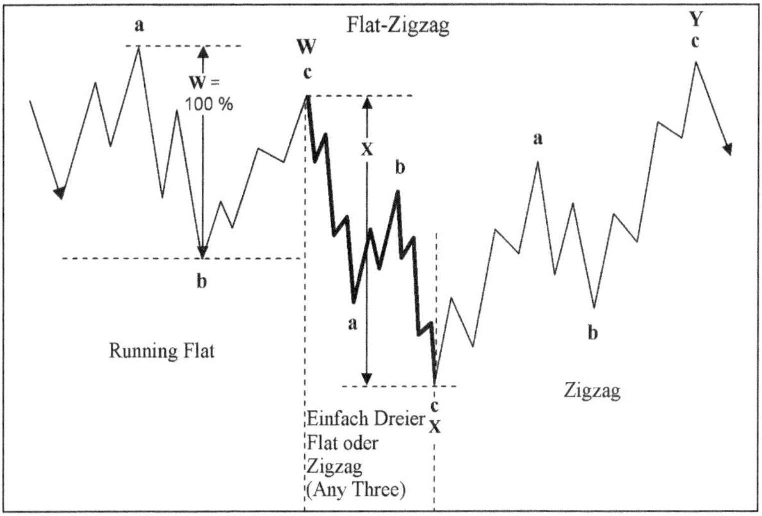

Abb. 4.67

4. Die Welle X ist häufig ein Zigzag, Double- oder Triple-Zigzag.

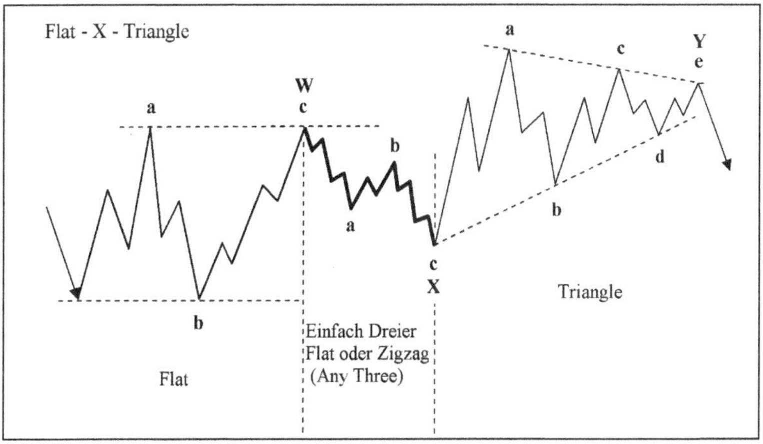

Abb. 4.68

5. Die Korrekturrichtung ist eher seitwärts angelegt.

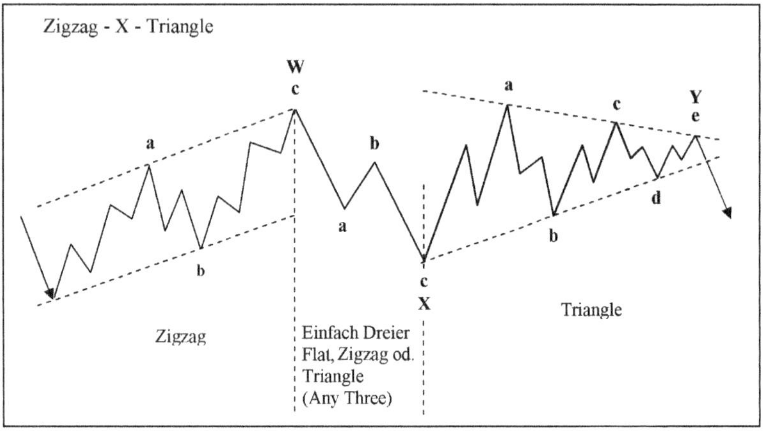

Abb. 4.69

6. Die Welle X erreicht häufig mindestens 61,8 % der Welle W.

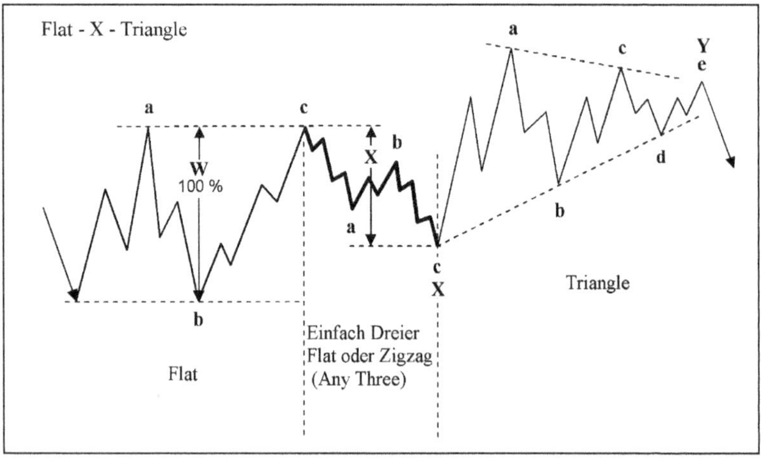

Abb. 4.70

7. Die Welle Y erreicht häufig 61,8 %, 100 %, 138,2 % oder 161,8 % der Welle W, steht aber nicht zwangsläufig in einem Fibonacci-Verhältnis zu der Welle W.

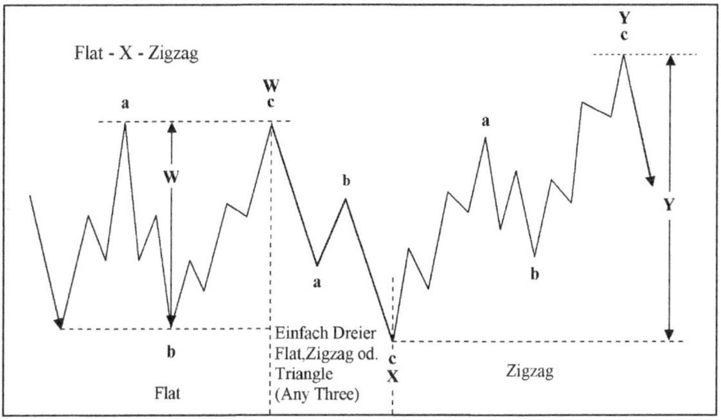

Abb. 4.71

8. Es entsteht keine aussagekräftige 0 - X Linie.
9. Die Welle c in der Welle W versagt nicht.
10. Die Welle c in der Welle Y darf versagen (selten).

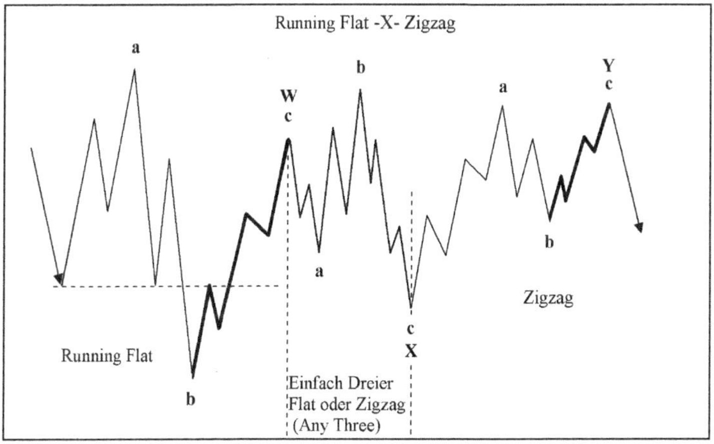

Abb. 4.72

4.9 Triple-Three – Beschreibung

Dreifach-Dreier Kombinationen (Triple–Three)
Diese Formationen treten ebenso wie die Double-Three-Formationen oft nach langen Marktzyklen meist als Welle 4 in einer eher seitwärts verlaufenden, umfangreichen Korrektur auf. Das seltener auftretende komplexe Korrekturmuster Dreifach-Dreier (Triple-Three) wird aus drei Einfach-Dreier gebildet, die wiederum mit jeweils einer X - Welle verbunden sind. Dieser Dreifach-Dreier gliedert sich selten in 11 Unterwellen auf, endet die Formation mit einem Dreieck, sind es insgesamt 13 Unterwellen. Die erste Welle, die mit einem W bezeichnet wird, muss aus einem Flat oder Zigzag bestehen. Die folgenden Wellen X, Y, X2 und Z können aus einem Flat, Zigzag und einem Triangle gebildet werden. Die X-Wellen bestehen überwiegend aus Zigzags. Die Alternationsregel ist bei der Korrekturformation unbedingt zu beachten. Das heißt, es dürfen keine gleichen Einzelwellen direkt miteinander verbunden sein. Ein Dreifach-Dreier (Triple-Three) darf in einer Welle a (selten) und b, einer a-b-c Korrektur oder in einer Welle 2oder 4 eines Impulses erscheinen. Die darauffolgende Kursbewegung als Welle c einer Korrektur oder einer Impulswelle 5 lässt eine sehr starke, dynamische Bewegung erwarten.

Zigzag - X - Flat - X - Triangle

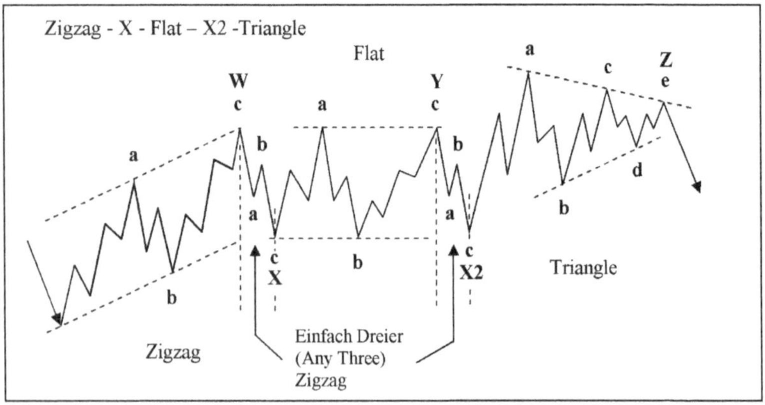

Abb. 4.73

Flat - X - Zigzag - X - Triangle

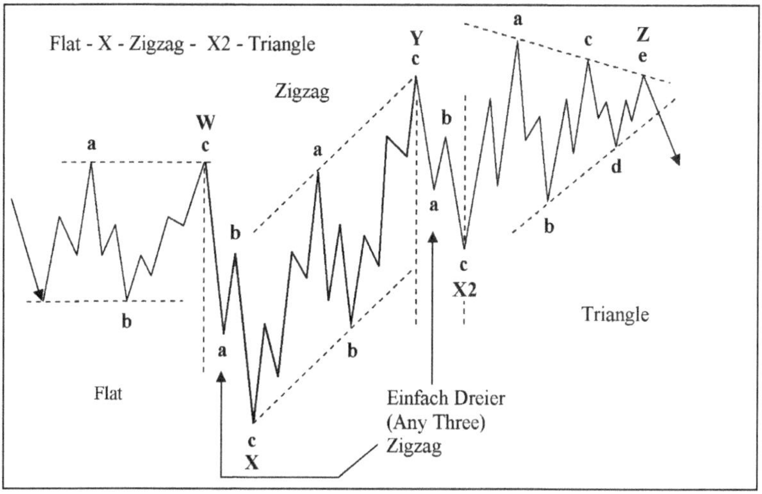

Abb. 4.74

4.10 Triple-Three – Regeln und Richtlinien

Dreifach - Dreier Kombinationen (Triple-Three) (Triple-Combi)

1. Die Welle W muss aus einer Zigzag- oder Flat-Formation bestehen und nicht aus einem Triangle, Doppel- oder Dreifach Zigzag oder einer Double- und Triple-Three Kombination.
2. Welle X kann jedes beliebige Korrekturmuster sein, außer einem Expanding Triangle und ist selten ein Contracting Triangle.
3. Die Welle X darf größer sein als die Welle W.
4. Die Welle Y muss aus einem Flat oder Zigzag gebildet werden.
5. Die Welle Y muss größer sein als Welle X, zumindest gleich lang.
6. Welle X2 kann jedes beliebige Korrekturmuster sein, außer einem Expanding Triangle und ist äußerst selten ein Contracting Triangle.
7. Die Welle X2 darf größer sein als die Welle Y.
8. Die Welle Z wird häufig als Triangle ausgebildet und extrem selten als Flat oder Zigzag.
9. Die Welle Z besitzt kein Mindestziel.

Richtlinien zu den Dreifach-Dreier Kombinationen (Triple–Three) (Triple–Combi)

1. Die Welle X überschießt seltener, wenn die Welle W (erster Dreier) ein Zigzag ist.
2. Die Welle X sollte mindestens 23,6 % der Welle W erreichen.
3. Die Welle X korrigiert die Welle W häufig nicht mehr als 161,8 %.
4. Die Welle X ist häufig ein Zigzag, Double- oder Triple-Zigzag.
5. Die Korrekturrichtung ist eher seitwärts angelegt.
6. Die Welle X erreicht häufig 61,8 % der Welle W.
7. Die Welle Y erreicht häufig 61,8 %, 100 %, 138,2 % oder 161,8 % der Welle W, steht aber nicht zwangsläufig in einem Fibonacci-Verhältnis zu der Welle W.
8. Die Welle X2 sollte mindestens 23,6 % der Welle Y erreichen.
9. Die Welle X2 erreicht häufig 61,8 % der Welle Y.
10. Die Welle X2 korrigiert die Welle Y häufig nicht mehr als 161,8 %.
11. Die Welle X2 ist häufig ein Zigzag, Double- oder Triple-Zigzag.
12. Es entsteht keine aussagekräftige 0-X Linie.
13. Die Welle c in der Welle W versagt nicht.
14. Die Welle c in der Welle Y versagt nicht.
15. Die Welle e in einem Triangle der Welle Z darf selbst auch als Triangle auftreten.

Innere Struktur:

Das Triple-Three besteht aus 11 Wellen. Bei einem Triple-Three besteht die innere Struktur der 11 Wellen z.B. (abc) - X - (abc) - X - (abc) aus (5-3-5) - 3 - (3-3-5) - 3 - (5-3-5) z B. Wird das Triple-Three mit einem Triangle beendet, besteht die innere Struktur (5-3-5) - 3 - (3-3-5) - 3 - (3-3-3-3-3) sogar aus 13 Wellen (abc) - X - (abc) –X2 - (abcde) oder (W) - X - (Y) - X2 - (Z).

Kombinationsmöglichkeiten: Triple-Three: (Dreifach-Dreier)

Zigzag -X- Flat -X2- Triangle (5-3-5)-3-(3-3-5) - (3-3-3-3-3) / (W-X -Y-X2-Z)
Flat -X- Zigzag -X2- Triangle (3-3-5)-3-(5-3-5) - (3-3-3-3-3) / (W-X -Y-X2-Z)

Ein Triple-Three tritt in folgenden Wellen auf:

Impuls:	Welle 2 und 4
EDT:	Welle 2 und 4
LDT:	Welle 2 und 4
Zigzag:	Welle b
Flat:	Welle a (selten) und b
Triangle:	Jede beliebige Welle (selten)
Doppel - Zigzag:	Welle X (selten)
Triple - Zigzag:	Welle X und X2 (selten)
Doppel - Flat:	Welle X (selten)
Doppel - Three:	Welle X (selten)
Triple - Three:	Welle X und X2 (selten)

Abb. 4.75

Visuelle Darstellung: Regeln zu dem Triple-Three (Dreifach-Dreier)

1. Die Welle W muss aus einer Zigzag - oder Flat-Korrektur bestehen und nicht aus einem Triangle, Doppel- oder Dreifach- Zigzag oder einer Doppel- und Dreifach-Three-Kombination.
2. Welle X kann jedes beliebige Korrekturmuster sein, außer einem Expanding Triangle und ist selten ein Contracting Triangle.

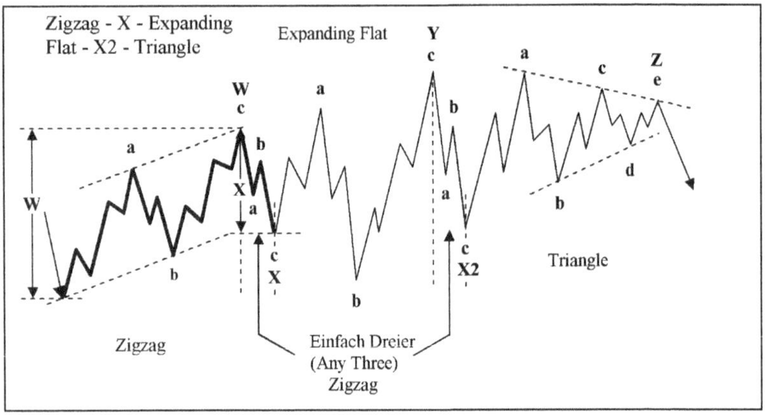

Abb. 4.76

3. Die Welle X darf größer sein als die Welle W.

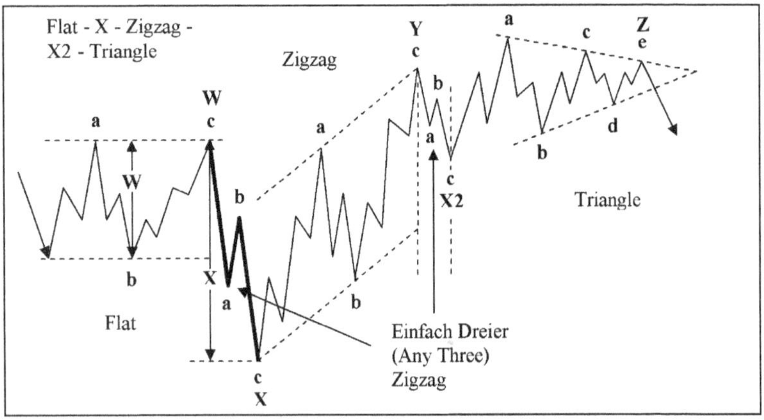

Abb. 4.77

4. Die Welle Y muss aus einem Flat oder Zigzag gebildet werden.

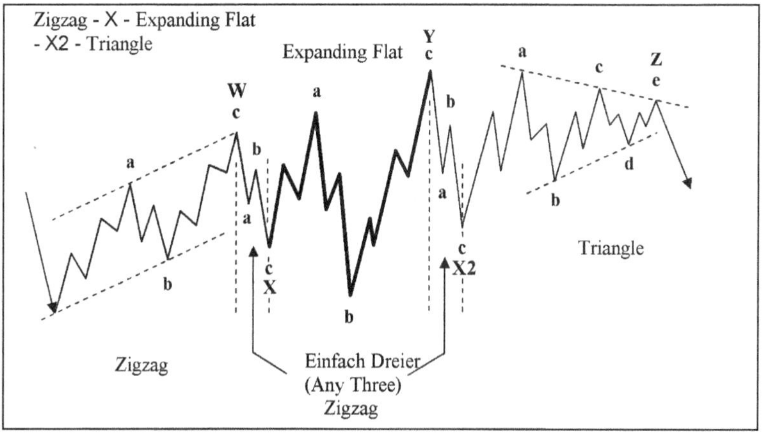

Abb. 4.78

5. Die Welle Y muss größer sein als Welle X, zumindest gleichlang.

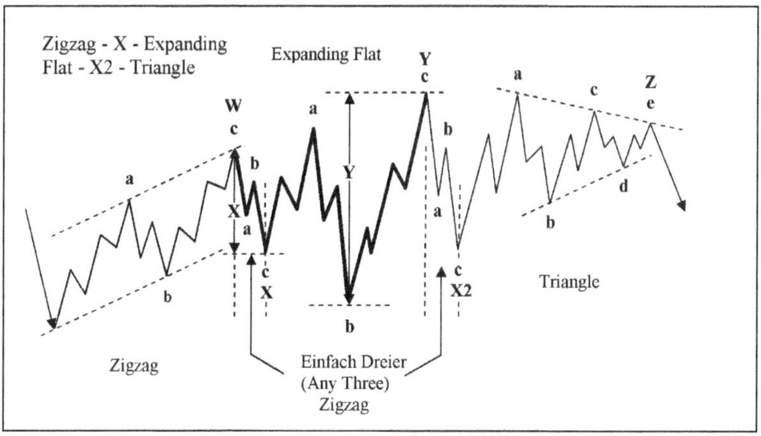

Abb. 4.79

6. Welle X2 kann jedes beliebige Korrekturmuster sein, außer einem Expanding Triangle, und ist äußerst selten ein Contracting Triangle.

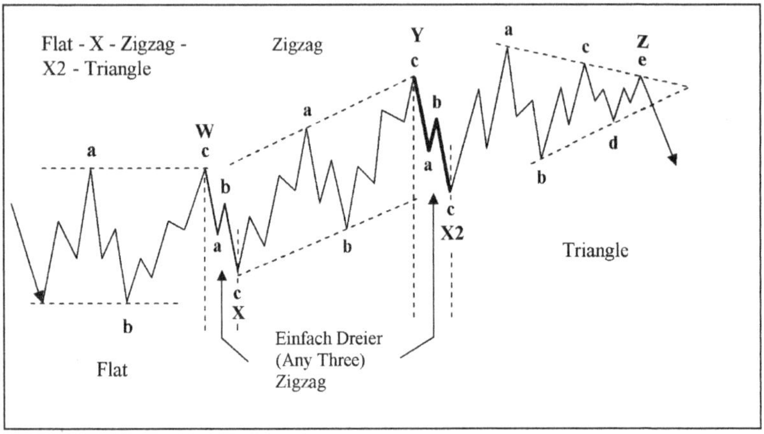

Abb. 4.80

7. Die Welle X2 darf größer sein als die Welle Y.

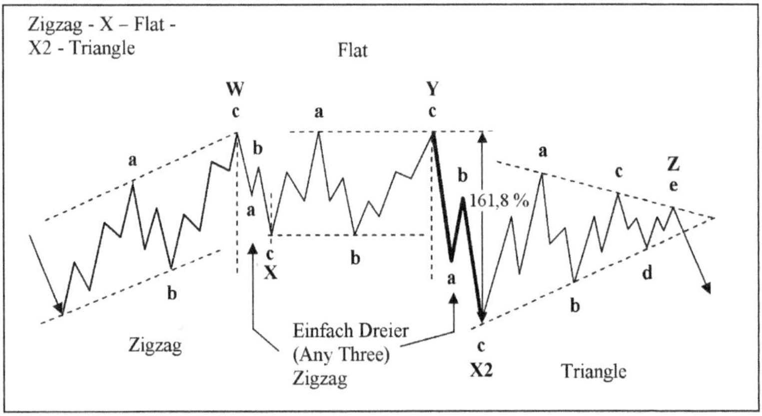

Abb. 4.81

8. Die Welle Z wird als Triangle ausgebildet.

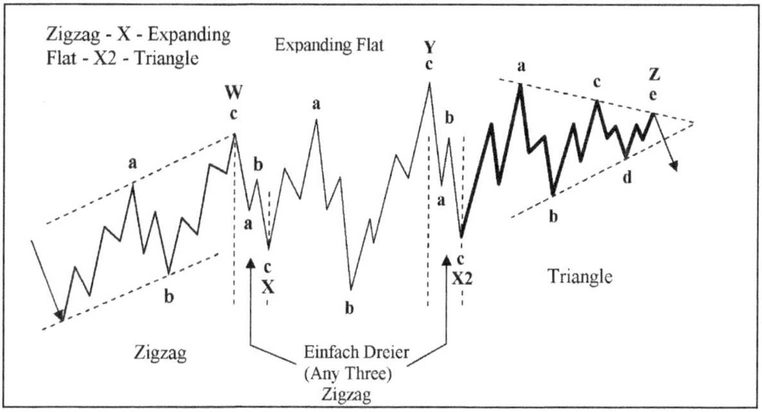

Abb. 4.82

9. Die Welle Z besitzt kein Mindestziel.

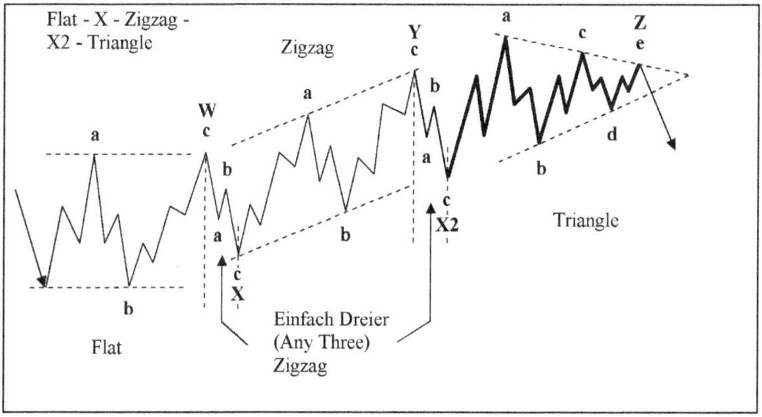

Abb. 4.83

Visuelle Darstellung:

Richtlinien zu dem Triple-Three (Triple-Combi)

1. Die Welle X überschießt seltener, wenn der erste Dreier bzw. die Welle W ein Zigzag ist.

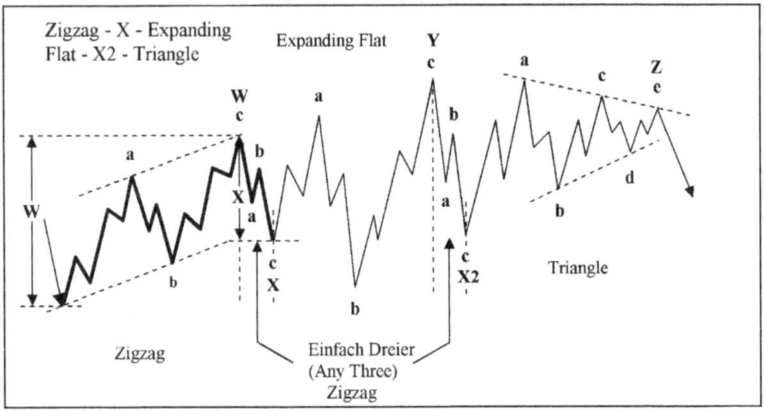

Abb. 4.84

2. Die Welle X sollte mindestens 23,6 % der Welle W erreichen.

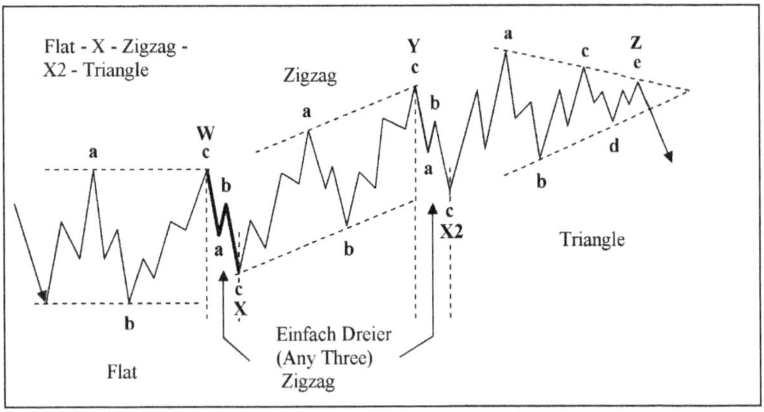

Abb. 4.85

3. Die Welle X korrigiert die Welle W häufig nicht mehr als 161,8 %.
4. Die Welle X ist häufig ein Zigzag, Double- oder Triple-Zigzag.

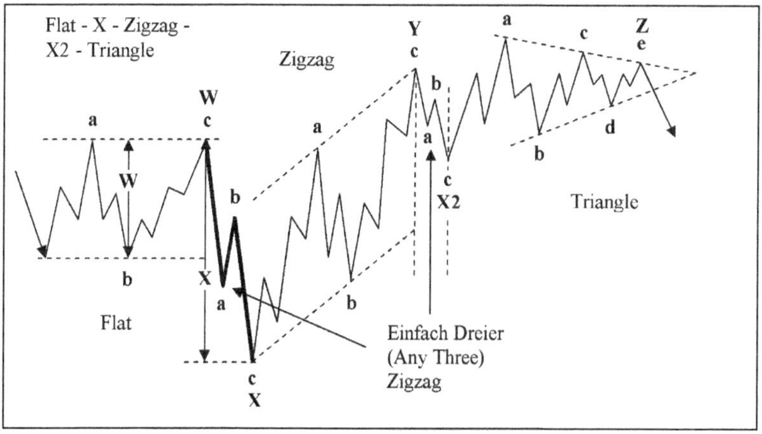

Abb. 4.86

5. Die Korrekturrichtung ist eher seitwärts angelegt.
6. Die Welle X erreicht häufig 61,8 % der Welle W.

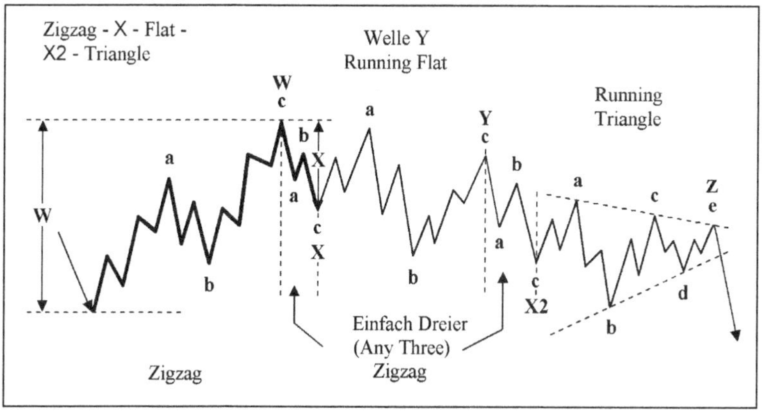

Abb. 4.87

7. Die Welle Y erreicht häufig 61,8 %, 100 %, 138,2 % oder 161,8 % der Welle W, steht aber nicht zwangsläufig in einem Fibonacci-Verhältnis zu der Welle W.

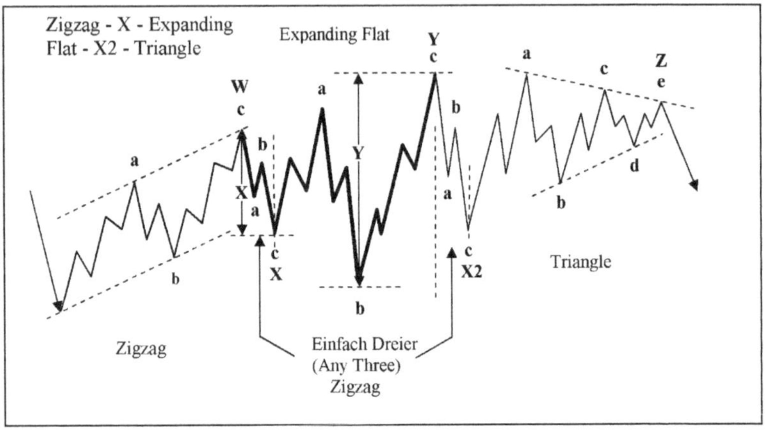

Abb. 4.88

8. Die Welle X2 sollte mindestens 23,6 % der Welle Y erreichen.
9. Die Welle X2 erreicht häufig 61,8 % der Welle Y.

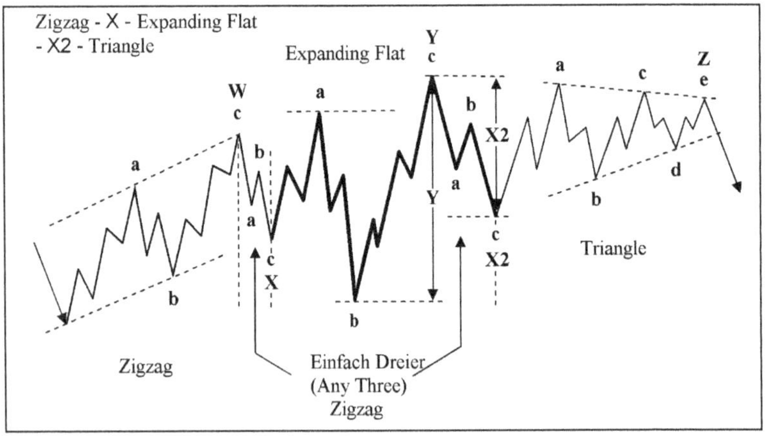

Abb. 4. 89

10. Die Welle X2 korrigiert die Welle Y häufig nicht mehr als 161,8 %.
11. Die Welle X2 ist häufig ein Zigzag, Double- oder Triple-Zigzag.
12. Es entsteht keine aussagekräftige 0-X Linie.

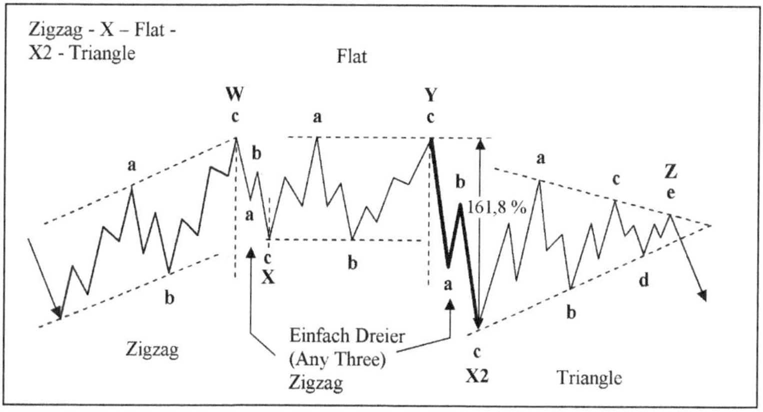

Abb. 4.90

13. Die Welle c in der Welle W versagt nicht.
14. Die Welle c in der Welle Y versagt nicht.
15. Die Welle e in einem Triangle der Welle Z darf selbst auch als Triangle auftreten.

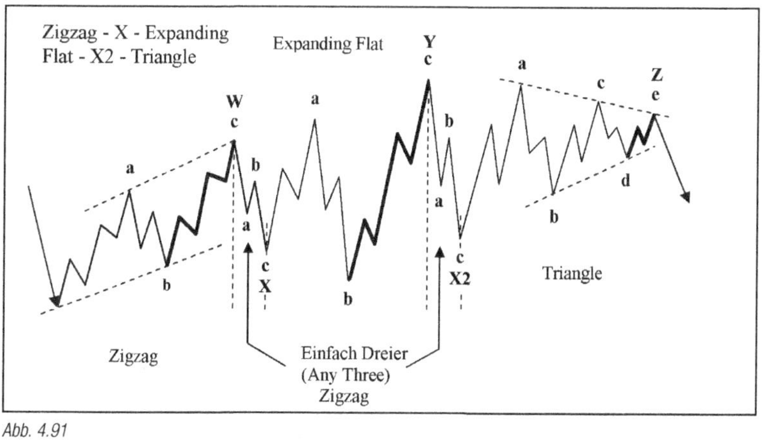

Abb. 4.91

simplified

5 Wichtige Tradingstrategien und Hinweise!

Die Emotionen werden durch das strikte Handeln der Elliott-Wellen-Theorie nahezu ausgeschaltet. Es ist eine sehr wichtige Aufgabe des Traders, die Emotionen zu kontrollieren. Nur so wird man nicht zum Spielball anderer Marktteilnehmer.

Mit Hilfe der Elliott-Wellen ist man nicht mehr nachrichtenabhängig. Die Nachrichten sind nur noch sekundär aufzunehmen. Verfolgen Sie einmal die täglichen Nachrichten und achten dabei nicht auf das Kursgeschehen. Versuchen Sie dann zu beurteilen, wie sich der Aktienmarkt auf die Nachrichten verhalten haben könnte. Sie werden zu äußerst überraschenden Ergebnissen kommen.

Wir stellen also fest, dass die Nachrichten uninteressant sind, wichtig ist der entstandene Kursverlauf und die Reaktionen der Marktteilnehmer auf die Nachrichten. Sehr häufig zeigen die Elliott-Wellen im Vorfeld die Kursbewegungen an, die Nachrichten bilden dann häufig hinterher die fundamentalen Begründungen. Seien Sie nicht so naiv und glauben, dass Sie eine Nachricht erhalten, die nicht vorher schon im Preis enthalten ist bzw. die nicht vorher schon andere Marktteilnehmer erreicht hat. Gerade bei Einzelaktien ist das immer wieder zu beobachten. Höhere Volumenentwicklungen stellen sich bereits Tage vor der Nachricht ein. Ein Schelm, wer Böses dabei denkt.

Sie sehen also, Nachrichten sind unwichtig, viel wichtiger ist die Kontrolle der eigenen Emotionen.

Neben den Emotionen ist auch das Money Management ein wichtiges Kriterium bei Ihren Anlageentscheidungen. Die diversen Handelsinstrumente erfordern ein durchdachtes Risikomanagement. Es ist also zwingend erforderlich, dass vor dem Eingehen eines Trades die Stopploss-Marke bestimmt wird. In der Regel bestimmt der Abstand zwischen

Einstieg und Stopp die Positionsgröße. Das Money Management sollte also so konzipiert sein, dass ein Verlusttrade nicht mehr als 1-3 % des Gesamtdepotwertes vernichtet. Stellen Sie sich also vor dem Trade die Frage, wie viel Sie bereit sind zu verlieren, falls der Trade nicht die gewünschte Richtung annimmt. Es hilft oft auch anzunehmen, dass man zunächst davon ausgeht, dass der Trade negativ verläuft. In dem Fall würde man wohl kaum die gleiche Positionsgröße wählen, als wenn man von einem positiven Ergebnis ausgeht. Die Lösung kann also nur sein, eine feste Regel aufzustellen, um eine Analyse profitabel umzusetzen.

Wir haben also erfahren, dass der Stopp und der Einstieg eine wichtige Erkenntnis über die Positionsgröße ergeben. Der Stopp hängt oft aber auch von der Risikobereitschaft des jeweiligen Marktteilnehmers ab. Gerade bei der antizyklischen Handelsweise entstehen da sehr oft hohe Differenzen. Eine weitere wesentliche Einflussgröße wird durch die Größe des Depots bestimmt. Mit weniger Kapital ist man fast schon gezwungen, ein höheres Risiko zu verfolgen. Pauschal lässt sich sagen, dass bei einer Depotgröße unter 30.000 Euro ein Risiko von 3 % Verlustrisiko (1R) pro Trade zu verwenden ist. Bei einer Depotgröße über 30.000 Euro kommt dann eine Strategie von 1 % Verlustrisiko (1R) in Frage.

Hinweis, 1R ist also immer das Verlustrisiko, welches man bereit ist, auf das Gesamtdepotvermögen zu verlieren. Es ist also die bestimmende Formel für Ihr Gesamtdepot.

Die Transaktionskosten stehen ebenfalls in einem prozentualen Verhältnis zu Ihrem Depot. Je größer das Depotvolumen ist, desto weniger fallen die Transaktionskosten ins Gewicht. Bei einem kleinen Depot ist es also erforderlich, die Trefferquote zu erhöhen, um die Transaktionskosten geringer zu halten. Je weiter der Stopp entfernt liegt, desto höher ist automatisch die Trefferquote. Es fallen also automatisch weniger Transaktionskosten an. Lassen Sie sich aber nicht von einer hohen Trefferquote blenden. Bedenken Sie, wenn eine Aktie ohne Stopp gekauft wird, dann liegt eine Trefferquote von 100 % vor, es sei denn, der Basiswert geht pleite. Es ist beispielsweise möglich, mit einer Trefferquote von 30 % profitabel zu arbeiten.

Die Risikobereitschaft und das Trading sind also von sehr vielen Faktoren abhängig. Es ist erforderlich, dass man eine eigene Anlagestrategie mit einer hohen Erfolgsquote in das eigene Risikoprofil integrieren sollte.

Grundsätzlich muss man davon ausgehen, dass Kursbewegungen an den Finanzmärkten nicht vorhersehbar sind, auch wenn man den Eindruck vermittelt bekommt, dass mit Hilfe der Elliott-Wellen-Theorie eine sehr hohe Treffergenauigkeit möglich ist. Es geht immer um Wahrscheinlichkeiten und selbst das kann schon der Schlüssel zum Erfolg sein.

6 Formationen (Tabelle)

Nr.	Formationen	Kennzeichnung	Innere Struktur
1	Impulswelle (Standard)	1-2-3-4-5	5-3-5-3-5
2	Impulswelle (LDT)	1-2-3-4-5	5-3-5-3-5
3	Impulswelle (EDT)	1-2-3-4-5	3-3-3-3-3
	Korrektur-Form (Standard)		
4	Zigzag	a-b-c	5-3-5
5	Flat	a-b-c	3-3-5
6	Contracting Triangle	a-b-c-d-e	3-3-3-3-3
	Double Standard Kombinationen	W - X - Y	
7	Double - Zigzag	abc -x- abc	(5-3-5) -3- (5-3-5)
8	Double - Flat	abc -x- abc	(3-3-5) -3- (3-3-5)
	Triple Standard Kombinationen	W - X - Y - Z	
9	Triple - Zigzag	abc -x- abc -x- abc	(5-3-5) -3- (5-3-5) -3- (5-3-5)
	Komplexe Korrektur-Form Double - Three	W - X - Y	
10	Zigzag - X - Flat	abc -x- abc	(5-3-5) -3- (3-3-5)
11	Zigzag - X - Triangle	abc -x- abcde	(5-3-5) -3- (3-3-3-3-3)
12	Flat - X - Zigzag	abc -x- abc	(3-3-5) -3- (5-3-5)
13	Flat - X - Triangle	abc -x- abcde	(3-3-5) -3- (3-3-3-3-3)
	Komplexe Korrektur-Form Triple - Three	W - X - Y - Z	
14	Zigzag - X - Flat - Triangle	abc -x- abc -x- abcde	(5-3-5) -3- (3-3-5) -3- (3-3-3-3-3)
15	Flat - X - Zigzag - Triangle	abc -x- abc -x- abcde	(3-3-5) -3- (5-3-5) -3- (3-3-3-3-3)

Abb. 6.1

simplified

7 Glossar

Impulswelle:
Eine fünfwellige in Trendrichtung verlaufende Kursbewegung.

Leading Diagonal Triangle (LDT): (beginnendes diagonales Dreieck)
Eine Kursbewegung die mit keilförmig zusammen laufenden Begrenzungslinien, einer inneren 5-3-5-3-5 Struktur und einer 1-4 Überschneidung nur in Einser oder A-Wellen entsteht.

Ending Diagonal Triangle (EDT): (endendes diagonales Dreieck)
Eine Kursbewegung die mit keilförmig zusammen laufenden Begrenzungslinien, einer inneren 3-3-3-3-3 Struktur und einer 1-4 Überschneidung nur in Fünfer oder C-Wellen entsteht.

Contracting Triangle (zusammenziehendes, auf- und absteigendes Dreieck)
Die Kurse des Korrekturmusters werden durch zwei aufeinander zulaufende (konvergierende) Trendlinien begrenzt. Die innere Struktur besteht aus 3-3-3-3-3. Die fünf inneren Korrekturwellen werden mit A-B-C-D-E gekennzeichnet.

Expanding Triangle (extendierendes Dreieck)
Die Kurse des Korrekturmusters werden durch zwei auseinander laufende (divergierende) Trendlinien begrenzt. Die innere Struktur besteht aus 3-3-3-3-3. Die fünf Inneren Korrekturwellen werden mit A-B-C-D-E gekennzeichnet.

Korrekturwelle
Eine Korrekturwelle ist ein dreiwelliges Kursmuster (oder eine Kombination dreiwelliger Muster) das sich entgegengesetzt zur vorherrschenden Trendrichtung der nächst höheren Wellenebene verläuft.

Flat (Korrektur)
Eine flache seitwärts Korrektur die mit A-B-C gekennzeichnet wird. Die innere Struktur besteht aus 3-3-5.

Running Flat (Korrektur)
Eine seitwärts Korrektur die mit A-B-C gekennzeichnet wird. Die innere Struktur besteht aus 3-3-5. Die Welle B überschießt das Kursende der vorherigen Impulswelle.

Expanding Flat (Korrektur)
Eine seitwärts Korrektur die mit A-B-C gekennzeichnet wird. Die innere Struktur besteht aus 3-3-5. Die Welle B und C überschießen den Kursbereich der Welle A.

Double–Flat (Korrektur-Formation)
Ein Double–Flat ist eine Formation die aus zwei Flat-Korrekturen gebildet wird.

Die Kennzeichnung der beiden Flats besteht aus W und Y die mit einer Korrekturwelle X verbunden sind.

Zigzag (Korrektur)
Eine steile Korrektur die mit A-B-C gekennzeichnet wird. Die innere Struktur besteht aus 5-3-5.

Double–Zigzag (Korrektur-Formation)
Ein Double–Zigzag ist eine Formation die aus zwei Zigzag Korrekturen gebildet wird.

Die Kennzeichnung der beiden Zigzag Korrekturen besteht aus W und Y die mit einer Korrekturwelle X verbunden sind.

Triple–Zigzag (Korrektur-Formation)
Ein Triple–Zigzag ist eine Formation die aus drei Zigzag Korrekturen gebildet wird.
Die Kennzeichnung der drei Zigzag Korrekturen besteht aus W, Y und Z die jeweils mit einer Korrekturwelle X verbunden sind.

Double-Three (Korrektur-Kombination)
Ein Double-Three ist eine Kombination die aus zwei unterschiedlichen einfachen Dreier Korrekturen gebildet wird. Die Korrektur Kombination bildet sich eher seitwärts aus.
Die Kennzeichnung der beiden einfachen Korrekturen besteht aus W und Y die mit einer Korrekturwelle X verbunden sind.

Triple-Three (Dreifach - Dreier)
Ein Triple-Three ist eine Kombination die aus drei unterschiedlichen einfachen Dreier Korrekturen gebildet wird. Die Korrektur Kombination bildet sich eher seitwärts aus.
Die Kennzeichnung der drei einfachen Korrekturen besteht aus W, Y und Z die jeweils mit einer Korrekturwelle X verbunden sind.

Überlappung
Bei einer Impulswelle ist eine Kursüberschneidung von Welle 1 und Welle 4 nicht erlaubt.
Das heißt, die Kurse der Welle 4 dürfen den Kurskorridor von Welle 1 nicht berühren.
Diese Überschneidung der Wellen 1 und 4 ist im Leading Diagonal Triangle (LDT) und im Ending Diagonal Triangle (EDT) sogar erforderlich.

Versagende Welle 5
Die Welle 5 eines Impulsmusters kommt nicht über den Endpunkt einer Welle 3 hinaus.

Wellenalternation - Wechselrichtlinien
Wenn die Welle 2 eine steile Korrektur ausbildet, dann ist davon auszugehen das die Welle 4 seitwärts korrigiert und umgekehrt.

simplified

8 Schlusswort

Ich hoffe, dass ich mit diesem Simplified, einen positiven Eindruck im Bezug auf die EW Theorie bei Ihnen hinterlassen habe. Ich verstehe es, wenn die EW Technik dem einen oder anderen Leser sehr komplex vorkommt. Grundsätzlich kann man sich aber nie genug Wissen aneignen. Bedenken Sie, dass 95 % der Marktteilnehmer unprofitabel sind. Es werden nur 5 % der Marktteilnehmer finanziell erfolgreich agieren. Deswegen muss man alles nur Erdenkliche daran setzen, den 5 % der profitablen Marktteilnehmer anzugehören. Dazu muss ich ausdrücklich anmerken, das die erlernte Elliott-Wellen-Technik einen sehr großen Anteil daran hat, sich erfolgreich am Börsenhandel zu beteiligen. Die Erkenntnis, dass die eigene psychologische Verhaltensweise ein sehr wichtiger Punkt dabei ist, erfolgreich zu sein.